书不尽言
言不尽意
自觉圣智
完成人格

辛卯冬 二〇二年
九四顽童
南怀瑾

老子他说

南怀瑾 著述

南怀瑾先生（1918—2012），海内外享有盛誉的著名学者。出生于浙江温州书香世家，自小接受私塾传统教育，少年时期就已读遍诸子百家的各种经典。他精研儒、释、道，将中华文化各种思想融会贯通。1969年创立东西精华协会，旨在促进东、西文化精粹之交流。1980年在台湾创办老古文化事业有限公司。

南怀瑾先生在台讲学三十六年，旅美三年，居港十数年，2004年落脚上海。2006年，他定居于江苏太湖之滨的太湖大学堂，终其晚年在这里讲学、授课，培养下一代文化种子。

南怀瑾先生毕生讲学无数，著作丰富，著有《论语别裁》《孟子旁通》《原本大学微言》《老子他说》等近六十部作品，并曾译成多国语言。他用"经史合参"的方法，讲解儒释道三教名典，旁征博引，拈提古今，蕴意深邃，生动幽默，在普及中国传统文化方面取得了引人注目的成就，深受海内外各层次读者的喜爱，半世纪以来影响无数中外人士；而南怀瑾先生融会东西精华、重整文化断层的心愿，亦将永续传承下去。

出版说明

《老子》,又名《道德经》,是我国道家学派和道教最著名的一部经典。它综罗百代,广博精微,短短的五千文,以"道"为核心,建构了上至帝王御世、下至隐士修身、蕴涵无比丰富的哲理体系。本书是著名学者南怀瑾先生关于《老子》的讲记。作者以深厚的文史功底,敏锐的社会洞察力,对《老子》的内涵做了充分的阐释、辨证和引述。具有深入浅出、明白通畅的特点。在普及中国传统文化、使深奥的古籍通俗化、专门的学术大众化方面,做了有益的探索。书末还附有历代《老子》研究书目。本书原由台湾老古文化事业公司出版。自一九八〇年问世以来,作者又根据自己的体认做了多次修订。

兹经版权方台湾老古文化事业公司授权,将老古公司二〇一〇年五月版校订出版,以供研究。

复旦大学出版社
二〇一七年六月

目录

出版说明 / 1

由老子到孙子 / 1

内用黄老　外示儒术 / 2

黄老的内涵 / 3

拨乱反正的趣谈 / 5

太上老君与李老子 / 7

汉文帝善用老子的法宝 / 10

半壁江山一纸书 / 13

老子吃瘪 / 20

曾国藩与屠羊说 / 23

王阳明与曾国藩 / 27

阴柔不是阴谋 / 28

老子还他老样子 / 30

老子五千文过关 / 31

第一章 / 35

头头是道 / 36
有无主宾 / 38
玄元之妙 / 40

第二章 / 43

真善美的价值定论何在？ / 44
善反而不美 / 45
有无相生 / 49
老子背上历史的烂账 / 50
流水行云永不居 / 53

第三章 / 57

老子薄视时贤 / 58
贤与不贤的君子小人之辨 / 61
道家与法家的辨贤 / 66
现代化好人与老人的表扬法 / 69
盗机与哲学 / 71
历史上严禁工业科技发展的死结 / 73
劫灰和人类的物质文明 / 77
世上无如人欲险 / 80
虚心实腹与鼓气 / 82
道家虚心养气的真传 / 84
赵宋是再次的南北朝 / 86
寇准的胆识 / 87
宋真宗贿赂宰相 / 88

第四章 / 91

- 道在存在不存在间 / 92
- 汉文帝、康熙、郭子仪 / 94
- 郭子仪与鱼朝恩 / 96
- 卢杞、李白与郭子仪 / 97
- 半个芋头，十年宰相 / 99
- 白衣山人——李泌 / 100
- 山人自有妙计 / 102
- 英雄退步学神仙 / 103

第五章 / 107

- 圣人与刍狗 / 108
- 正言若反 / 111
- 风箱式的说话艺术 / 113

第六章 / 117

- 吹毛用了急须磨 / 120
- 人为神的守护人 / 121

第七章 / 123

- 老子的不自偷生 / 124

第八章 / 127

- 水的人生艺术 / 128

第九章 / 131

- 富贵难保的反面文章 / 133
- 中外历史上的悲剧 / 135

进退存亡之际 / 138

急流勇退的类型 / 140

第十章 / 145

魂魄精神一担装 / 146

养气与修心 / 148

为政治国的哲学 / 150

第十一章 / 155

第十二章 / 159

花花世界奈聋盲 / 160

第十三章 / 163

宠辱谁能不动心 / 164

天下由来轻两臂 / 166

第十四章 / 169

时空心物与道的体用 / 170

第十五章 / 175

老子的"士"的内涵 / 176

濯足浊流人自清 / 181

动的哲学 / 184

第十六章 / 189

静的妙用 / 190

芸芸众生的命根 / 192

第十七章 / 197
人生哲学与道的层面 / 198

第十八章 / 203
忠臣孝子的伪装 / 204
春秋两大名医——老子与孔子 / 207

第十九章 / 211
"王""贼"并列的烂账 / 212
唯大英雄能本色 / 214

第二十章 / 217
知识是烦恼的根源 / 218
老子素描修道者的人生 / 221
只是同流不下流 / 223
老子处世哲学的人证 / 225

第二十一章 / 229
老子的物是什么东西 / 230
春秋时代南北文学的境界 / 233
此精不是那精 / 234
孟子的证道 / 236

第二十二章 / 241
曲直分明转一圈 / 242
尧的儿子,汉武帝的奶妈 / 245
刘备的淫具,齐景公的刽子手 / 248
枉则直的教育法 / 250

狐狸、豹皮的吸引力 / 255
　　有了富贵，失去欢乐 / 259
　　四不的领导学 / 261

第二十三章 / 265

　　这自然不是那自然 / 266
　　非人力所及的因果变灭律 / 268

第二十四章 / 273

　　企鹅的步伐，猩猩的醉舞 / 274
　　投鞭断流的苻坚 / 276
　　山泉绕屋知深浅 / 279

第二十五章 / 283

　　天下大老母 / 284
　　万道不离王道与人道 / 287
　　好不容易自然 / 290
　　念天地之悠悠 / 293
　　自然神仙 / 295

第二十六章 / 299

　　一肩挑尽古今愁 / 300
　　谁肯放下自私的包袱 / 302
　　两臂重于天下 / 303
　　超然轻重的历史故事 / 305

附录 / 313

　　历代《老子》研究书目 / 314

南怀瑾先生著述目录 / 372

由老子到孙子

《老子》一书,原著不过五千言,可以说,几乎是一字就涵盖一个观念的好文章,一句就涵盖有三玄三要的妙义。它告诉了我们许多法则。几千年来,大家都在研究老子,而有研究著作流传下来的,古今名家的著作,有数十家之多,如果搜罗广泛一点,也许可达到百家以上;其文字也达到了数百万字,好像一直研究不完,解释不尽;而各人的说法,又各不相同,似乎有了"各家老子"或"老学的各家"。例如:某某研究老子的著作,便成了"某老子";某某解释老子的著作,又成为"某家老子";某某诠释了一番,又成为"老子某诠"。各说杂陈,见解不一,读来似有治丝益棼之感。

近代以来,许多外国人,包括近如日本、韩国,远如欧、美,乃至于大洋洲的人,亦都喜欢研究起老子来了。他们都跷起大拇指说:"中国的《老子》很好。"问他们好在哪里,也自有一番说辞,或不免拾人牙慧,道前人之所道。但毕竟能重视而称誉我们的文化,这是值得我们自豪的、欣喜的;同时亦是值得我们反省的,那些一味崇洋媚外,忘记乃至排斥自己文化的人,更应该为之赧颜的。

老子被誉为道家的宗师,道教的教主。道家为中国文化主流之一,人们每提及道家,则必说到老子,但多半亦仅仅说到老子而已,最多并称"老庄"。其实,道家的"巨擘",不止这一二人,曾与朋友说笑:道家有三代人物,老子、儿子——倪子、孙子。当然,这只是说笑,他们并没有血缘的祖孙父子关系。

不过孙子——春秋时齐国人孙武,他的军事哲学思想,正是由道家思想而来,所著《兵法》十三篇,处处表现了道家的哲学,曾经帮助吴王阖闾,击破强楚,而称霸诸侯,充分显示了道家思想在事功上的伟大;而所著的十三篇中的军事哲学思想,可以说超越了时空,直到几千年后的现代,人类已登上月球,武器已发展到太空,到生化战,而仍离不开他的军事哲学的范围。

倪子,本姓倪,而倪字原有儿字的含义。一说倪子就是计然子,究竟确否?后世很难考证。但可以确定的,计然子实有其人。又有人说他是范蠡的老师。范蠡助越王勾践复国,所用就是道家的学说,而且勾践复国以后,论功行赏,他自然可以获得高官厚爵,可是他并不在乎富贵,带了西施,一叶扁舟,飘然于太湖之上。这正是道家"功成,名遂,身退,天之道也"的风范。所以老子、儿子、孙子三代的笑话,尽管是游戏之言,也非凭空虚构。事实上,如果把老子、倪子、孙子三人的著作、思想研究得透彻清楚了,差不多对中国文化中"治道"的精要,已可掌握在自己的手中,这是值得注意的。

内用黄老　外示儒术

中国文化历史,在秦汉以前,由儒、墨、道三家,笼罩了全部的文化思想。到唐、宋以后,换了一家,成为儒、释、道三家,这三家又笼罩着中国文化思想,一直到中华民国立国初期。迨发生了"五四运动",当时想"打倒孔家店",在中国文化的主流上,起了一阵涟漪,一度有所变化,又影响了几十年。

对这三家,我经常比喻:儒家像粮食店,绝不能打。否则,打倒了儒家,我们就没有饭吃——没有精神粮食;佛家是百货店,像大都市的百货公司,各式各样的日用品俱备,随时可以去逛逛,有钱就选购一些回来,没有钱则观光一番,无人阻拦,但里面所有，都是人生必需的东西，也是不可缺少的；道家则是药店，如果不生病，一生也可以不必去理会它，要是一生病，就非自动找上门去不可。所以这三家，是碰不得的，是不可动摇的，更不必说"打倒"了。

这譬喻是有其理由的。

细读中国几千年的历史，会发现一个秘密。每一个朝代，在其鼎盛的时候，在政事的治理上，都有一个共同的秘诀，简言之，就是"内用黄老，外示儒术"。自汉、唐开始，接下来宋、元、明、清的创建时期，都是如此。内在真正实际的领导思想，是黄（黄帝）、老（老子）之学，即是中国传统文化中的道家思想。而在外面所标榜的，即在宣传教育上所表示的，则是孔孟的思想、儒家的文化。但是这只是口号，只是招牌而已，亦可以旁借"挂羊头卖狗肉"的市井俚语来勉强比拟，意思就是，讲的是一套，做的又另外是一套。

黄老的内涵

那么所谓黄老之学的道家学术，它的内容又如何？当然，最能代表道家思想的是老子，他所著《老子》（到了唐玄宗时代，又尊称它为《道德经》）一书，最能代表道家思想，最有系统，有最具体的叙述。而阐扬、诠解老子最清楚正确的，发扬道家思想最透彻的，则是庄子。庄周所著《庄子》一书，唐玄宗时代又尊称它为《南华经》。其中所论辩的道理，在政治、军事、教育、经济等等各方面，都可致用，它对历史人物的建功立业乃至对个人修养——修道、养气，以及立身、处世等等，都有大用处。

这不只是指《庄子》的内七篇而已，事实上，几千年来，历代所偷偷运用庄子的学术，都取《外篇》和《杂篇》中的精华。因此，真正把五千年来中国文化，发挥得光辉灿烂的，亦就是道家的老庄之学，尤其是《庄子》的《外篇》与《杂篇》部分最多，这是研究老子之前，也必须了解的一项事实。

现代人对道家的观念，是汉、唐以后的人所持的观念。在秦汉以前，现在所谓的"道家"与孔孟之学的所谓"儒家"，原本没有分开的，统统是一个"道"字，而这一个"道"字，代表了中国的宗教观，也代表了中国的哲学——包括人生哲学、政治哲学、军事哲学、经济哲学，乃至一切种种哲学，都涵在此一"道"字中。

清代乾隆年间，主编《四库全书》的著名学者纪晓岚曾经说过："世间的道理与事情，都在古人的书中说尽，现在如再著述，仍超不过古人的范围，又何必再多著述。"这的确是一则名言。试看今日世界各国学者关于思想学术方面的著作，无不拾古人之牙慧，甚至，强调来说，无不是中国古人已经说过的话。所以纪晓岚一生之中，从不著书，只是编书——整理前人的典籍，将中国文化作系统的分类，以便于后来的学者们学习，他自己的著作只有《阅微草堂笔记》一册而已。

就因为他倚此一态度而为学，自然地读书非常多，了解得亦较他人深刻而正确，他对道家的学术，就下了八个字的评语："综罗百代，广博精微。"意思是说，道家的文化思想，包括了中国上下五千年的整个文化。"广博"是包罗众多，"精微"是精细到极点，微妙到不可思议的境界。

但是，道家的流弊也很大，画符念咒、吞刀吐火之术，都变成了道家的文化，更且阴阳、风水、看相、算命、医药、武功等等，几乎无一不包括在内，都属于道家的学术，所以虽是"综罗百代，广博精微"，也因之产生了流弊。

拨乱反正的趣谈

《老子》这本只有五千字的书，从文字表面上看来，似乎很容易读懂，如果也用"综罗百代，广博精微"的眼光去读，那就够我们去探讨，去阐述了。

也有人说，提到我们的历史文化，所谓魏晋南北朝这一阶段，正是《易经》《老子》《庄子》"三玄"之学最流行的时代。但是，这个时代的历史背景，是一个变动不安、非常混乱，社会政治、经济、文化最衰败的三百多年。可是在哲学思想方面，由于知识分子的高谈阔论，也提升到极点，于是有人说，"三玄"之学，是衰乱之书，因为每到一个衰乱的时代，"三玄"之学就会特别受人欢迎。这是在动乱不安中，人们的精神失去寄托，便希望从这方面，找到一条出路。他们更进一步回过来说，目前这个世纪中，这三样东西，很受欢迎，可见这个时代，当然的是衰乱的时代。

其实，并不一定如他们所说的那样。凡是对任何一样东西，立场不同，观点就两样。自己站的角度不同，看到的印象就各异。我们看中国历史，汉、唐、宋、元、明、清开基立业的鼎盛时期，都是由"三玄"之学出来用世。而且在中国历史文化上，有一个不易的法则，每当时代变乱到极点，无可救药时，出来"拨乱反正"的人物，都是道家人物。不过，他们有他们的一贯作风——"功成，名遂，身退，天之道也。"帮助人家打好天下，成功了，或在私人事业上，帮助别人发财；当上了老板，然后自己飘然而去。如商汤时的伊尹、傅说，周朝开国时的姜太公，春秋战国时期的范蠡，汉朝开国时的张良、陈平，三国时的诸葛亮，都是道家人物。姜太公与范蠡，完全做到了"功成，名遂，身退"的"天之道";张良则差一点,最后欲退而不能,本事不算大;至于诸葛亮,他的立身处事,完全是儒家的态度,"鞠躬尽瘁,死而后已",恰如其分。

次如唐代的魏徵,明代的刘伯温,清朝的范文程等等,还有许多不可知、不可数的道家人物。

数十年前,国内流行一股研究明史的风气,其实研究断代史,以明史最难研究,如果以明代开国皇帝朱元璋为研究对象的中心,那就要注意一般编史书的人不大采用、而是朱元璋亲自写的几篇文章,的确具有重大的历史价值。在这几篇文章中指出,帮助朱元璋打天下的,有几个道人。实际上,他们都是表面上装疯卖傻的道家人物。其中一个是周颠,江西建昌人,人们只知道他姓周,不知道他的名字,因常在市街上疯疯癫癫,便叫他周颠,实际是一位学道家神仙之道的人物。朱元璋曾多次试验他,一次把他放在蒸笼里,再罩上一口大缸,用热水蒸了半天,朱元璋认为该已经蒸熟了,移缸揭开蒸笼观察,不料他竟在里面作蒸汽浴,和现在流行的三温暖或土耳其浴一样,满身大汗,对朱元璋说:"你好!你的事业可以完成了。好舒服啊!"朱元璋对他无可奈何。但朱元璋每次遇有困难,他都会出现,助一臂之力。像打陈友谅的时候,他也跟着一路去,朱元璋心想,这疯子出现就会遇上麻烦,这次去打陈友谅,本来是一场艰苦而危险的战争,他又来了,可真讨厌,于是想把周颠沉到江里去。朱元璋带兵到了南昌,他还是不知从哪里冒出来。果然,在战场上千钧一发之际,他又帮了朱元璋的大忙。

这些人物,因为太神话化了,而编写正史的,多为儒家人物,由于他们的传统观念,对于这许多史实,都不收罗进去。事实上,朱元璋本人的著作中,所描写的这类史料很多,这里只是举一个例子而已。

太上老君与李老子

现在再循历史时代回溯上去。例如最著名的汉朝的"文景之治",汉文帝与景帝父子相继,为汉朝鼎盛的尖峰时期;唐朝的"贞观之治",乃至于唐玄宗——白居易《长恨歌》中所描写的夜半与杨贵妃窃窃私语,发誓"在天愿作比翼鸟,在地愿为连理枝"的唐明皇,他们年轻时代,初期开创基业所用的都是道家学术——也就是"内用黄老,外示儒术"。而汉、唐这两个时代,亦就是整个历史上,算来是最可观的时代。

由此可以证明,道家学术在"拨乱反正"的机运上,具有最重要的价值,我们不能不知。

再看近代的史实,清兵入关,统治了当时拥有四亿人口的中华民族,成立大清帝国。所用的方略,领导政治的最高哲学思想,就是《老子》的学术,他所用的兵法也不讲究《孙子》,也不用其他兵书,就干脆研究《三国演义》。

研究《老子》的学术,用之于政治、经济、教育、军事、社会等等方面,尤其与开国创业时期的关系,就要把康熙以来历朝事物,研究得清楚,那大概可以知道老庄哲学的运用了。

清康熙在八岁的幼年,就登位当皇帝了。当时中国的版图,实际上并没有完全受他统治,外面有四个强有力的藩镇、诸侯,内有掌握了大权的权臣,他的帝位还在摇摇欲坠。可是他在以后的几年中,能够把内在的障碍排除,外在的势力削平,进一步,奠定大清二百余年的基础。由于他六十余年的努力,打好了升平治世的根基,这都不是偶然得来的。可以说有清一代的成就,上比汉、唐两朝更兴隆,更鼎盛。

回顾历史的陈迹,展望未来,我们现在所处的这个动乱的时代,大概不会再延续太久了,照历史法则的推演,应该是丁卯年一九八七年以后,我们的民族气运与国运,正好开始回转走向康熙、乾隆那样的盛世,而且可以持续二三百年之久,希望现代青年,好好把握这个机会,那么,就更要懂老子的思想学说。

现代一般人对《老子》一书,名之为《道德经》或《老子道德经》,因为这部书,前面部分论"道",后半部分谈"德",所以又有此别名,而且远自汉、唐,就有此分法。据唐中宗景龙二年(公元七〇八年)易州龙兴观建立的《道德经碑》,内容即是《老子》这部书,碑的正面刻的是《道经》三十七章,背面刻的《德经》四十四章。另外在《弘明集》所载牟子《理惑论》中,有"所理正于三十七条,兼法老氏道经三十七篇"的话,而牟子为汉代人。由此可知,远在汉代,已有人将《老子》一书分作道、德二经了。不过以《道德经》三字统称《老子》一书,可能是沿用唐代开始的习惯。

这些属于考据上的事情,暂不去深究。

在唐朝更有一个有趣的故事,从这故事中,更可看到人性的另一面。

英明如唐太宗,他当皇帝以后,因为自己的姓氏——"李"的来由,在传说中非常稀奇古怪。照古老神话的传说,李姓的第一代始祖就是老子,远在尧舜时代的人,因为在李树下出生,所以就姓李。更传说他母亲怀胎了八十一年之久,因此生下来时,须发皆白,立刻就成为太上老君,这是关于老子诞生和姓氏来源的传说。

唐太宗之姓李的来由,研究起中国姓氏源流和宗族渊源来,又有各种说法。可是他当了皇帝以后,一定要把家族祖先的血统追溯得更光辉一些。正如世界上任何民族,如果在人群社会中有了事功上的成就，一定要找根，而且一定要使那根整饰、塑造得光辉一点。这是人性必然的道理。同样地，唐太宗也要找根，也要找一个光辉的根。追溯历史，李姓人物，以老子最好，在学术上的成就很了不起，所以他设法说成是老子的后代。但是老子只是在学说上有成就，还要把他再捧高一点，后来李唐子孙便把他捧为教主，变成"太上老君"，封为道教的教主。道教实际上也成为唐朝正式的国教，只是当时没有"国教"的名称，而事实上唐朝历代的帝王、皇后、嫔妃都要像佛教的受戒一样，去受符箓。如唐玄宗、杨贵妃这些人，都曾受符箓。

　　明代的开国皇帝朱元璋，也有同样的想法，而他选择了朱熹，所以大捧朱熹。本来，他想把祖宗和朱熹扯上关系，可是自己毕竟是一代帝王，这种事不能太过分勉强。只有像张献忠这样的人，在到处流窜为害时，一天打到张飞庙，问得庙中供奉的神像是张飞，于是一时兴起，居然懂得姓氏宗族的人伦道理，要到庙里祭拜，下令部下作祭文。可是那些被胁在帐下的穷酸文人作的祭文，引经据典，他自己看不懂，大为不满，一连杀了几个文人，最后还是自己动手写道："你姓张，咱老子也姓张，咱俩连宗吧！"就这样连起宗来了，成为千秋的笑柄。

　　可是，朱元璋打算把朱熹拉进自己祖先行列的时候，有一天碰到一个理发的也姓朱，就问理发匠是不是朱熹的后代，这理发匠说："我不是朱熹的后代，朱熹绝对不是我的祖先。"朱元璋说："朱熹是前辈大学问家，你就认了吧！"理发匠说："绝对不是。"这一来，朱元璋"攀亲"的思想发生了动摇，他转念之下，觉得一个平民中的理发匠，尚且不肯乱认祖宗，而自己当了皇帝，又何必认朱熹为祖先，因此打消了原有的念头。可是对于朱熹，还是极力地捧起来。例如，在明朝应试求功名，非读朱熹注解的"四书"不可，后来演变到清朝，承袭明代故事，便以朱注

"四书"为考试制度中评判高下、决定取舍的标准本。

汉文帝善用老子的法宝

老子《道德经》,自唐代开始,加上由皇帝的提倡,因此更被重视,而流行,而风行,而盛行。但《道德经》的"道"与"德"二字的正确含义是什么?等讨论到原文时再申述。

现在来看一个历史故事,以了解黄老之学在中国历史上所以占有重要地位的原因,使研究黄老的人,掌握到研究的正确方向,然后,再由黄老之学的应用方面,进入到形而上的个人自己修养的"养生之道",以及与孔孟学说的汇流。

道家在中国历史上,最初产生最大影响的,是在汉朝汉高祖刘邦的创业之初,所用建立功业最大的人才,便是张良、陈平这些人,而他们都是学道家的人物。

在历史上标榜汉初的盛世"文景之治",汉文与汉景父子两代的思想领导,都是用"黄老"的道家学说。另一方面也可以说,和母教有密切的关系,因为汉文帝与汉景帝的母亲,都喜欢研究《老子》而受其影响很大。在如此的家庭教育和时代潮流中,在周围环境的巨大影响下,政治哲学的最高领导学说,表现得最深刻的便是汉文帝。

大汉一代的开基皇帝高祖刘邦,在位不过几年就死了,政权则落到他妻子吕雉的手中,天下最诱惑人的权势,极少有人摆脱得开,因此吕后便想因势乘便,要把帝位转给娘家的人。但是,当年跟刘邦一起打天下的文臣武将们,袍泽情深,都不以为然,所以等吕后一死,便起来削清吕家的权力。在这一段时间中,政治、经济、社会等等,都非常混乱。

吕家的权力虽然削平,大臣们就要找出刘邦的儿子来接皇帝位,可是刘邦的儿子已被吕后杀得差不多了,只有一个小儿子刘恒,被分封在西北边塞为代王,毗邻匈奴——内蒙的荒漠贫瘠地带。因为他母亲薄氏,喜欢走道家"清净无为"的路线,近似现代只敲敲木鱼、念念佛的人,防意如城,无欲无争,吕后没有把她放在眼里,才保全了性命。这时大臣们商议,就找到了这位远在边塞、性情朴实、清心寡欲、守道尚德的代王,把他迎请到首都长安来,继承汉祚,他便是后来的汉文帝。

研究这段历史,在黄老之学方面的运用,是很有意思的。

刘恒,顶了一个代王的头衔,被冷落在边塞,突然传说长安有人来,请他回中央当皇帝,真是福从天降,人世间没有更好的事了。可是,他知道这个消息后,就去请示母亲,该不该应邀。这时刘恒的两个重要干部,一个是郎中令——相近于现代的秘书长——张武,一个是中尉——类似于现代的参谋长——宋昌。张武认为,此时正是中央政府最混乱的时候,而且朝中的一班大臣,都是跟刘邦一起打天下的人物,是刘恒的父执辈,很难驾驭,所以不能去,必须打听清楚。而宋昌则反对此说,他分析情势,认为可以去。他说,自秦始皇暴虐以来,天下大乱,各地英雄纷起抗暴,而最后统一天下的,是你的父亲刘邦。天下的老百姓都认为天下是你刘家的,虽然有吕后这一次夺权,但为时很短,天下人心仍然归刘。现在大臣们把政权动乱的局面安定下来以后,如果不是看清楚民心归趋所在,亦不会到遥远的边塞来迎请你回去当皇帝。既然天下归心,那么大势已在掌握,为什么不去?两人的意见恰恰相反,很难下一决定,最后请示母亲时,这位深通《老子》的老太太,运用了无为之道、用而不用的原理说:"先派舅舅薄昭到长安去看看吧!"意思是先派一位大使前往观察一下形势,收集些情报资料。这位大使舅爷自长安回来,报告情况说,可以去接位,于是刘恒才带领张武、宋昌等一些干部,前往长安,准备承接皇位。

这时刘恒的身份,还是代王,不算是皇帝,不过是刘邦几个儿子中的一个,连太子的名分也很勉强,最多只能说他等同于一位太子而已。在另一方面,这时汉朝中央政府的权力,实际上早已掌握在周勃一人手中。当刘恒从边塞来到了首都长安城外的渭桥地方,周勃早率领了文武百官,跪下来接驾,刘恒也立即跪下来还礼。这就是刘恒之成为汉文帝,他深知此时的局势非常微妙,进退应对之间很难处理,何况自己还没有即位,所以立即下跪回拜,这也就是老子的精神——"谦德"。《老子》中说:"我有三宝,持而保之,一曰慈、二曰俭、三曰不敢为天下先。"这是老子的三件法宝。汉文帝的一生,就实践了老子这三件法宝。

可是在刘恒左右的张武和宋昌,也是了不起的重要干部,都曾深习黄老之学。在渭桥行过礼后,周勃向刘恒说:"代王!我和你退一步,单独说几句话。"这时宋昌就出来说:"不可以。请问周相公,你要向代王报告的,是公事?还是私事?如果是私话,则今日无私。如果是公事,则请你当众说,何必退一步说?"宋昌确实是一位好参谋长,这也是老子之道无私的反面运用。

周勃被他说得没办法,就说:"没有别的,只是公事。"宋昌说:"什么事?"周勃说:"是皇帝的玉玺在此,特别送上。"于是将玉玺送给代王。刘恒接过玉玺,照常情,他就是皇帝了,他却说:"这不可以,今天我初到,还不了解情形,天下之事,不一定由我来当皇帝,可以当皇帝的人很多,我现只是先代为把玉玺保管起来,过些时日再说。"这就是黄老之道的"用而不用",要而不要了。谦虚是谦虚,该要的还是要。

他收下玉玺以后,还是没有立刻即皇帝位,住在宾馆九个月,没有办事,等一切都观察清楚了,才宣布即位当皇帝,这时年纪还很轻,政事还是很难为。第一,他的同宗兄弟中,还有年纪比他大的,还有一些远房伯伯叔叔的孩子,亦算是刘家的宗室。第二,以前曾跟刘邦一同起来创业、掌有兵权的老将军们,分在四面八方,人数很多。内在的政治基础不够稳固,外面的实力空虚,自己手上没有一个兵,只是手里拿到一颗玉石刻的大印,能印得了什么?

可是他考察了九个月以后,发现最难对付的,是长江以南的地方势力,包括了缘湘、赣五岭以南的广东、广西、福建乃至云南、贵州等地,其中的南越王赵佗,在吕后乱政的时候,他听说在故乡的兄弟被诛,祖坟被挖,对汉朝非常怨恨。吕后死后,他见汉朝中央主政无人,便自称皇帝,而且兴兵到湖南长沙的边境,准备向北进攻。

赵佗原来是河北人,是与汉高祖同时起来,反抗暴秦的英雄好汉之一,秦始皇被打垮以后,他未能在北方发展,就到南方在广东当县尉令,任上县令死时,把县政交给了他,他便自称南越王。那时五岭以南地区,尚未开发,为边远的蛮荒烟瘴之地,汉高祖亦奈何他不得,派了一位亦道亦儒的能员陆贾当大使,干脆承认了南越王的地位。后来因为吕后对不起他,所以在吕后死后,他也自认为有资格即皇帝位,窥伺汉室。

半壁江山一纸书

像这样一个局面,该怎么办呢?如果说出兵与赵佗一战,这一主战思想,将使问题更见严重,决策不能稍有疏失,内战结果,胜败不可知,天下属于谁家,就很难说了!因此只有另作他图,汉文帝有鉴于此,所以他在就皇帝职位后,除了修明内政以外,便只有用黄老之道了。

在历史的记载上,有关汉文帝处理这个大难题的有两封信,其中一封是汉文帝给赵佗的,一封是赵佗答复汉文帝的,这样两封往来的信件,消弭一场大战于无形,亦拯救了无数生灵。

当然,事情并不如此简单,汉文帝在写这封信之外,还有内政上的措施,军事上的部署等等,并且遴选了一位老谋深算的特使,便是赵佗的老朋友陆贾。各方面都有了妥善的安排,摆好了一个有利的形势,增加了这封信的力量,于是收到宏大的预期效果。

从这两封信上,我们不难窥见黄、老之道的精神与内涵。现在,我们先在这里介绍两信的原文,然后再作一概略的分析。

汉文帝赐南越王赵佗书

皇帝谨问南越王甚苦心劳意。朕高皇帝侧室之子,弃外奉北藩于代,道里辽远,壅蔽朴愚,未尝致书。高皇帝弃群臣,孝惠皇帝即世,高后自临事,不幸有疾,日进不衰,以故谆乎治。诸吕为变故乱法,不能独制,乃取他姓子为孝惠皇帝嗣。赖宗庙之灵,功臣之力,诛之已毕。朕以王侯吏不释之故,不得不立,今即位。

乃者闻王遗将军隆虑侯书,求亲昆弟,请罢长沙两将军。朕以王书,罢将军博阳侯;亲昆在真定者,已遣人存问,修治先人冢。

前日闻王发兵于边,为寇灾不止。当其时,长沙苦之,南郡尤甚。虽王之国,庸独利乎?必多杀士卒,伤良将吏。寡人之妻,孤人之子,独人之父母,得一亡十,朕不忍为也。

朕欲定地犬牙相入者,以问吏。吏曰:高皇帝所以介长沙土地。朕不能擅变焉。吏曰:得王之土,不足以为大;得王之财，不足以为富；服领以南，王自治之。虽然，王之号为帝。两帝并立，亡一乘之使以通其道，是争也。争而不让，仁者不为也。愿与王分弃前患，终今以来，通使如故。

故使贾，谕告王朕意，王亦受之，毋为寇灾矣，上褚五十衣，中褚三十衣，遗王，愿王听乐娱忧，存问邻国。

南越王赵佗上汉文帝书

蛮夷大长老臣佗，昧死再拜上书皇帝陛下：老夫故越吏也。高皇帝幸赐臣佗玺，以为南越王，孝惠皇帝义不忍绝，所赐老夫者甚厚。

高后用事，别异蛮夷，出令曰：毋与越金铁、田器、马牛羊。老夫僻处，马牛羊齿日长，自己祭祀不修，有死罪，使凡三辈上书谢过，终不反。又风闻父母坟墓已坏削，兄弟宗族已诛论。吏相与议曰：今内不得振于汉，外亡以自高异。故更号为帝，自帝其国，非有害天下也。高皇帝闻之大怒，削南越之籍，使使不通。老夫窃疑长沙王谗臣，故发兵以伐其边。

老夫处越四十九年，今抱孙焉。然夙兴夜寐，寝不安席，食不甘味者，以不得事汉也。今陛下幸哀怜，复故号，通使如故，老夫死骨不腐，改号不敢为帝矣。

现在，且分析一下这两封信。

汉文帝给南越王赵佗的这封信，用文学的眼光，从文字上看它的写作技巧，可以判断，也许不是出于秘书长这一类的人物所写，而是由汉文帝自己动手写的亲笔信，这也就表示了出于他的诚恳。

再仔细研究它的文字：从"皇帝谨问南越王甚苦心劳

意,……不得不立,今即位。"这一段,一开头"甚苦心劳意"这一句,就是带刺的,他向南越王问候说:"你用心良苦,太辛苦了。"又说他自己没什么了不起,只不过是我父亲刘邦——汉高祖小太太的儿子,素来被人家看不起,送到北方的边塞,路途遥远,交通更不方便,"壅蔽朴愚",那时知识不够又愚蠢,所以很抱歉,平常没有写信向你问候。就这样一句话,把赵佗笼络住了。假定写成现代白话信,就是说:"赵伯伯,你好,你很辛苦哦!很伤脑筋吧?我没有什么了不起,不过他们硬要叫我坐上这个位子当皇帝,弄得我不能不当,现在我已经即位了。以前很少向你送礼,现在寄一只火腿,专程叫一个人代表我去看看你。"这样一个大意。

再看他第二和第三段,从"乃者闻王遗将军隆虑侯书……朕不忍为也"这两段的主旨。

他先说:我现在当了皇帝,知道你曾经给隆虑侯将军写过一封信,因为你与先父一起革命而离开家乡的,如今你不知道留在北方故乡家属以及同宗兄弟们的情形,所以写信给他,为你联络,并且希望中央政府,把湖南长沙方面的两位边防司令,给予免职的处分。隆虑侯将军已向我报告了你的来信,我已经准许了你的要求,调动了你所要求撤换两位将军中的一位,你在北方的家属和同宗兄弟,我也已经派兵保护得好好的,并且派人修过了你祖先的坟墓。

这一小段话,表面上看来,是一番温语,诚恳的安抚。实际上也等于说:"你不要乱动。否则,我可以把你的家人族众都灭绝了,连你的祖坟也挖了。"先来一个下马威。这些话虽然没有明白写出来,而字里行间,隐然可见,赵佗是感受得到的。

然后又晓以利害,在第三段说,你发兵于边,为寇灾不止,南方边界上长沙一带的人,被你扰得痛苦极了,就是在东南一带,你的心腹之地如广东、广西等地的百姓,可不也因你发动战争而痛苦极了吗?战争对你又有什么好处呢?结果只是"多杀士卒,伤良将吏",一个战役下来,损失许多你自己多方培养而成的优良军事干部,兵员的死亡,更不计其数。于是许多人,丈夫死了,太太守寡;父亲死了,孩子成孤儿;儿子死了,父母无依成独夫。最后可能你的国土也完了,像这样悲惨残酷的事,在我则是不忍心去做的。

第四段,他更进一步,借"吏曰"的话,就自己的利害立场,表达了自己的宽宏大度,而且在无责备的言语中,责备了赵佗的擅自称帝与不仁。因此说,我本来要整理内政,将边界上与你犬牙相错的领土,重新勘定规划,我问管内政的大臣,他们报告说,高祖在位时,就分封了湖南以南的土地,归你管理。这是老太爷留下来的制度,不能随便变更。依据他们的意见,中国本来是我刘家的,纵然把你现在所管理的土地归并过来,在我也并没有增加多少,因此,这湘、赣以南的地区,我还是要委托你去统治。不过你也自称皇帝,使一个国家有两个元首,是你有意造反嘛!这就不对了。你只晓得讲斗争,谁又不懂斗争呢?你却不懂"仁而谦让"的更高政治哲学。希望你放弃过去的意见,好好听中央的指挥,从今天起,恢复以前的政治关系,治理好你的地区。

汉文帝亦很会用人,他所派送这封信的大使,选择了陆贾,这位老先生是汉高祖以来专门作特使的人,而且每次都能完成任务,第一次说服赵佗的就是他。汉文帝因此在信上最后说:我叫你的老朋友陆贾转达我的意思,希望你立刻接受,不要造反。另外送给你在中原最贵重的礼物,愿意你"听乐娱忧,存问邻国",这八个字的结语,在作文的文法上,正和开始的"甚苦心劳意"五个字,遥遥相应,首尾相接,妙到毫巅。而其内容含意,更见深厚,就是说:你也年纪大了,不要野心勃勃,想当什么皇帝。年纪大的人,每天玩玩,听听音乐,喝喝咖啡,或者打太极拳,游山玩水,下盘棋乃至打八圈卫生麻将也无妨,再不然去邻国访问,做些睦邻工作也好,这样安安分分多好,大可不必自寻烦恼啦!

综读全文,真是好厉害的一封信,字字谦和,可字字锋利如刃。南越王赵佗读了,自然心里有他的盘算:如今刘邦有了一位如此厉害的小儿子即位,自己万万不如他,看来这天下不可能属于自己的,只有赶快见风转舵,退步,撤兵。

赵佗比汉文帝大几十岁,已经自称皇帝。这一来又自己取消了皇帝的名号,回一封信给汉文帝,可也是用的道家手段,试看赵佗回信的原文就知道。

他一开始,就对于汉文帝自称只是刘邦侧室所生小儿子、没有什么了不起的谦辞,说道:"我也没有什么了不起,不过是蛮子里的一个头目,而且是一个年纪大了的糟老头子,我该死,对不起你,向你再拜叩。不是我造反,而是你的那位大妈——吕后,如何如何不对,才逼我做的。"

看这赵佗,好伶俐的口齿,这么轻轻一拨,把一件诛灭九族的叛逆弥天大罪,推到一个已死的老太婆身上,而且这个老太婆,亦是汉文帝心目中深恶痛绝的人,赵佗所说的也是事实。

接着他说:"老夫处越四十九年",暗示我是与你父亲刘邦同时起来革命的人,现在统治两广四十九年了,"今抱孙焉",我孙子都很大了。可是,我这大把年纪,还要训练部队,准备作战,"夙兴夜寐",睡也睡不好,吃也吃不好,实在太辛苦了,这都是你大妈做的那些事情,使我没有办法报效中央,不得已才如此做的,并不是我想造反。现在你大皇帝如此之好,又怜悯我这老人，送了这许多珍贵的东西，恢复我的王位，这样我就放心了，相信死了以后，也不会被锉骨扬灰，我当然听话，绝不自称皇帝。

就这样往来的两封信，消弭了一场可怕的大战，这就是黄老之道。所以深懂得黄老之道的人，其运用之妙，能兵不血刃而使天下太平。

实际上，赵佗行文到中央时，绝对不称王，只称老夫是"蛮子的头目"，在他自己的领域内，还是当他的皇帝，自称不误。汉文帝也不是不知道，只是睁只眼，闭只眼，大家过得去，就暂时算了。因为自春秋战国以来，五百年左右的战乱结果，全国民穷财尽，不但是财富光了，人才也没有了，这时最重要的，是培养国家的元气。但这不是短时间可以办到的，所以对赵佗在南方的闭关自守，暂不过问。

此后，没有几年，北方的匈奴作乱，汉文帝也是写了一封比给赵佗还更简短的信，只对匈奴的领袖说了几句话，就把一场战争化解了。所以，从汉文帝在位的二十三年，他儿子景帝——刘启在位十六年，一直到他孙子武帝——刘彻初期的一共五六十年间，国家民族安定，成就了汉代辉煌的文化，奠定了汉朝四百年政权的深厚基础。

汉文帝个人的道德修养，当然是学老子，行黄老之道。例如：他即皇帝位后，所穿的一件袍子，一直穿了二十年，补了又补，就没有换一件新的，这不是矫揉造作，完全出于道德修养，老子"慈""俭""不敢为天下先"三宝之一的奉行。然后，又尽量减轻刑罚，更改法律与社会制度，财经上减轻税赋，种种改变，宽大到极点。历史的记载，汉文帝当了二十几年皇帝，监狱中几乎没有犯人，这是著名的"文景之治"的景象。

老子吃瘪

当然,历史上运用道家思想,以拨乱反正的,不止是汉文帝这一幕,在其他朝代也非常多,这是有关经国大势的作为。

在个人修养方面,运用黄老之道立身处世,有一个大原则,就是:"功成,名遂,身退,天之道也。"从这里又要想起道家的另一个大原则,但这另一原则,如果讲起理论来,或者作一学术性的文字报告,那就太多了,不是这里所能尽述的,现在只好举出一个人的故事来作说明。

前面曾经说过,老子的著作只有五千字,而后世研究老子的著作,可能有几千万字,倘使老子今日犹在,看了这些后辈们洋洋洒洒的大作,说不定他老人家一生下地来就白了的胡须,要笑得变黑了。当然包括现在我的《他说》。

唐朝著名的大诗人白居易,曾经写了一首七言绝句,严格地批判老子,而且用老子的手打老子的嘴巴。他用二十八个字批判道:

> 言者不如知者默,此语吾闻于老君;
> 若道老君是知者,缘何自著五千文。

老子《道德经》中说,有智慧的人,必定是沉默寡言的。像我现在又讲说关于老子的书,不必问,也知道是绝对没有学问、没有智慧的乱吹。"言者不如知者默"这话意是老子自己说的,白居易说,老子既然如此说,那他本身自然是智慧很高了,可是他为什么自己还是写了那么多个字呢?世界上打老子耳光打得最好的,是白居易这首诗,纵然老子当时尚在,亲耳亲见,也只当充耳不闻,哈哈一笑,无所反驳了。

白居易的一生，学问好，名气大，官位亦很高，留名后世，没有人能够和他比的，而他常想从政治舞台上退出来，悠游林下，不像苏东坡，曾经吃了很多苦。白居易享了一辈子福，临老还享福，就因为他学道，这从他一首读《老子》后的七律可以知道。原诗是：

> 吉凶祸福有来由，但要深知不要忧；
> 只见火光烧润屋，不闻风浪覆虚舟。
> 名为公器无多取，利是身灾合少求；
> 虽异鲍瓜谁不食？大都食足早宜休。

他说，人生的遭遇，成功与失败，吉凶祸福，都有它的原因，真有智慧的人，要知道它的原因，不需要烦恼，不需要忧愁。

项联两句，引用了庄子"覆虚舟"的典故，他说，我们只看到世上富贵人家多财润饰华丽的房屋，仍会被大火烧毁。却从未见到空船在水上被风浪吞没的，装了东西的船，遇到风浪才会沉没，而且装得愈重，沉没的危险愈大。虚舟本来就是空的，纵会翻覆，亦仍浮在水面，这是说人的修养，应该无所求，无所得，愈空虚愈好。曾子说："富润屋，德润身。"

腹联两句更指出，人世间"名"与"利"两件事不宜贪求以免招灾祸。可是现代青年，都在那里拓展自己的"知名度"。要知道，"名"是社会的公器，孟子亦说："有天爵者，有人爵者。""天爵"就是名气。仔细研究起来，不管任何一种名，如果太高了，不符实际，对于此人的人生与福祉，就会发生非常大的障碍，如"誉满天下，谤亦随之"，就是这个道理。

再如，大家都知道汉高祖名字叫刘邦，而著名的汉代"文景之治"的汉文帝叫刘恒，汉景帝叫刘启，知道的人就少了。可见

"名"也者,也只是一时的空事而已。

说到利,最具代表性,普遍为人所求的,当然是钱,人人都想发财,钱愈多愈好。除非在生命垂危时,宁可减少自己的财富,以挽救生命使之延续,可是当生命救回来了,寿命可以延长了,却又会贪财舍命,所谓"人为财死"。白居易说"利是身灾"。人的钱多了,烦恼更大,钱与烦恼,如形之与影,且大小成正比。清代的有名学者赵翼诗说:"美人绝色原妖物,乱世多财是祸胎。"他所指的"美人"不一定指女性,世间也有美男子。古人又说:"一家饱暖千家怨,半世功名百世愆。"这些都是有了很多的钱后,在生活上所表现出来的形态。有钱的人家,全家都吃得饱,穿得暖,锦衣玉食;可是,旁边就有千户人家,歪着眼睛在看你,眼神中包含了羡慕、嫉妒、怨尤、鄙夷,乃至于愤恨,这是人类的习性。犹记得几十年前,汽车刚传入中国不久,在泥路上疾驰,坐车的人颇为得意,可是弄得路上尘土飞扬,雨天更是泥浆四溅,靠近的行人被溅得满身污泥。这一来连在旁看见的人,都侧目而视,心里则诅咒着最脏、最恶毒的话。

所以,白居易这首诗的结尾语说:"虽异匏瓜谁不食?大都食足早宜休。"世界上谁不好名贪利?佛教劝人们绝对放弃名利,这是做不到的。老子就不然,他只是教人"少私寡欲",少一点就好了。所以白居易说,名利像匏一样,实在好吃,叫人绝对不要吃是做不到的,但是吃了以后,很有可能会拉肚子的。深懂了黄老之道,那就是"大都食足早宜休",不要吃得过分了,这就是老子之道在个人修养上的基本原则。

要研究老子之道的这一原则,最好先读庄子的《天下篇》和《让王篇》。

老庄之道,起用时,是帝王的最大亦最佳的权谋。庄子在《应帝王篇》上说:"帝王之功,圣人之余事。"一个有了道的人,对于帝王领导术、帝王谋略学，那在他不过是一件轻而易举的小事而已。换言之，一个学道的人，如果只是求为帝王师，志在懂得帝王谋略，那是下等的。

他又在《让王篇》中说："虽富贵，不以养伤身；虽贫贱，不以利累形。"这就是老庄之道的人生大原则。懂了老庄之道的人，就知道富贵是舒服的事，但因而得意，就会是短命的事，太得意了，则缩短寿命，比流行性感冒更厉害，简直无药可救。所以处富贵中时，不以养而伤害自己。相反地，在贫贱之间，"不以利累形"。人在贫贱中，就要为生活而赚钱，可也不能过分的贪求，所谓"人为财死"，过分的贪求，过分的劳累，同样地会损害身体的健康，而危及生命。

这是老庄的基本原则，先要了解这项基本原则，才可能深入地研究老庄之道。

曾国藩与屠羊说

在这里，可作一个小段落，下一小结论。

我国自唐、宋以后，以儒、释、道三家的哲学，作为文化的主流。在这三家中，佛家是偏重于出世的，虽然佛家的大乘道，也主张入世，普救众生，但出家学道、修道的人，本身还是偏重于出世。而且佛家的学问，从心理入手，然后进入形而上道；儒家的学问，又以孔孟之学为其归趋，则是偏重于入世的，像《大学》《中庸》。亦有一部分儒家思想，从伦理入手，然后进入形而上道，但是到底是偏重入世；道家的学问，老庄之道就更妙了，可以出世，亦可以入世，或出或入，都任其所欲。像一个人，跨了门槛站在那里，一只脚在门里，一只脚在门外，让人去猜他将入或将出，而别人也永远没有办法去猜，所以道家的学问，是出世的，亦是入世的，可出可入，能出能入。在个人的养生之道上，亦有如此之妙。

了解这些精神以后，欲懂得老庄的运用之道，在"用"上发挥老庄的哲学，那必须先读庄子的《天下篇》和《让王篇》。且举历史上一个人物的行径来说明，也许比理论上的阐述，让大家体会得更深切。

清代的中兴名臣曾国藩，大家都知道，他是近代史上一位大政治家，不必多介绍他的身世功业了。后世的人，说他建功立业，一共有十三套本领，但是其中有十一套大的谋略之学，都未曾流传下来，只留了两套本领给后世的人。其中一套，是著了一部《冰鉴》，把相人之术——这是他老师教给他的——传给后世的人。自他以后，有许多政治的、军事的乃至经济等方面的领导人，运用他这部《冰鉴》所述的相人术选才用人，的确收到了一些效果。

另一套本领，就是他的日记和家书。或者说：曾国藩的日记和家书，不外乎告诉家人，怎样弄好鸡窝，怎样整理菜园，表示很快要回家种田等等，这些琐屑小事，老农老圃也懂，算得什么大本领，值得留传给后人？

这只是一种皮毛的肤浅看法而已。如果进一步去分析曾国藩、曾国荃兄弟当时所建的功业，所处的环境，时代的政治背景，历史的轨迹，就可以了解到曾国藩絮絮于这些琐屑细事，实际上正深厚地运用了老庄之道。

曾国藩兄弟，经过了九年的艰苦战争，终于将曾经占领了半壁江山、摇撼京师、几乎取得政权的太平天国打垮了，他们所建立的"功绩"是清兵入关以来，前所未有的，到达了"功高震主"的程度。

"功高震主"的情况，可能有许多人体会不到，试以创办一家公司为比喻。一位公司老板,找到了一位很能干的干部,由于这位干部精明能干,而且很努力,于是因其良好的功劳业绩,由一名小小的业务员,逐步上升,而股长,而主任,而经理,一直升到总经理。到了这个阶段,公司的一切业务,许多事情,他比老板还更了解更熟练,同下面的人缘又好极了,那么,在这种情况下,当老板的就会担起心来。这就"功高震主"了,地位就危险了。在政治上,一个功高震主的大臣,危险与荣誉是成正比的,获得的荣耀勋奖愈多,危险也愈大。不但随时有失去权势财富的可能,甚至生命也往往旦夕不保。

清朝以特务资讯驾驭大臣和各级官吏,雍正皇帝是用得最著名而收效的,以后历代的帝王,均未放弃这一手法。慈禧太后以一女人而专政,就用得更多更厉害,所以曾国藩的日记与家书,写这些个鸡栏、菜圃小事,与其说是给家人子弟看,毋宁说是给慈禧太后看,期在无形中消除老板的疑心,表示自己不过是一个求田问舍的乡巴佬,以保全首领而已。

再从曾国藩给他弟弟曾国荃的一首诗中,也可很明显地看到他深切的了解老庄思想,灵活运用老庄之道。这首诗说:

> 左列钟铭右谤书,人间随处有乘除;
> 低头一拜屠羊说,万事浮云过太虚。

诗中"屠羊说"的典故,就出在庄子的《让王篇》。屠羊说,本来是楚昭王时,市井中一个卖羊肉的屠夫,大家都叫他屠羊说,事实上是一位隐士。"说"是古字,古音通悦字。当时,因为伍员为了报杀父兄之仇,帮助吴国攻打楚国,楚国败亡,昭王逃难出奔到随国。屠羊说便跟着昭王逃亡,在流浪途中,昭王的许多问题,乃至生活上衣食住行,都是他帮忙解决,功劳很大。后来楚国复国,昭王派大臣去问屠羊说希望做什么官。屠羊说答复道：楚王失去了他的故国，我也跟着失去了卖羊肉的摊位，现在楚王恢复了国土，我也恢复了我的羊肉摊，这样便等于恢复了我固有的爵禄，还要什么赏赐呢？昭王再下命令，一定要他接受，于是屠羊说更进一步说：这次楚国失败，不是我的过错，所以我没有请罪杀了我；现在复国了，也不是我的功劳，所以也不能领赏。

他这话是多少带刺的，弦外之音就是说，你当国王失败了，才弄得逃亡。现在你把国家救回来了，也是你的努力和福气。所以楚昭王从大臣那里听到他这样的话，知道这个摆羊肉摊子的，并不是普通人物，于是叫大臣召他来见面。不料屠羊说更乖巧，他回答说：依照我们楚国的政治体制，一定要有很大的功劳，受过重赏的人，才可以面对面见到国王。现在我屠羊说，在文的方面，没有保存国家的知识学问，在武的方面，也没有和敌人拼死一战的勇气。当吴国的军队打进我们首都来的时候，我只因为怕死，而急急慌慌逃走，并不是为了效忠而跟随国王一路逃的，现在国王要召见我，是一件违背政体的事，我不愿意天下人来讥笑楚国没有法制。

楚昭王听了这番理论，更觉得这个羊肉摊子老板非等闲之辈，于是派了一位更高级的大臣，官司马，名子綦——相近于现代的国防部长，吩咐子綦说，这个羊肉摊的老板，虽然没有什么地位，可是他所说的道理非常高明，现在由你去请他来，说我要请他做国家的三公高位。想想看，由一位全国的三军统帅出面来请，这中间有些什么意味。可是屠羊说还是不吃这一套，他说我知道三公的地位，比我一个羊肉摊老板不知要高贵多少倍，这个位置上的薪水，万钟之禄，恐怕我卖一辈子羊肉也赚不了那么多。可是，我怎么可以因为自己贪图高官厚禄，而使我的君主得一个滥行奖赏的恶名呢？我还是不能够这样做的，请你把我的羊肉摊子还给我吧!

当然事实上,楚昭王能复国,许多主意并非都是由这位羊肉摊老板提出来的。后来他再三再四地不肯作官,就是"功成,名遂,身退,天之道也"的老庄精神,正是最有学问的人。

王阳明与曾国藩

曾国藩写这首诗,引用屠羊说的典故,是对他的弟弟曾国荃下警告。他知道,这时的客观环境,对他的危险性非常大。不但上面那位老太太——慈禧太后,非常厉害,难侍候之至,自己不能不居高思危。而外面议论他,批评他,讲他坏话的人也很多。尤其是曾国荃打进南京的时候,太平天国的王宫里面,有许多金银财宝,都被曾国荃搬走了。这件事,连曾国藩的同乡至交好友王湘绮,亦大为不满,在写《湘军志》时,固然有许多赞扬,但是把曾氏兄弟以及湘军的坏处,也写进去了。这时曾国藩兄弟也很难过。曾国荃的修养,到底不如哥哥,还有一些重要干部,对于外来的批评,都受不了,向曾国藩进言,何不推翻清朝,进兵到北京,把天下拿过来,更曾有人把这意见写字条提出。曾国藩看了,对那人说:"你太辛苦了,疲累了,先去睡一下。"打发那人走了,将字条吞到肚中,连撕碎丢入字纸篓都不敢,以期保全自己的性命。

同时,他训练出来的子弟兵,也已经变成骄兵悍将。打下太平天国以后,个个都有功劳,都有得意自满的心理,很容易骄横,所以又教他的学生李鸿章,赶快训练淮军,来接他的手,冲淡湘军的自满骄横。

事实上,如果曾国荃与湘军一冲动,半个中国已经是他的,似乎进一步就可以把大好河山拿下来。但真的拿不拿得下来呢?

亦自有拿不下来的道理。我们现在来仔细研究当时的情况,的确有拿不下来的理由。到底还是曾国藩了不起,宁可不做这件事,所以写了这样一首诗,要曾国荃"低头一拜屠羊说"。他说:尽管左面挂满了中央政府——朝廷的褒奖状,可是要知道"功高震主"的道理,不必因此自满自傲,右边放了毁谤、诋咒我们的文件,这也同样没有什么了不起,不必生气,"人间到处有乘除",人世间本来就如天秤一样,这头高了那头低,这头低了那头高,不必想不开。"低头一拜屠羊说",只要效法屠羊说的精神与做法,学习这位世上第一高人,那么"万事浮云过太虚"。荣誉也好,毁谤也好,都不过是碧天之上的一片浮云,一忽儿就要被风吹散,成为过去,澄湛的碧天,依然还是澄清湛蓝的。

在近代史上,明朝平宸濠之乱的王阳明,清朝打败太平天国的曾国藩,都是精通老庄之学,擅用老庄之学,但都是"内用黄老,外示儒术"的作风,如果硬把他们打入儒家,认为他们只知道在那里讲讲理学,打打坐而已,这种看法,不是欺人,便是自欺,否则,便真的要"悔读南华庄子文"了!

这是中国近代史上重要的一页,先懂了这一史实的道理以后,再来研究《老子》,就更容易了解到《老子》哲学思想,在用的方面——大而用之于天下国家的大事,小而用之于个人立身处世之道,乃至于由平日的为人,进一步升华到形而上修养之道了。

阴柔不是阴谋

现代学术界,研究《老子》的趋向,归纳起来,大概可分为三个路线:

第一类:纯粹走哲学思想的研究路线。做这方向研究的人，各有各的心得，各有自己的见解。乃至有人以西方哲学来批评《老子》，或者以西方文化来与《老子》比较。这是学术性的一类。

第二类：就是把《老子》，单纯地归到个人修养，做功夫，所谓修神仙的丹道上去。这一类自几千年前，直到现在，自成一个系统。

第三类：是把《老子》归到谋略学的主流，而且习惯上，有一个很严重的错误观念：认为老子的谋略学是阴谋，是阴谋之术。于是，一说到老庄，就联想到谋略；一说到谋略，就联想到老子学说是很阴险的学问，是搞阴谋的。

这种观念，错误得很严重。

老子是主张用阴、用柔。但是，不要忘记，他和我们固有的文化，远古的源流——阴阳五行与《易经》诸子等系统，是同一个来源的。阴与阳，是一体的两面，只是在用上有正面与反面的不同而已，无论用阴用阳，都要活用。换言之，要用活的，不用死的。所谓用阴柔，即不用刚强，不是勉强而为。一件事物的成就，是顺势而来的。因此亦可以说，他是用顺道，不是用相反的逆道。过去以文字表达意义的方法，常用"阴"字来表达"顺道"，例如《周易》的"坤"卦，代表"阴"的"顺道"。因此后世的人，误以为老庄的阴柔之学，就是阴谋之学；学老庄的人，用老庄之学的人都是阴谋家。

从历史上看，大家都熟悉的汉史，如道家出身的人物——陈平，他帮助刘邦，奠定汉朝四百年基业，汉高祖刘邦有六次关系到成败的决策，都是采用陈平的主意而获致成功的。但是历史记载，陈平自己说："我多阴谋，道家之所禁，其无后乎？"足见道家是最忌讳阴谋的。因此，他断定自己将没有后代，至少后代的富贵不会久，后来果然如此，据汉代史书记载，陈平的后人，到他孙子这一代,所谓功名富贵,一切而斩,就此断了,后来他的曾孙陈掌,以卫氏亲贵戚,要求续封而不可得。

从此一史实可以说明,道家并不专主阴谋,误会道家是阴谋家,尤其是误会老庄思想是阴谋之学,是一种最大的错误观念。这是今日研究老庄,必先了解的。

老子还他老样子

《老子》一书的章节划分,各章的句法排列,每句的句读,是千古以来被人怀疑的问题,而且很难下一个确切不移的答案。因为秦汉以前的书籍,到秦汉以后,都重新整理过。秦汉以前,纸、墨、笔、砚还未流行,当时的书籍,连牛皮、羊皮写字也没有,更谈不上线装书,大多数都是刻在竹片上的所谓"竹简",放置时,东一堆,西一堆,很不方便。如果因为搬动、毁坏等等事件,后来加以整理,就难免章节上的前后倒置,文字上的讹误遗漏,希望整理得和原来一样,丝毫不变,实在相当困难,而且年代久远,难于考证。不过,这本《老子》,已经整理得很好了,并且已经流传了好几千年,现在若再整理,移动章节,不但困难,亦徒然增加研究者的困扰。试观现在大家通用的《老子》,它每一章节,都衔接得很紧凑,都能贯串起来,中间并没有松弛或断裂之处,第二章就是第一章的申述,第三章又紧接着第二章的后面继续发挥。如是一章接着一章地连续下去,内容上脉络分明,气势上绵延不辍。

对全书,姑作一整体分类,前面七八章,由形而上的道体,谈到人事与物理的现象与必定的法则。使我们知道如何做事、处世,如何在人世间作一辈子的人,在物理世界的自处之道。最后告诉我们如何修道——修道是后世的观念,老子的本意,是使我们的人生，自然与天然法则相吻合。这是《老子》一书的体系。

老子五千文过关

研究老子写这本书的动机。前面曾介绍白居易那首幽默老子的诗，说老子主张大智慧的不说话，不写文章。可是他自己写了五千字，究竟老子是愚笨，还是有智慧？这首诗读来真是耐人寻味，不禁发出会心之微笑。

另一方面，在历史文献资料上有关老子的记载说，《老子》这本书，是被逼写出来的。

说到这里，有一段可叙的插曲。

自古以来，有一个关于老子的问题：他晚年究竟到哪里去了？不知道。他死在哪里？不知道。在历史文献的资料上，只说他西度流沙，过了新疆以北，一直过了沙漠，到西域去了。究竟是往中东或者到印度去了？不知道。在他离开中国时，有没有领到关牒——相当于现在的护照和出入境证，也不知道。

但是，历史上提到一个人物——关吏尹喜，大概像现在机场、码头海关的联检处长，知道这位过关老人是修道之士。据《神仙传》上记载：有一天，这位函谷关的守关官员，早晨起来望气——中国古代有一种望气之学——他看到紫气东来，有一股紫色的气氛，从东方的中国本土，向西部边疆而来，因此断定，这天必定有圣人过关。心下打定主意，非向他求道不可。

果然，一位须发皆白的老头子，骑了一条青牛，慢慢地踱到函谷关来了。关员向他索取关牒，他却拿不出来，这一下，可正给了关吏一个机会，他本色当行地说：没有关牒，依法是不能过关的。不过嘛，你一定要过关，也可以设法通融，你可也得懂规矩。所谓"规矩"就是陋规，送贿赂。这时，老子似乎连买马的钱都没有，哪儿凑得出"规矩"。好在这位关吏，对于老子的规矩，志不在钱，所以对他说："只要你传道给我。"老子没法，只好认了，于是被逼写了这部五千字的《道德经》，然后才得出关去。

老子以变相红包，留下了这部著作，西度流沙不知所终。而他的这部著作，流传下来，到了唐代，道家鼎盛起来，道教变成国教。这时，道教的人，要抗拒佛教，就有一个进士，也是五代时的宰相，名叫杜光庭的，依据佛经的义理，写了很多道经。有一说，后世对于没有事实根据而胡凑的著作，叫作"杜撰"，即由此而来。其中有一部叫作《老子化胡经》，说老子到了印度以后，摇身一变，成了释迦牟尼。在佛教中，也有些伪经，说中国孔子是文殊菩萨摇身一变而成。宗教方面，这些扯来扯去，有趣的无稽之谈，古往今来，不可胜数。

关于老子本身的这些说法，不管最后的结论如何，但有一事实，他的生死是"不知所终"，查不出结果的。倘使根据《神仙传》上古神话来说，那么，老子的寿命就更长到不死的境地了！

那些神仙故事，我们暂且不去讨论。他的这部著作，则确实是被徒弟所逼，一定要得到他的道，因此只好留下这部著作来。尹喜得到老子的传授，亦即得到了这五千字的《道德经》以后，自己果然也成道了。因此，连官也不要做，或者连移交也没有办，就挂冠而去，也不知所终。

道教就是这样传说，由老子传给关尹子，继续往下传，便是壶子、列子、庄子。一路传下去，到了唐朝，便摇身一变而成为国教，而《老子》一书，也成了道教的三经之首。道教三经，是道教主要的三部经典，包括：由《老子》改称的《道德经》，《庄子》改称的《南华经》与《列子》改称的《冲虚经》。

最近，有些上古的东西出土，如帛书《老子》等等。由这些文献资料中，更显示了老子学说思想的体系，是继承了殷商以上的文化系统，亦证明了古人所说的话没有撒谎，是真实的。

老子五千文过关

第一章

老子他说

道可道，非常道。名可名，非常名。无，名天地之始。有，名万物之母。故常无，欲以观其妙。常有，欲以观其徼。此两者，同出而异名，同谓之玄。玄之又玄，众妙之门。

本文第一章，首先提出老子《道德经》的"道"与"名"两个关键名词，也是连串贯通全书八十一章脉络的线索。而且也是千古以来，研究老子学术的争端之所在。

头头是道

现在我们也来凑热闹，讲《老子》，首先要不怕老子笑掉他的长眉，更要向研究老子的学者们，道歉万分，以外行人妄说内行话，滥竽充数，不足为凭。但是我们又不得不把传统文化中的"道"字与"天"字先讲清楚，才好开始。

读中国书，认中国字，不管时代怎样演变，对于中国文字的六书——象形、指事、会意、形声、转注、假借，不能不留意。至少，读古代文字章法所写成的古书，必须具备有《说文》六书的常识。

在古书中，"道"与"天"字，到处可以看到。但因上古文字以简化为原则，一个方块的中文字，便包涵人们意识思想中的一个整体观念；有时只用一个中文字，但透过假借、转注的作用，又另外包涵了好几个观念。不像外文或现代语文，用好几个，甚至一二十个字，才表达出一个观念。因此，以现代人来读古书，难免会增加不少思索和考据上的麻烦。同样地，我们用现代语体写出的文字，自以为很明白，恐怕将来也要增加后世人的许多麻烦。不过，人如不做这些琐碎的事，自找麻烦，那就也太无聊，会觉得活着没事可做似的。

例如"道"字。在传统的古书中，大约便有三种意义与用法。

（一）"道"就是道，也便是人世间所要行走的道路的道。犹如元人马致远在《秋思曲》中所写的"枯藤老树昏鸦，小桥流水人家，古道西风瘦马，夕阳西下，断肠人在天涯。"这个"古道西风瘦马"的道，便是道路的道。照《说文》意义的注释就是："道者，径路也。"

（二）"道"是代表抽象的法则、规律，以及实际的规矩，也可以说是学理上或理论上不可变易的原则性的道。如子产在《左传》中所说的："天道远，人道迩。"如子思在《中庸》首章中所说："天命之谓性，率性之谓道。"孙子所说："兵者，诡道也。"等等。

（三）"道"是指形而上的道。如《易·系传》所说："形而上者谓之道，形而下者谓之器。"又如道书所说："离有离无之谓道。"这便同于佛经上所说的："即有即空，即空即有。"玄妙幽微，深不可测了！

有人解释《老子》第一章首句的第二个"道"字，便是一般所谓"常言道"的意思，也就是说话的意思。其实，这是不大合理的。因为把说话或话说用"道"字来代表，那是唐宋之间的口头语。如客家话、粤语中便保留着。至于唐宋间的著作，在语录中经常出现有："道来！道来！""速道！速道！"等句子。明人小说上，更多"某某道"或"某人说道"等用语。如果上溯到春秋战国时代，时隔几千年，口语完全与后世不同。那个时候表示说话的用字，都用"曰"字。如"子曰""孟子曰"等等，如此，

《老子》原文"道可道"的第二个"道"字是否可作"说"字解释,诸位应可触类旁通,不待细说了。

讲到这里,顺便也把古书上的"天"字提一提。古书上的"天"字,大约也概括了五类内涵:(一)天文学上物理世界的天体之天,如《周易》乾卦卦辞"天行健"的"天"。(二)具有宗教色彩,信仰上的主宰之天,如《左传》所说的"昊天不吊"。(三)理性上的天,如《诗经·小雅·巷伯》中的"苍天苍天"。(四)心理性情上的天,如《泰誓》和《孟子》的"天视自我民视,天听自我民听"。(五)形而上的天,如《中庸》所谓"天命之谓性"。

首先了解了这些用字,那么,当我们看到古书的"道"与"天",甚至在同一句中,有时把它当动词或形容词用,有时又把它当名词用,就不会混淆不清了。

假定我们要问,《老子》本书第一章首句中两个"道"字,应当作哪种解释才恰当?我只能说:只有亲见老子,来问个清楚。不然都是他说老子,或我说老子,姑且备此一格,别成一家一言,能说到理事通达,也就差不多了,何必固执成见,追究不休呢!你千万不要忘记老子自说的"道常无为""道常无名",以及"道法自然"等的观念。

有无主宾

关于宇宙万物的"有生于无,无中生有"的形上与形下问题,以西洋哲学的治学习惯来说,其中就包涵了宗教哲学中宇宙万有的来源论,以及纯粹哲学的唯心、唯物、一元、多元、有神、无神等学说的寻探。

假定宇宙万物确是从本无中而生出万有万类。无中何以生有?便是一个莫大的问题。以宗教神学的立论,从无生有,是由第一因的主宰的神所发生。但在佛学中,既不承认神我是第一因,也不承认有一情绪化的权威主宰所能左右;可是又不否认形而下神我的存在。只说"因中有果,果即为因"的因果互变,万有的形成,有生于空,空即是有,因缘和合,"缘起性空,性空缘起"。因此,与老子的有、无互为因果论,恰恰相近。所以后来佛学输入中国,与老庄学说一拍即合,相互共存了。

这个有无互为生灭的观念,从周末而到现代,几千年来,一直成为中国文化中普遍平民化的哲学思想,在中国历代的文学诗词或学术史上,到处可见,尤其明、清以后有名的小说,如《红楼梦》《西游记》等等。《红楼梦》开头的一僧一道的开场白,与有名的梦游太虚幻境,以及"假作真时真亦假,无为有处有还无"乃至假托林黛玉的笔下反骂贾宝玉:"无端弄笔是何人?剿袭南华庄子文。不悔自家无见识,却将丑语诋他人"等等老庄与禅道思想,几乎俯拾皆是。难怪后人有强调《红楼梦》是一部道书。甚至赶上现代的时髦,又说是一部禅学了!

闲话不说,书归正传,由《老子》第一章的"有、无"与"有名、无名"问题告一段落。跟着而来的,便是"常无、常有"的附带问题。我们既已认可首章的"无"与"有"两个字各自标成一句,构成一个观念。当然文从字顺,下面句读,也便承认是"常无"与"常有",而不照一般传习,读成"常无欲"与"常有欲"了。不过,以一般从事学习修道或专讲修心养性之道的立场来讲,认定"常无欲"与"常有欲"的句读才是对的。那也不错,反正增增减减,都在寻章摘句之间玩弄文字的把戏,如以老子看来,应当是"知者不言,言者不知"了!

前面已经说到本无是天地的原始,妙有是万物万有的来源。因此,他跟着就说:"故常无,欲以观其妙。常有,欲以观其徼。"故"字,当然便是文章句法的介词,也就是现代语文惯用的"所以"的意思。老子这句话用白话文来说,就是——人们要想体认大道有无之际,必须要修养到常无的境界,才能观察——体察到有生于无的妙用。再说,如果要想体认到无中如何生有,又必须要加工,但从有处来观察这个"有"而终归于本来"无"的边际。"徼"字,就是边际的意思。

玄元之妙

好了,到此我们已经看出《老子》本书在第一章中的三段要点。真有一语中具备三玄门,一玄门具备三要义的深不可测。

首段,他提出"道",同时提示我们,不可执著道是一般的常道。在后语中又附带说明,在不得已的表达中,提出了一个"道"字;接着又强调,不可执著名相而寻道。其次,便说到形而上道与形而下万有名器的关系,是有无相生,绵绵不断的。

第二段,告诉我们,在形而下的情况下而要体认形而上道,必须从常无的境界中去体认它的道体。但是如要更透彻精辟,又需要在常有之中领悟它的无边无际。

第三段,再反复说明有无之间的互为因果,如一呼一吸之自然往复。因此而说出:"此两者同出而异名,同谓之玄。玄之又玄,众妙之门。"讲到这里,又要让我们慢慢来,先解决其中一个字和一个句读的问题了。

古书的"玄"字,在宋代和清康熙元年之后,往往与"元"字混用互见,很多年轻人大为困惑。其实,"玄"字是正写,"元"字是替代品,是通用字。因为在家族帝王专制时代的历史上,作兴对皇上名字的尊敬,人们不可随便直呼,也不可低写。不然,就犯了"大不敬"的律令,甚至会杀头。杀了头,当然不能说话吃饭了。宋太祖的父亲赵弘殷字玄朗，在北宋大中祥符五年（一〇一三年）以后，所有书写"玄"字的地方，一律要改作"元"字，以免犯"大不敬"的忌讳。因此后世所见的古书，"玄""元"不分，或者"玄""元"同用了。

再者，有关这几句的句读，从前我有一位老师对我说："此两者同"应读成一句，"出而异名"读成一句。不可读作"此两者同出而异名"。问老师为什么要这样读？他说，这种句读才能显出有无同源的妙用与深意，而且在文气来讲，透彻而有力。如此云云，当然有他的独到见解。后来，我也看到经古人圈点过的几本古本《老子》，也是这样句读。但我却认为这是习惯作古文文章的手法，意义并无太多差别。要同便同，要同出也可以。这里我没有固执定见，学老子的语气说一句："无可无不可。"

交代了这些意见，再来讲老子首章原文的第三段。他再说明有无相生互用的道妙。便说"无"之与"有"，这两者是一体同源，因为作用与现象不同，所以从无名之始而到有名之际，必须要各以不同的命名加以分别。如果要追溯有无同体，究竟是怎样同中有异的？那便愈钻愈深，永远也说不完。所以，在它同体同源的异同妙用之际，给它下个形容词，便叫作"玄"。说了一个玄，又不是一元、两元可以穷尽的，所以又再三反复地说，玄的里面还有玄，分析到空无的里面还有空无，妙有之中还有妙有。由这样去体认道的体用，有无相生，真是妙中有妙，妙到极点更有妙处。

但也有不走哲学思辨的路线，只从文字结构的内涵去了解，也就可通它的大意了！"玄"字的本身，它便是象形字，包括了会意的作用。

依照古写，它是 ⿱亠幺 形态，也等于一个环节接连一个环节，前因后果，互为因缘，永远是无始无终，无穷无尽。因此，后世由道家一变而成为道教的道士们，手里拿着一个连环圈在玩，等于佛教和尚们手里拿着的念佛珠，一念接着一念，同样都是代表如环之无端，永无穷尽的标记。

又有只从"玄"字训诂的内涵作解释，认为"玄"字是极其细小的生物，几乎细小到渺不可见的程度。因此又有加上现代的新观念，认为"玄"字的内涵，等于是细胞或微生物的形容字，便把已出函谷关以外的老子，轻轻一扯，向西方的唯物思想去归队，硬说老子的《道德经》基本上是建立在唯物哲学的基础上的。

第二章

> 天下皆知美之为美，斯恶已。皆知善之为善，斯不善已。故有无相生，难易相成，长短相较，高下相倾，音声相和，前后相随。是以圣人处无为之事，行不言之教，万物作焉而不辞。生而不有，为而不恃，功成而弗居。夫唯弗居，是以不去。

真善美的价值定论何在？

《老子》首章既提出"道"与"名"的涵义，但同时又相同于"因明"的法则，能建能破，自说了一个道，自又推翻了道的名相。也如同正反合的"逻辑"辩证，不自立于不变的肯定与否定形态。如珠走盘，无有方所。所谓的"道"，乃"至道"的定名，都是为了表达的方便，姑且名之为"道"而已。"道"是"变动不居，周流六虚"的，名相只是人为意识的塑造而已。叫它是"道"，已经是头上安头，早已着相了。要想明白这个不可见、不可得的"道"，只有在用上去体会，才能了解有无同出而异名的道妙。因此第二章便推出美与善的道理，加以阐发。

美与善，本来是古今中外人所景仰、崇拜，极力追求的境界。如西洋文化渊源的希腊哲学中，便以真善美为哲学的鹄的。中国的上古文化，也有同样的标榜，尤其对人生哲学的要求，必须达于至善，生活与行为，必须要求到至美的境界。甚至散于诸子百家的学术思想中，也都随处可见，不须一一列举，另加介绍。

现在从后世道家所标榜的修道，与学术思想上的应用两面来讲，也便可以知道它的大要。至于进而多方发明，从各种不同的角度来说明各个触角，那就在神而明之，无往而不自得了。

先从修道方面来讲，无论后世哪一种宗教，或教育哲学，都会树立一个美和善的架构（标的）。殊不知变生于定，二由一起。凡是人为所谓的美与善的道，一落痕迹，早已成为不美不善的先驱了。修道的人，大多数都把道的境界，先由自己的主观观念，建立起一个至真、至善、至美的构想。也可以说是自己首先建立起一个道的幻境，妄自追求。其实，一存此念，早已离道太远了。因此老子便说："美之为美，斯恶已"。"善之为善，斯不善已。"

随老子之后，后来从印度传来的佛家学说，也同样有此理论。例如大乘佛学所谓道体的"真如"，这个名词本身便自说明只是名言的建立，不可认为确有一个固定不变的"真如"存在。真者如也，如其真也。如果把"真如"确定在美善的范畴，这个真也就不如如自在了。这是许多修道者在思想观念与见解上难以避免的大问题。因此佛学以解脱"见惑"——理解上的困扰；"思惑"——观念上的困扰，为无为法，为见道的重心所在。譬如五种"见惑"中的"见取见"与"禁戒取见"，就都属于思想见解上的迷惑。由此可见佛家学说与老子相提并论，并非偶然。老子是用归纳方法来简单指示，佛家则用演绎方法来精详分析。无怪宋儒中的反对派，就佛老并称，同时排斥了。

善反而不美

大道无名，并非如一般凡夫俗子们所认为的常道。什么是常道呢？便是平常人们为形而上道所建立起的至真、至善、至美的名相境界。这样一来，早已离道更远了。

有个真善美的天堂，便有丑陋、罪恶、虚伪的地狱与它对立。天堂固然好，但却有人偏要死也不厌地狱。极乐世界固然使人羡慕，心向往之，但却有人愿意永远沐浴在无边苦海中，以苦为乐。与其舍一而取一，早已背道而驰。不如两两相忘，不执著于真假、善恶、美丑，便可得其道妙而逍遥自在了。

如果从学术思想上的观点来讲，既然美与丑、善与恶，都是形而下人为的相对假立，根本即无绝对标准。那么，建立一个善的典型，那个善便会为人利用，成为作恶多端的挡箭牌了。建立一个美的标准，那个美便会闹出"东施效颦"的陋习。有两则历史故事，浓缩成四句名言，就可说明"美之为美，斯恶矣。善之为善，斯不善矣"的道理，那就是"纣为长夜之饮，通国之人皆失日"，"楚王好细腰，宫人多饿死"。现在引用它来作为经验哲学的明确写照，说明为人上者，无论在哪一方面，都不可有偏好与偏爱的趋向。即使是偏重于仁义道德、自由民主，也会被人利用而假冒为善，变为造孽作恶的借口了。

同样地，爱美成癖，癖好便是大病。从历史经验的个人故事来说：

元朝末期的一位大名士——大画家倪云林。他非常爱美好洁。他自己使用的文房四宝——笔、墨、纸、砚，每天都要有两位专人来经管，随时负责擦洗干净。庭院前面栽的梧桐树，每天早晚也要派人挑水揩洗干净，因此硬把梧桐树干净死了。有一次，他留一位好朋友在家里住宿，但又怕那个朋友不干净，一夜之间，亲自起来视察三四次。忽然听到朋友在床上咳嗽了一声，于是担心得通宵不能成眠。等到天亮，便叫佣人寻找这位朋友吐的痰在哪里，要清理干净。佣人们找遍了所有地方，也找不出那位先生吐痰的痕迹，又怕他生气骂人，只好找了一片落叶，稍微有点脏的痕迹，拿给他看说找到了。他便立刻闭上眼睛，蒙住鼻子,叫佣人把这片树叶送到三里外去丢掉。

元末起义的张士诚的兄弟张士信,因为仰慕倪云林的画,特地派人送了绢和厚重的金币去,请他画一张画。谁知倪云林大发脾气说:"倪瓒(云林名)不能为王门画师。"当场撕裂了送来的绢。弄得士信大怒,怀恨在心。有一天,张士信和一班文人到太湖上游乐,泛舟中流,另外一只小船上传来一股特别的香味。士信说:"这只船上,必有高人雅士。"立刻靠拢去看个清楚,不料正是倪云林。士信一见,便叫从人抓他过来,要拔刀杀了他。经大家恳求请免,才大打一顿鞭子了事。倪云林被打得很痛,但却始终一声不吭。后来有人问他:"打得痛了,也应该叫一声。"倪云林便说:"一出声,便太俗了。"

倪云林因为太爱美好洁了,所以对于女色,平常很少接近。这正如清初名士袁枚所说的:"选诗如选色,总觉动心难。"但有一次,他忽然看中了金陵的一位姓赵的歌姬,就把她约到别墅来留宿。但是,又怕她不清洁,先叫她好好洗个澡。洗完了,上了床,用手从头摸到脚,一边摸,一边闻,始终认为她哪里不干净,要她再洗澡,洗好了又摸又闻,还是认为不干净,要再洗。洗来洗去,天也亮了,他也算了。

上面随便举例来说"美之为美,斯恶已"的故事。现在再列举一则故事来说明"善之为善,斯不善已"。

宋代的大儒程颐,在哲宗时代,出任讲官。有一天上殿为哲宗皇帝讲完了书,还未辞退,哲宗偶然站起休息一下,靠在栏杆上,看到柳条摇曳生姿,便顺手折了一枝柳条把玩。程颐看到了,立刻对哲宗说:"方春发生,不可无故摧折。"弄得哲宗啼笑皆非,很不高兴,随即把柳条掷在地上,回到内宫去了。

因此后来有人说,讲孔门的道理,无论怎样说,也不致超过孟子。而孟子对齐宣王说,好色、好货也都无妨,只要扩充所好的心与天下同乐就对了。偏是倒霉的宋哲宗,遇到了程夫子,一根柳条也不许动。当了皇帝的,碰到如此这般的大儒,真是苦哉!

由于这些历史故事的启发,便可了解庄子所说的"为善无近名,为恶无近刑"的道理,也正是"善之为善,斯不善已"的另一面引申了。

再从人类心态的广义来讲,爱美,是享受欲的必然趋向。向善,是要好心理的自然表现。"愿天常生好人,愿人常做好事",那是理想国中所有真善美的愿望,可不可能在这个人文世界上出现,这是一个天大的问题。我们顺便翻开历史一看,秦始皇的阿房宫,隋炀帝的迷楼和他所开启的运河两岸的隋堤,李后主的凤阁龙楼,以及他极力求工求美的词句,宋徽宗的艮岳与他的书笔和书法,慈禧太后的圆明园和她的花鸟,罗马帝国盛极时期的雕刻、建筑,甚至驰名当世如纽约的摩天大厦,华盛顿的白宫,莫斯科的克里姆林宫,也都是被世人认为是一代的美或权利的标记,但从人类的历史经验来瞻前顾后,谁能保证将来是否还算是至善至美的尤物呢?唐人韩琮有一首柳枝词说:

> 梁苑隋堤事已空,万条犹舞旧春风。
> 何须思想千年事,谁见杨花入汉宫。

老子却用更深刻而尖锐的笔触指出:"故有无相生,难易相成,长短相较,高下相倾,音声相和,前后相随。是以圣人处无为之事,行不言之教,万物作焉而不辞。生而不有,为而不恃,功成而弗居。夫唯弗居,是以不去。"

由《老子》的首章而接连这一章的全段,很明显地看出他说自形而上道的无名开始,一直到形而下的名实相杂,再到"同出而异名"因果相对的道理,自始至终,是要人勿作祸首、莫为罪魁的教示。但是，他说归说，后世用归用，完全不是老子说的那样。

有无相生

从人类的经验来讲，天地万物的从有还无，是很自然的事实。但是要说到万物的有，是从无中出生，实在是一件不可思议的事。因此，古今中外的崇信唯物论者，除了绝对否定无中生有之外，便给老子加上顶"虚无主义"的帽子。尤有甚者，把老子归到唯物思想的范围。断定老子的"无"便是没有，更不管他"相生"两字的内涵。不过，真要指出有与无是怎样相生的道理，综合东西文化数千年的哲学，也实在做不了一个明确的结论。除非将来的理论物理与哲学汇合，或者会有个明确的交待。如果勉强用现代物理知识来解释，认为质能互变的原理，便是有无相生的说明，那也是并不透彻，而难以肯定的说明。况且物理学上的定律，还是未定之义，它随时在再求深入。

倘使只从传统道家观念来说明"有无相生"的原理，自庄子、列子等开始，都是用"神化""气化"来作说明。至于"神"与"气"的问题，究竟属于物质？或是物理功能的作用？便又牵涉到另一问题上去了，暂且不说。在道家中，比较接近理论物理思想的，应当以五代谭峭的《化书》为首。其中的《道化》说：

　　道之委也，虚化神，神化气，气化形，形生而万物所以塞也。

　　道之用也，形化气，气化神，神化虚，虚明而万物所以通也。

是以古圣人穷通塞之端，得造化之源，忘形以养气，忘气以养神，忘神以养虚，虚实相通，是谓大同。

故藏之为元精，用之为万灵，合之为太一，放之为太清。是以坎离消长于一身，风云发泄于七窍，真气薰蒸而时无寒暑，纯阳流注而民无死生，是谓神化之道者也。

谭子的"道化"学说，也可以说是代表了历来道家的一贯思想，如果说他是唯物论，但他所提出的神，非物理。神与物是有明显的界说。如果说他是唯心论，神与心的关系，究竟如何？神与心是一或二？亦成为后世佛道两家争端的症结。可是这些讲来讲去，到底都牵涉到"道通天地有形外，思入风云变态中"的形而上学，而且都是幸或不幸去做神仙们的大事。至于一般凡夫俗子们对老子的"有无相生"等道理，却老老实实反用为帝王术的万灵丹，因此千古以来，便使老子背上阴谋与欺世盗名的大黑锅，那是事实俱在，证据确切的。

老子背上历史的烂账

现在我们再回转来看看这位先圣——老子的哲学大道理，如何被历世的大国手——帝王们用到大政治、大谋略上去。三代以上，历史久远，资料不太完全，姑且置而不论。三代以下，从商汤、周武的征诛开始，一直到秦汉以后，凡是创业的大国手——建立统一世系的帝王，没有哪个不深通老子，或暗合黄老之道"有无相生……前后相随"的路线的。

大舜起自田间，赤手空拳，以重孝道德行的成就，继承帝尧而有天下。大禹是以为父赎罪的心情，胼手胝足，治河治水的劳苦功高，又继大舜之后而有天下。这当然都是无中生有，"难易相成"白手创业的圣帝明王行道的大榜样。

跟着而来的,汤以一旅之师,文王以百里之地,以积德行仁为大谋略,因此而"难易相成,长短相较,高下相倾,音声相和,前后相随"而揞有天下,开启德治的长远规模。

从此以后,划分时代的春秋霸主们,都是走"有无相生,难易相成,长短相较,高下相倾,音声相和,前后相随"权术纷争的路线,互争雄长。所谓上古的道化与德治,早已成为历史上的陈迹,学术上的名词,徒有空言,皆无实义了。因此都享国不久,世系也屡易不定。

等次以降,秦始皇的蚕食吞并六国的谋略,汉高祖刘邦的手提三尺剑,起自草莽,降秦灭楚。甚至曹操父子的阴谋篡位,刘裕的效法曹瞒,以及唐太宗李世民的反隋,赵匡胤的黄袍加身,忽必烈的声东击西,朱元璋的奋起淮泗,多尔衮的乘机入关,康熙的帝王术,都是深明黄老,用作韬略的大原则,师承老子的"有无相生,难易相成"等原理而建立世系基业。

在这些历来大国手的创业名王当中,最坦率而肯说出老实话的,有两个人,一个是曹丕,一个是唐太宗的父亲李渊。当曹丕硬逼刘邦的末代子孙汉献帝禅位的时候,他志得意满地说:"舜禹受禅,我今方知。"我到现在,才真正知道上古舜禹的禅让是怎么回事。同一道理,当年李世民再三强迫他的父亲李渊起来造反,甚至不择手段利用女色迫使他父亲上当。李渊只好对李世民说:"破家亡躯,由汝为之。化家为国,亦由汝为之。"要把天下国家变成李氏的世系,只好由你去做主;或者把我们弄得家破人亡,也只好由你去负责了。

其实,老子虽然说的是天地间因果循环往复的大原则,但很不幸,被聪明狡狯者用作欺世盗国的大阴谋,实在和老子毫不相干,老子实在不应负此责难的。

总之,历史上这些代代相仿的阴谋或大谋略的哲学内涵,早已由庄子的笔下揭穿。庄子说:"窃钩者诛,窃国者为诸侯,诸侯之门而仁义存焉。"故曰:"鱼不可脱于渊,国之利器,不可以示人。"

其次,在唐代诗人们的词章哲学中,也可见其梗概。如唐彦谦的《过长陵》:"耳闻明主提三尺,眼见愚民盗一抔。千古腐儒骑瘦马,灞陵残日重回头。"章碣的《焚书坑》:"竹帛烟销帝业虚,关河空锁祖龙居。坑灰未冷山东乱,刘项原来不读书。"又有《毗陵登高》:"尘土十分归举子,乾坤大半属偷儿。长扬羽猎须留本,开济重为阙下期。"

好的诗词文学,都富于哲学的启示,所以孔子要儿子孔鲤学诗,并非是要他钻牛角尖去做个诗人而已。了解了这些道理,当然也读通了《庄子·杂篇》中的《盗跖》篇,并非讽刺。同时也可知石达开的"起自匹夫方见异,遇非天子不为隆"的思想,同样都是"乾坤大半属偷儿"的偷儿哲学所演变出来的。

此外在西方如罗马的恺撒大帝、亚历山大大帝、屋大维大帝、拿破仑等,也都不出此例。虽然他们不知道东方有道家的老子,但东方有凡人,西方有凡人,人同此心,心同此理,如出一辙。如果说这些都是人类历史的荣耀,或者认为是人文文化的悲哀,也都无可无不可。但总不能叫老子背此黑锅,加以欺世盗名的罪过吧!(一笑)

其实,由道的衍化而为德,德再衍化而为仁、义、礼、乐,再由仁义礼乐衍化而为权术,正表示人类的心路历程,每况愈下,陷溺愈深。但所谓"术化"的妙用,亦是"有无相生","同出而异名"。谭峭的《化书》论"术化",便是很好的说明。如云:

水窦可以下溺，杵糠可以疗噎。斯物也，始制于人，又复用于人。法本无祖，术本无状，师之于心，得之于象。

阳为阴所伏，男为女所制，刚为柔所克，智为愚所得。以是用之则钟鼓可使之哑，车毂可使之斗，妻子可使之改易，君臣可使之离合。

万物本虚，万法本无，得虚无之窍者，知法术之要乎！

流水行云永不居

如果从中国传统文化思想的本义来看老子，他所说的，完全相同于周文王、周公（姬旦）、孔子等祖述传统文化的思想。在《周易》的卦、爻辞中，再三申述宇宙的一切法则，始终不离循环往复的因果定律。

有与无，是彼此互为因果，相生互变的。它的重点，在相生的这个"生"字。当然也可以说是互为相灭，但我们的传统文化是采用生的一面，并不采用灭的一面。

难与易，本来互为成功的原则，它的重点在难易相成的这个"成"字。天下没有容易成就的事，但天下事当在成功的一刹那，是非常容易的，而且凡事的开始，看来都很容易，做来却都大难。但"图难于易"，却正是成功的要诀。

高与下，本来就是相倾而自然归于平等的。它的重点，在相倾的这个"倾"字。高高在上，低低在下，从表面看来，绝对不是齐一平等的。但天地宇宙，本来便在周圆旋转中。凡事崇高必有倾倒，复归于平。即使不倾倒而归于平，在弧形的回旋律中，高下本来同归于一律，佛说"是法平等，无有高下"也便是同此意义。《易经》泰卦九三爻的爻辞上说"无平不陂，无往不复"也同此理。

音与声相和，才构成自然界和谐的音律。因此又有"禽无声，兽无音"的说法。《礼记》中的《乐经》说："感于物而动，故形为声。声相应，故生变，变成方谓之音。"

前与后，本来是相随而来，相随而去，没有界限的，无论是时间的或空间的前后，都是人为的界别。它的重点，在这个相随的"随"字。前去后来，后来又前去，时空人物的脚步，永远是不断地追随回转，而无休止。

总之，老子指出无论有无、难易、高下、音声、前后等现象界的种种，都在自然回旋的规律中相互为用，互为因果。没有一个绝对的善或不善，美或不美的界限。因此，他教人要认识道的妙用，效法天地宇宙的自然法则，不执著，不落偏，不自私，不占有，为而无为。所以他便说："是以圣人处无为之事，行不言之教。万物作焉而不辞。生而不有，为而不恃，功成而弗居。夫唯弗居，是以不去。"

所谓"处无为之事"是说为而无为的原则，一切作为，应如行云流水，义所当为，理所应为，做应当做的事。做过了，如雁过长空，风来竹面，不着丝毫痕迹，不有纤芥在胸中。

所谓"行不言之教"，是说万事以言教不如身教，光说不做，或做而后说，往往都是徒费唇舌而已。因此，如推崇道家、善学老子之教的司马子长（迁），在他的自序中，引用孔子之意说："我欲载之空言，不如见之于行事之深切著明也。"都是同一道理。

引而申之，老子又说："万物作焉而不辞，生而不有，为而不恃。"比如这个天地间的万物，它们都不辞劳瘁地在造作。但造作了以后，虽然生长不已而并不据为己有，作了也不自恃有功于人，或自恃有功于天地。它们总不把造作成功的成果据为己有。"弗居"的"居"字，便是占住的意思。正因为天地万物如此这般，不自占为己有的在作为，反而使人们更尊敬，更体认自然的伟大，始终不能离开它而另谋生存。所以上古圣人，悟到此理，便效法自然法则，用来处理人事，"处无为之事，行不言之教"，是为上智。

第二章

老子他说

第三章

不尚贤，使民不争；不贵难得之货，使民不为盗；不见可欲，使民心不乱。

是以圣人之治，虚其心，实其腹，弱其志，强其骨。常使民无知、无欲。使夫智者不敢为也，为无为，则无不治。

老子薄视时贤

第三章是将天地自然的法则，引申应用到人世间的治道的发挥。这章的文字，明白畅晓，都很容易懂得，很好解释。但其中有三个要点，须特别注意，那便是"不尚贤，使民不争；不贵难得之货，使民不为盗；不见可欲，使民心不乱"。

读秦汉以上的书，有关于这个"民"字，要小心求解，慎思明辨，不要以为"民"字就是老百姓，联想到现代语中"国民"的涵义。如果这样认定，观念就完全错了。古书上的"民"，就是现代语的"人们"，或者是"人类"的意思。那个时候辞汇不多，每有转注及假借的用法。其实"民"字是代表所有人们的一个代号。如果对这个观念认识不清，就很容易误会是上对下的一种称谓，而变成古代帝王统治者的口气了。

第二章讲到我们做人处世，要效法天道，"作焉而不辞，生而不有"，尽量地贡献出来，而不辞劳瘁。但是自己却绝不计较名利，功成而弗据为己有。这是秉承天地生生不已，长养万物万类的精神，只有施出，而没有丝毫占为己有的倾向，更没有相对地要求回报。人们如能效法天地存心而做人处事，这才是最高道德的风范。如果认为我所贡献的太多，别人所得的也太过便宜，而我收回的却太少了，这就是有辞于劳瘁，有怨天尤人的怨恨心理，即非效法天道自然的精神。

由于这一原理的发挥运用，而讲到人世间的人事治道，首先便提出"不尚贤，使民不争"这个原则。但我们须要了解，在老子那个时候，是春秋时代，那时的社会形态在改变。周朝初期的井田制度，已不适应于当时社会的发展。因此，春秋时代已经进入争权夺利、社会大动乱的时期。我们研究历史，很明显地看出，每当在乱变时代中的社会，所谓道德仁义，这些人伦的规范，必然会受影响，而惨遭破坏。相反地，乱世也是人才辈出，孕育学术思想的摇篮。拿西方的名词来说，所谓"哲学家"与"思想家"，也都在这种变乱时代中产生，这几乎是古往今来历史上的通例。

同时，正当大动乱如春秋战国时期，每个国家的诸侯，每个地区的领导者，随时随地都在网罗人才，起用贤士，作为争权夺利、称王称霸的资本。所以那个时候的"士之贤者"——有才能、有学识、有了不起本领的人，当然受人重视。"尚"，就是重视推崇的意思。"贤"，就是才、德、学三者兼备的通称。

例如代表儒家的孔子，虽然不特别推重贤者，但却标榜"君子"。孔子笔下的"君子"观念，是否概括贤者，即难以遽下定论。但后来的孟子，非常明显地提出贤者与能者的重要。所谓"贤者在位，能者在职"便是他的名言。

老子为什么要有这样的主张？我们如果了解秦汉以上与道家、儒家并列的墨翟——墨子思想，自然容易领会其中的关键所在。

我们都知道，秦汉以前的中国文化，有巨大影响作用的，便是儒、墨、道等三家。而墨子对当时社会政治的哲学思想，是特别强调"尚贤"的。主张起用贤人来主政、当政。因为他所看

第三章

到当时社会的衰乱,处处霸道横行,争权夺利而胡作非为,大多不是有道德、有学问的人来统领政治的治道,所以他主张要"尚贤"与"尚同"。他这个"同",又与孔子记述在《礼运篇》中"大同"思想的"同"不尽相关,但也略有连带关系。他的"同",与后世所讲的平等观念相类似。现代大家所侈言的平等主张,在中国上古文化中,战国初期的墨子,早已提出。但在印度,释迦牟尼则更早提出了一切众生平等的理论。

现在我们不是讨论墨子这个主题,而是在这里特别注意墨子的"尚贤"主张,为什么也与儒家孟子的观念很相近,而与道家老子的思想却完全相反呢?这就是因历史时代的演变,而刺激思想学术的异同。墨子是春秋战国时期的宋国人,宋国是殷商的后裔。而且以墨子当时宋国的国情来看,比照一般诸侯之国的衰乱,只有过之而无不及。但所以造成一个社会、一个国家、一个时代的变乱,在许多错综复杂的原因当中,最大的乱源,便是人为的人事问题。尤其是主政或当政的人,都是小人而非君子,那么天下事,不问便可知矣。

此所以后世诗人有"自从鲁国潸然后,不是奸人即妇人"的深长叹息了!鲁国潸然,是指孔子眼见由三代而到"郁郁乎文哉"周代的中国文化大系,在他父母之邦的鲁国,已经开始变质而衰败,周公后裔的鲁国政权,又都操在奸党的手里,因此他无可奈何潸然含泪而身离祖国,远游他方。自此以后的历史,再也不能恢复如三代以上的太平景象。同样地,历代史实告诉我们,所有破坏社会的安定,引起历史文化一再变乱的,大概都是"不是奸人即妇人"所造成。因此,墨子的主张,是针对当时他所立身处地所知、所见、所感受到的结论,而大声疾呼要"尚贤"与"尚同"了。

而在老子呢?他所看到的春秋时代,正是开始衰乱的时期,乱象已萌,人为之过。因此,他更进一层而深刻地指出,当时应病与药的"尚贤"偏方,其后果是有莫大的后遗症的。贤能的标准,千古难下定论。但是推崇贤者的结果,却会导致许多伪装的言行。当时各国的诸侯,为了争地称霸,不惜任何代价来网罗天下才能的智士。凡是才智之士,便统称为"贤者"。而这一类的贤者愈多,则天下的乱源也就愈难弭平。所以他指出"不尚贤,使民不争"的主张。

贤与不贤的君子小人之辨

讲到这里,让我们暂时推开老子,而另外介绍后世的三则故事,便更容易明白老子立言的用意了。

一是南宋名儒张南轩(栻)和宋孝宗的对答:

> 宋孝宗言:难得办事之臣。右文殿修撰张栻对曰:陛下当求晓事之臣,不当求办事之臣。若但求办事之臣,则他日败陛下事者,未必非此人也。

晓事,是唐宋时代的白话,也就是现代语"懂事"的意思。张南轩对宋孝宗建议,要起用懂事的人,并非只用能办事而不懂事的人,的确是语重心长的名言。也是领导、为政者所必须了解的重点。

一是明人冯梦龙自叙《古今谭概》所记:

> 昔富平孙冢宰(孙丕扬,富平人,字叔孝,嘉靖进士,拜吏部尚书,追谥恭介)在位日,诸进士谒请,齐往受教。孙曰:"做官无大难事,只莫作怪。"真名臣之言,岂唯做官乎!

天下人才,贤士固然难得。贤而且能的人才,又具有高明晓事的智慧,不炫耀自己的所长,不标奇立异,针对危难的弊端,因势利导而致治平的大贤,实在难得。以诸葛亮之贤,一死即后继无人,永留遗憾。虽然魏延、李严也是人才,但诸葛亮就是怕他们多作怪,因此不敢重用,此为明证。

一是清末刘鹗在所著《老残游记》中记述的一则故事。为了久仰一位清官的大名,不惜亲自出京去游览求证。但所得的结果,使他大失所望。因此他得一结论说:"天下事误于奸慝者,十有三四。误于不通世故之君子者,十有六七。"这又是从另一角度描述贤而且能的人才难得。

对于这个问题,清初乾隆时代的监察御史熊学鹏,就张栻(南轩)对宋孝宗的回答,写了一篇更深入的论文,可以暂借作为结案:

> 臣谨按:张栻立言之心,非不甚善。而其所谓"不当求办事之臣"数语,则未能无过也。
>
> 天下有欲办事而不晓事者,固足以启纷扰之患。天下有虽晓事而不办事者,尤足以贻废弛之忧。
>
> 盖人臣敬事后食,见事欲其明,而任事更欲其勇;明而不勇,则是任事时,先无敬事之心,又安望其事之有济,且以奏厥成效哉。
>
> 况"敬事"二字,有正有伪,不可不于办事求之也。在老成慎重通达治体之人,其于一事之是非曲直,前后左右,无不筹划万全,而后举而行之。官民胥受其福。朝廷因赖其功,以为晓事,是诚无愧于晓事之名矣。
>
> 若夫自负才智,睥睨一世者,当其未得进用,亦尝举在廷之事业而权其轻重,酌其是非,每谓异日必当奋然有为。一旦身任其责,未几而观望之念生,未几而因循之念起,苟

且迁就，漫无措置。

彼非不知事中之可否，而或有所惮而不敢发，或有所碍而不肯行，于是托晓事之说以自便其身家，而巧为文饰。

是人也，用之为小臣，在一邑则一邑之事因之而懈弛。在一郡，则一郡之事因之而阘茸。效奔走，则不能必其勇往而直前。司案牍，则不能必其综核而悉当。至用之为大臣，而其流弊更不可胜言矣。

夫大臣者，膺朝廷股肱心膂之寄，所当毅然以天下事为己责，与人君一德一心，以成泰交之盛者也。如不得实心办事之人，而但以敷衍塞责者，外示安静以为晓事，国家亦乌赖有是人为哉。

且以是人而当重任，任其相与附和者，必取疲懦软熟，平日再不敢直言正色之辈，而后引为同类，谬为荐扬，久而相习成风，率皆顽钝无耻，而士气因以扫地矣。

所以《易》曰："王臣蹇蹇，匪躬之故"，"夙夜匪懈，以事一人。"

夫为王臣，而至以匪躬自励，事一人，而必以夙夜自警，是岂徒晓事而不办事者所得与哉。

要之，事不外乎理。不审乎理之所当然，而妄逞意见，以事纷更者，乃生事之臣，究非办事之臣也。

所谓办事者，以其能办是事而不愧，则非不晓事之臣，明矣。

臣愚以为张栻恐宋孝宗误以生事之臣，为办事之臣，只当对曰：陛下固欲求办事之臣，更于办事之臣中，而求晓事之臣。则心足以晓事，而身足以办事。心与身皆为国用，于以共勤政治，庶乎其得人矣。

由于前面引用了历史上这三则故事,更进一层,便可知对于"选贤与能"的贤能标准,很难遽下定义。以道德作标准吗?以仁义作标准吗?或以才能作标准呢?无论如何,结果都会被坏人所利用,有了正面标准的建立,就有反面作伪模式的出现。所以古人说:"一句合头语,千古系驴橛。"说一句话,一个道理,就好比你打了一个固定的桩在那里,以为拴宝贵东西所用。但用来用去用惯了,无论是驴或是鹰犬,也都可以拴挂上去。那是事所必至,理有固然的。

实际上,我们晓得,"尚贤""不尚贤"到底哪一样好,都不是关键所在。它的重点在于一个领导阶层,不管对政治也好,对教育或任何事,如果不特别标榜某一个标准,某一个典型,那么有才智的人,会依着自然的趋势发展;才能不足的人,也就安安稳稳地过日子。倘使是标榜怎样做法才是好人,大家为了争取这种做好人的目标,终至不择手段去争取那个好人的模式。如果用手段而去争到好人的模式,在争的过程中,反而使人事起了紊乱。所以,老子提出来"不尚贤,使民不争",并非是消极思想的讽刺。

此外,法家学说,出于道家的支流,它与老庄思想,也息息相通。法家最有名的韩非子,提出一个理论,可以说,相同于老子"不尚贤,使民不争"这个观念的引申发挥,但他提倡用法治领导社会,并不一定需要标榜圣贤道德的政治。他说:"相爱者则比周而相誉,相憎者则比党而相非,诽誉交争,则主威惑矣。家有常业,虽饥不饿;国有常法,虽危不亡。若舍法从私意,则臣不饰其智能,则法禁不立矣。"

他说,人类社会的心理很怪,彼此喜欢"比周",大家在一起肩比肩("比"字就好像一个人在前面走,我从后面跟上来,叫做"比"。"比"字方向相反的话,就成为"背"。你向这面走,我向那面走，便是"背道而驰"。懂了这个字的写法，便可了解后世称"朋比为奸"的意义。"周"是圈圈）。彼此两三个人情投意合的，就成为一个无形的小圈子。若有人问到自己的朋友说："老张好吗？"就说："我那个朋友不得了，好得很。"如果有人说他朋友不好，就会与人吵起架来。相反地，"相憎者，则比党而相非"，对自己所讨厌的人，就会联合其他人予以攻击。

其实，人类社会对人与人之间的是非毁誉，很难有绝对的标准。站在领导地位的人，对于互相怨憎的诽谤，和互相爱护的称誉，都要小心明辨，不可偏听而受其迷惑。如果先入为主，一落此偏差，"诽誉交争"，则人主惑矣。

过去有人批评我们中国人和华侨社会说："两个中国人在一起，就有三派意见。由此可见中国民族性不团结的最大缺点。"我说："这也不一定，只要是人类，两个人在一起，就会有三派意见。"譬如一对夫妻，有时就有几种不同的意见，只是为情为爱的迁就，以致调和，或一方舍弃自我的意见。又例如一个大家庭里有许多兄弟姊妹，有时意气用事，互相争吵，实在难以确定谁是谁非，只可引用一个原则。凡是相争者，双方都早已有过错了。因此法家主张领导地位的人，对左派右派之间的诽誉，只有依法专断，不受偏爱所惑，就算是秉公无私了。

韩非由家庭现象，扩而充之，推及一个国家，便说："家有常业，虽饥不饿。国有常法，虽危不亡。若舍法从私意，则臣不饰其智能，则法禁不立矣。"这就是代表法家思想的一个关键，不特别标榜圣贤政治。他们认为人毕竟都是平常人，一律平等，应该以法治为根本才对。这种道理，正是与老子的"不尚贤，使民不争"互为表里，相互衬托。由此可知，法家思想确实出于道家。

道家与法家的辨贤

人文历史的演变,与学术思想相互并行,看来非常有趣,也的确是不可思议的事:有正必有反,有是就有非。正反是非,统统因时间、空间加上人事演变的不同而互有出入。同样也属于道家的鬻子——鬻熊,如果只依照传统的说法而不谈考证他的生平,那么,他比老子还要老了,应该属于周文王时代,与姜太公——吕尚齐名并驾的人物,也是周文王的军师或政略咨议的角色。但他却主张需要起用贤者,而且提出贤士的重要性。如说:"圣王在位,百里有一士,犹无有也。王道衰,千里有一士,则犹比肩也。"

他的意思是说,在上古的时代,人心都很朴实,不需要标榜什么道理等等名号。上古时代,圣王在位,纵然百里之内,有一个道德学问很好的人,也是枉自虚生,好比没有用的人一样。因为在那个时代,个个都是好人,人人都差不多,又何必特地请一些贤人来治世呢!好比说,一个社会,完全安分守法,既无作奸犯科的人和事,便不需要有防止、管理作奸犯科的警察了。但他又说,后来王道衰落,社会变乱,千里之外如有一贤士,也要立刻找来,与他并肩同事以治天下。

从鬻子的理论观点来看历史,一点也不错。例如生在盛唐时代的赵蕤,也是道家人物。他纵有一肚子的谋略学问,但生在升平时代,又有什么用处?只有著书立说,写了一部《长短经》传世,自己去修道当隐士。虽受朝廷征召,始终不肯出山,因此在历史上,称他赵征君。他虽然传了一个徒弟李白——诗人李太白,晚年用非其时,又用得不得当,结果几遭身首异处之祸。好在他年轻时帮忙过危难中的郭子仪,因此后来得郭子仪力保,才得不死。如果再迟一点，在安禄山、史思明以后的乱局，也许李白可与中唐拨乱反正的名相李泌并驾齐驱，各展所长，在历史上便不只属于诗人文士之流，或者可有名臣大臣的辉煌功业呢！

鬻子他本身，就是一个很好的例子：

> 昔文王见鬻子年九十。文王曰：嘻！老矣！鬻子曰：若使臣捕虎逐鹿，臣已老矣。坐策国事，臣年尚少。

其实，文王说的"老矣"，是一句故意说的笑话，而且也有些为自己感慨的味道。文王用姜太公时，吕尚的年龄，已过了八十岁。他与武王的年龄不相上下。当然，九十岁以外的人，明知兴邦大业，已非自己的年龄所能做到，有如清人赵翼的诗："风云帐下奇儿在，鼓角灯前老泪多。"因此对鬻子开了一句玩笑——"嘻！老矣。"是鬻子老了？还是他感慨自己也老了？只有他自心知之。可是鬻子的答案，也正合文王的心意，彼此知心，一拍即合，一个是求贤若渴，一个是贤良待沽，因此而各取所需，各得其所。这岂不是"尚贤"的明证？况且法家如韩非，他虽然主张法治而不重人治，但用法者是人，不是法。人不用法，法是废物。韩非自荐，正是自认为是贤才，因此而求鬻卖于帝王。如果人主不"尚贤"，韩非又向哪里去卖弄他自己的贤能呢？

且让我们再来看看前汉时代，崇拜道家学术的淮南子，他提出了与法家主张相反的意见，如说："鸟穷则啄，兽穷则触，人穷则诈。峻刑严法，不可以禁奸。"

淮南子这里所提出的相反道理，正如老子所说："长短相较，高下相倾。"有正面就有反面，淮南子是道家，他以道家的思想，又反对法家。而法家原也出于道家，这是一个颇为有趣的问题。

淮南子说："鸟穷则啄，兽穷则触，人穷则诈。"鸟饿了抓不到虫吃的时候,看到木头,不管什么都啄来吃。野兽真的饿了,为了获得食物,管你是人或是别的什么都敢去碰。"人穷则诈",人到穷的时候,就想尽办法,以谋生存,骗人也得要骗。如法家的韩非子说:"国有常法,虽危不亡。"淮南子却说不见得:"峻刑严法,不可以禁奸。"纵使法令非常严格,动不动就判死刑,然而众生业海,照样犯罪杀人。这就是"人穷志短,马瘦毛长"的道理,也是没有办法的事。真到穷凶极恶的时候,就胡作非为。因此而又否定法治的功能,还是要以道德的感化,才能够使天下真正地太平。

不管如何说,各家的思想,都有专长。尤其在春秋战国的时候,诸子百家的书籍,多得不可数计,有着说不完的意见。著作之多,多到令人真想推开不看了。往往我们觉得自己有一点聪明,想的道理颇有独到之处。但是,凑巧读到一本古书,脸就红了。因为自己想到的道理,古人已经说过了,几千年前就有了,自己现在才想到,实在不足为贵。总之,像上面讨论的这些正反资料,在书中多得很。

再回过来讲老子所说的"不尚贤,使民不争"。此处之贤,是指何种贤人而说?真正所标榜的贤人,又贤到何种程度?很难有标准。不论孔孟学说,或者老庄言论,各家所指的圣贤,要到达何种标准?那很难确定。所以,属于道家一派的抱朴子说:"白石似玉,奸佞似贤。"一方白色的好石头,晶莹剔透,看起来好像一块白玉,但是就它的质地来看,不论硬度、密度,都不够真玉的标准。如果拿世界宝石标准来评定,充其量只能叫它什么"石"。如"青田石""猫眼石"等,实际上只是一种质地较好的石头而已。至于人,也是如此,有时候大奸大恶的人,看起来却像个大好的贤人。所以贤与不贤很难鉴定。我们用这些观点来解释老子的"不尚贤,使民不争"的道理,对大家研究老子这句话的内涵，相信会更有帮助。

现代化好人与老人的表扬法

老子的这本书，毫无疑问，是经人重新整理过，但大体上，已整理得很好，把每一句话的含义性质分别归类。如果各抒己见，认为它原文排列有错误，那就各成一家之言，很难下一定论。

我在介绍第一章的时候，曾首先指出，老子往往将道的体相与作用，混合在一起讨论。而且在作用方面，所谓老庄的"道"，都是出世的修道，和入世的行道，相互掺杂，应用无方，妙用无穷，甚至妙不可言。所以，读老庄如读《孙子兵法》一样，所谓"运用之妙，在乎一心"。那么，要想把《老子》的内涵，完全表达出来，是很费事的。尤其在入世应用之道方面，常常牵涉到许多历史哲学。利用史实，加以选择，透过超越事实的表面层，寻求接近形而上道理的讨论。这在一般学府中应该属于一门专门课程。但是许多地方，牵涉到历史事实的时候，就很难畅所欲言了。比如说"不尚贤，使民不争"这句话，尚贤与不尚贤怎样才对，就很难定论。换句话说，一个真正太平的盛世，就没有什么标榜好人的必要，我们只列举现代化的一两个故事，大概可以增加些许"不尚贤，使民不争"的趣味性。

几年前，台湾社会上发起一个"敬老会"，对老人，表扬其年高德劭。第一次举办时，我就发现，这简直是在玩弄老人，为老人早点送终的办法。叫年纪那么大的老人坐在那儿听训、领奖，还要带去各地游览。实际上，对于老人是一种辛苦的负担，我想那些老人可能累坏了，而且更因为这种风气一开之后，就有许多人也不免想进入被"敬老"的行列，这样就变成有所争了。

第三章

岂不见老子说"不见可欲,使民心不乱"吗?又如,我们标榜好人,让好人受奖,开始动机没有什么不对,但是形成风气后,社会上就有人想办法去争取表扬。那么,表扬好人的原意,也就变质了。我每年也接到推荐好人好事的公文,但我看来,好人好事太多,推荐谁去好呢?而且征求一下,大家只对我一笑,摇摇头,摆摆手,谁也不肯接受推荐。我常常笑着说:有两个好人,我想推荐,可惜一个已经死了,一个还未投生。大概我还勉强像小半个好人,只是我也同大家一样,讨厌人家推荐我,更怕自己推荐自己。还是相应不理,让贤去吧(一笑)。我们由这两个故事,大概就可以知道,所谓"不尚贤,使民不争",在老子当时的社会,在那个历史政治的形态中,"尚贤"已经是一种毛病,因此他提出这句话来。

闲话少说,书归正传。其实,人类历史上千古兴亡的人物,从做人与做事两个立场来讲,贤与不肖,君子与小人,忠与奸,在纯粹哲学的角度来看,很难下一确切的定论。如果单从用人行政的立场来讲,清初名臣孙嘉淦的"三习一弊"奏疏中,已经讲得相当透彻了!其中如说:

> 夫进君子而退小人,岂独三代以上知之哉!虽叔季之世(衰乱的末代时势)临政愿治,孰不思用君子?且自智之君(自信为很高明的领袖们),各贤其臣(各人都认为自己所选拔的干部都是贤者)。孰不以为吾所用者必君子,而决非小人。乃卒于小人进而君子退者,无他,用才而不用德故也。
>
> 德者,君子之所独。才则小人与君子共之,而且胜焉。语言奏对,君子讷而小人佞谀,则与耳习投矣。奔走周旋,君子拙而小人便辟,则与目习投矣。即课事(工作的考核)考劳(勤惰的审查),君子孤行其意而耻于言功,小人巧于

迎合而工于显勤，则与心习又投矣。

小人挟其所长以善投，人君溺于所习而不觉。审听之而其言入耳，谛观之而其貌悦目，历试之而其才称乎心也。于是乎小人不约而自合，君子不逐而自离。夫至于小人合而君子离，其患岂可胜言哉！

盗机与哲学

其次，老子主张"不贵难得之货，使民不为盗"。这两句话，可说"文从字顺"，读来很容易了解。但说对于稀奇难得的财物，不要去珍重、宝贵它，便可使大家不会生起盗心，这就颇有问题。"盗"字有抢劫的强盗、偷窃的小盗等区别。要详细解释"盗"字，也不是容易的事。

如果以纯粹哲学的观念作解释，什么是盗贼行为的内涵？我们可以引用佛家的一个名词，凡是"不与取"的便是盗。广泛地说，"不与取"就是盗的行为，这种定义比世界上任何一种法律更为严密。所谓"与取"，是指必须得到对方的同意给予。"不与取"，就是没有经过对方的同意，就取为己有的意思。那么，我们就是在地下捡一块泥土回来，没有土地所有者在场，也已经属于"不与取"的行为，也犯了盗戒。所以，人要不犯盗戒，只有餐风饮露，享受江上之清风与山间之明月，才算是清白。

在道家的学术思想里，对于这一点，和佛学有同样意义，道家讲"道"便是"盗机"。《阴符经》说："天地，万物之盗。万物，人之盗。人，万物之盗。"修道者也就是利用盗机。我们人活着是天地之盗，都是偷了天地自然的东西，偷太阳的光，偷土壤的功能，侵害万物的生命给自己当饭吃，把动物的肉和青菜萝卜吞到胃肠里去，自己还认为理所当然，这都是占了天地万物的便宜，便是盗机。所以说修道的人，也是偷盗天地的精华到我的身上来。好比用一个聚光的凸透镜，放在太阳光下，把阳光聚在一起，成一焦点，摆一根草在焦点上，到了某个程度，就烧起来，然后引火做熟食，这也是偷盗了太阳的热能来自利。修道人偷盗天地精华之机，也是如此，所以说"人，万物之盗"。但"天地，万物之盗"，人固然是偷取天地精华，天地也是偷了万物和我们的生命，才显现出天地存在的威德功能。

这样一来，照道家的看法，这个世界本来就是互相偷盗的世界，彼此相偷，互相浑水摸鱼。然后又说自己很仁慈，这真是滑稽之至。比如，我们人叫人类，依上古传统文化中道家的看法，叫我们人是"倮虫"，老虎是"大虫"，蛇是"长虫"，小的爬行生物是"毛毛虫"。所谓"倮虫"的人们，也只是天地间一个生物而已。但又大言不惭地拿其他生物来披毛遮羞，然后夸耀自己为万物之灵，有的是衣冠礼仪，岂非是大盗的行为。

但在老子以及庄子等道家人物的思想中，已经从上古传统广义的盗机理论，缩小范围，归到人文世界的范畴，只讲人类社会的盗机了。最明显地，无过于庄子《胠箧篇》中的危言耸听。同时也指出最稀有最难得之货是什么东西。他说：

> 然而田成子一旦杀齐君而盗其国，所盗者岂独其国耶！并与其圣知之法而盗之。故田成子有乎盗贼之名，而身处尧舜之安，小国不敢非，大国不敢诛，十二世有齐国。则是不乃窃齐国，并与其圣知之法以守其盗贼之身乎？
>
> 尝试论之，世俗之所谓至知者，有不为大盗积者乎！
>
> 何以知其然耶？彼窃钩者诛，窃国者为诸侯，诸侯之门而仁义存焉。

同样地，生在多灾多难乱世中的释迦牟尼，在他所说的经典中,有的地方,也是"王贼"并称,揭穿人类贪瞋不已的变态心理。

因为《胠箧篇》对人类历史的诛心之论太透彻了,比之孔子的著《春秋》而责备贤者,使乱臣贼子惧,还要来得干脆明白,所以使千古以下的帝王们,不敢面对,不能卒读,也不可以让别人去读,只能自己偷着来读,用为谋生。用之成功的如曹操,便是"胠箧"系的毕业生;用之失败的如桓温,便是"胠箧"系考试不及格,没有毕业的学生。

在历史的经验上,从唐末天下大乱,形成五代的纷争局面,便有道家哲学思想诗的小品出现,如说:"中原莫遣生强盗,强盗生时不可除。一盗既除群盗起,功臣多是盗根株。"这首是唐末的白话诗,虽然说得很明白,到底缺乏诗人的"温柔敦厚"风格,因此我再三提到,非常欣赏近代诗人易实甫的"江山只合生名士,莫遣英雄作帝王"的含容浑厚。

历史上严禁工业科技发展的死结

有关大盗窃国、小盗窃货等的哲学观念,大概已如上述,暂时不必再加讨论,到此打住。从另一方面来看,我们三千年来的历史经验,素来朝儒道并不分家的传统思想方向施政,固守以农立国,兼及畜牧渔猎盐铁等天然资源的利用以外,一向都用重农轻商的政策,既不重视工业,当然蔑视科技的发展。甚至还严加禁止,对于科技的发明,认为是"奇技淫巧",列为禁令。因此,近代和现代的知识分子,接触西方文化的科学、哲学等学识之外,眼见外国人富国强兵的成效,反观自己国家民族的积弱落后,便痛心疾首地抨击传统文化的一无是处。如代表儒家的孔孟伦理学说,与代表道家的老庄自然思想,尤其被认为是罪魁祸首,不值一顾。

　　从表面看来,这种思想的反动,并非完全不对。例如老子的"不贵难得之货,使民不为盗。不见可欲,使民心不乱"等等告诫,便是铁证如山,不可否认。而且由秦汉以后,历代的帝王政权,几乎都奉为圭臬,一直信守不渝。其实,大家都忘记了,如老子的这些说法,都是当时临病对症的药方,等于某一时期流行了哪种病症,时医就对症处方,构成病案。不幸后世的医生,不再研究医理病理,不问病源所在,只是照方抓药,死活全靠病人自己的命运。因此,便变成"单方气死名医"的因医致病了!

　　我们至少必须要了解自春秋、战国以来的历史社会,由周代初期所建立的文治政权,已经由于时代的更迭,人口的增加,公室社会的畸形膨胀,早已鞭长莫及,虚有其表了。这个时期,也正如太公望所说的"取天下者若逐野鹿,而天下共分其肉"。一般强权胜于公理的诸侯,个个想要称王称帝,达到独霸天下的目的,只顾政治权力上的斗争,财货取予的自恣。谁又管得了什么经纶天下,长治久安的真正策略。因此,如老子他们,针对这种自私自利的心理病态、社会病态,便说出"不尚贤,使民不争。不贵难得之货,使民不为盗。不见可欲,使民心不乱"的近似讽刺的名言。后来虽然变成犹如医药上的单方,但运用方伎的恰当与否,须由大政治家而兼哲学家的临机应变,对症抓药。至于一味地盲目信守成方,吃错了药,医错了病的责任,完全与药方药物无关。

　　例如我们过去历史上所讴歌颂扬的汉代文景之治,大家都知道,是熟读《老子》的汉文帝母子,信守道家的黄老之道的时代。老子传了三件法宝:"曰慈,曰俭,曰不敢为天下先。"汉文帝自始至终,都一一做到了。汉文帝的俭约是出了名的,"不贵难得之货",也是有事实证明的。他自己穿了二十年的袍子,舍不得丢掉，还要补起来穿。从个人的行为道德来说，一个"贵为天子，富有四海"的皇帝，能够如此俭约，当然是难能可贵。又有人献上一匹千里马给皇帝，他便下了一道诏书，命令四方，再也不要来献难得的货物。这是他继承帝位的第二年，有献千里马者的历史名诏。他说："鸾旗在前，凤车在后，吉行日五十里，师行三十里。朕乘千里马，独先安之？于是还其马，与道里费。"下诏曰："朕不受献也，其令四方毋复来献。"

在我们的历史与辑著史书者的观念里，郑重记载其事的本意，就是极力宣扬汉文帝的个人行为道德，如此高尚而节俭，希望后世的帝王者效法。如用现代语体来表达这段史实，是说汉文帝知道了有人来献千里马，便说：此风不可长，此例不可开。我已经当了皇帝，要出去有所行动的时候，前面有擎着刺绣飞鸾的旗队，正步开道。后面又跟着侍候的宫人们，坐着刻画祥凤的车队，带着御厨房，平平稳稳，浩浩荡荡地向前推进，大约每天只走五十华里就要休息了。如果带着警卫的部队，加上军事设备等后勤辎重车队，大约每天只走三十华里便要休息了。那么，我当皇帝的，单独一个人骑上千里马要到哪里去呢？

无论是达官显要，乃至贵为帝王，没有周围的排场，没有军警保护的威风，也只是一个普通的人而已，并无其他的奇特之处。甚至遇到危难，还很可能正如民间俗话所说"凤凰失势不如鸡"呢！因此，他退还了这匹奉献上来的千里马，并且交代下去，还要算还送马来的来回路费和开支。同时又下了一道命令（当时把皇帝的命令叫"诏书"）宣布说："朕"（过去历史上皇帝们的自称）不接受任何名贵稀奇的奉献，要地方官们通知四方，以后不要打主意奉献什么东西上来。

这在汉文帝当时的政策作为，的确是很贤明的作风，不只是因为他的个性好尚节俭的关系。在那个时候，从战国以来到秦汉纷争的局面,长达两百余年,可以说中国的人民,长期生活在战争的苦难中。缩短来说,由秦始皇到楚汉纷争以后,直到汉文帝的时代,也有五六十年的离乱岁月。这个时候的社会人民,极其需要的便是"休养生息",其余都是不急之务。所以他的政策一上来便采用了道家无为之治,以"慈""俭""不敢为天下先"(不要主动去生事)为建国原则。首先建立宽厚的法治精神,废除一人犯罪,并坐全家的严刑。跟着便制定福利社会人民的制度,"诏定振穷、养老之令"。

诏曰:方春和时,草木群生之物,皆有以自乐。而吾百姓鳏寡孤独穷困之人,或阽于死亡而莫之省忧。为民父母将何如?其议所以振贷之。

又曰:老者非帛不暖,非肉不饱,今岁首不时(注:年初及随时的意思)使人存问长老。又无布帛酒肉之赐,将何以佐天下子孙孝养其亲哉!具为令:八十以上,月赐米肉酒。九十以上,加赐帛絮。长吏阅视,丞若尉(丞、尉都是地方基层官职名称)致二千石(地区主政官职称谓)遣都吏循行,不称者督之。

学老子的汉文帝绝对没有错。但是后代有些假冒为善,画虎不成反类犬的帝王们,却错学了汉文帝。例如以欺诈起家,取天下于孤儿寡妇之手的晋武帝司马炎,在他篡位当上晋朝开国皇帝的第四年,有一位拍错马屁的太医司马程,特别精心设计,用精工绝巧的手工艺,制作了一件"雉头裘",奉献上去。司马炎便立刻把它在殿前烧了,并且下了诏书,认为"奇技、异服、典礼(传统文化的精神)所禁"。敕令内外臣民,敢有再犯此禁令的,便是犯法,有罪。读中国的历史,姑且不论司马氏的天下是好是坏,以及对司马炎的个人道德和政治行为又作什么评价;但历来对奇技淫巧、精密工业以及科技发展的严禁，大体上，都是效法司马炎这一道命令的精神。因此，便使中国的学术思想，在工商科技发展上驻足不前，永远停留在靠天吃饭的农业社会的形态上。

劫灰和人类的物质文明

其实，回转来追溯我们在科学发展的学术思想史上，历代并非无人，只是都怕背上传统观念中玩弄"奇技淫巧"的恶名。同时，更受到混合儒道两家思想的"玩人丧德，玩物丧志"等似是而非的解释所限制。

姑且不说老祖宗黄帝如何发明指南针、指南车，或者更早的老祖宗们在天文和数学方面，又如何一马当先地居于世界科学史上的先导地位。至于战国时代，方士们的炼丹术，成为世界科学史上化学的鼻祖。甚至五行学说的运用，在天文、地理和克服沙漠与航海等困难上，也有相当的贡献。只以科技工业来说，在战国前期，最著名的便有墨子与公输般在军事武器上的彼此互相斗巧。除此之外，《墨子·鲁问篇》与《韩非子·外储篇》上，还分别记载着墨子曾经用木材制造一个飞鸟。公输般也有用竹子、木材制造一只鸟鹊，放在空中飞了三天不掉下来的记录。还有，南北朝时期，有一位和尚，也用木材造了一个飞鸟，在空中飞翔好几天，最后又回转原处降落。不幸的是，这些比发明飞机还早的发明，受到"奇技淫巧"观念的影响，被埋没了，没有受到如西洋思想中的重视，再加研究，再加改进而成为人类实用的科学技能。

至于明代初期郑和所制造远航的大楼船，以及宋、元时代在战争中运用的大炮，是否学自西洋，或是中国的发明，辗转传到欧洲而加以改良，考证起来，实在也很困难。因此，也不敢轻信一般的定论，贸然地认为自西洋传来。

总之，在我们的历史上，自战国以下，科技的发展，都被"奇技淫巧，典礼所禁"这个观念所扼杀，那也是事实。而这个观念，是否受老子的"不贵难得之货，使民不为盗"的思想所影响，却很难肯定。老子所指的"难得之货"，正如吕不韦思想中的"奇货可居"的大货。换言之，它的内涵，多半是指天下国家的名器——权力，并非狭小到像他自己——老子一样，只愿意骑上一条青牛过函谷关，决不肯坐大马车去西渡流沙。

因为讲到古代科学技术的发展、机械的发明，以及工商货品的开发，几乎每一样事物都和道家的方伎有关。例如在十九世纪最为重视的动力能源，便是煤炭。在我们的历史上，最初发现煤炭的趣话，是在汉武帝时代。汉武帝为了教练水师——海军而开凿昆明池。因为开凿昆明池这个大水库，便挖到煤炭。但是当时的人们不知道这块黑而发亮又坚硬的石头是什么古怪的东西，便呈献上来给皇帝。汉武帝看了当然也不知道，只好找以滑稽出名的东方朔来问。东方朔耍了一个关子，推说他自己也不知道，就顺水推舟说，正好西域来了一位胡僧，请他来，一定可以找到答案。这样一来，更引起汉武帝的兴趣了。找来了胡僧，问他这块黑石头一样的是什么东西，胡僧便说："此乃前劫之劫灰也。"一块煤炭，叫它"劫灰"，多么富有神秘性的文学笔调啊！

其实，劫灰的典故，出在佛经。佛说物质世界的存在，也和人的生命一样，有它固定的变化法则。在人的一生而到死亡，有四大过程，叫做"生、老、病、死"，谁也逃避不了。但就物质世界的地球和其他星球而言，它的存在寿命，虽然比人的身体寿命长，结果也免不了死亡和毁灭，不过把物质世界由存在到毁灭的四大过程，叫它"成、住、坏、空"。当上一次这个地球上的人类世界被毁灭的时候,火山爆发,天翻地覆,在高温高压下,经过长时间的化学变化,没有烧化的,还保有原来形状的,就是化石。至于烧成灰块的,就是煤矿、铁矿之类。熔成浆的,就是石油。佛学中的"前劫之劫灰",也就是我们所说的煤炭。佛学的这种说法,是被现代科学——地质学的理论所认同的。但在西汉武帝的时代,这种理论就很新奇了。

那么,我们的古人,既然知道了煤炭,为什么不早早开发来应用,却始终上山打柴,拿草木来做燃料呢?这又是另一个有趣而具意义的问题。这个思想,也出在道家的学术思想。道家认为天地是一大宇宙,人身是一小天地。地球也是一个有生机的大生命,就如人身一样。人体有骨骼、血脉、五脏、六腑、耳目口鼻以及大小便等等,地球也是一样,它有生机,不可轻易毁伤它。不然,对人类的生存,反有大害。因此,虽然知道有"天材地宝"的矿藏,也决不肯轻易去挖掘。即使挖掘,也要祭告天地神祇,得到允许。不然,只有偷偷地在地层表面上捡点便宜。其实,哪个神祇又管得了那么多?但是人心即天心,人们的传统思想是如此,神祇的权威就起了作用了。

正因为这种思想,使得我们全国的丰富的煤矿等宝藏,才保留到现在,作为未来子孙们生存的资财。例如现在人所用的能源石油,在道家的观念来讲,是万万不敢轻易多用的。因为那是地球自身营卫的脂肪或者犹同人体的骨髓,如果挖掘过分了,这个地球生命受到危害,就会加速它的毁灭。

这种思想,这种观念,看来多么可笑,而且极富于儿童神话式的浓厚幽默感。因为我们现在是科技的时代,决不肯冒昧地轻信旧说。但是,我们不要不了解,现代真正的大科学家们,他们反而惊奇佩服我们的祖先,远在十几个世纪以前,早已有类似现代科学文明的地质学和矿藏学的理论和认识。

世上无如人欲险

接着"不尚贤""不贵难得之货"而来的,便是以"不见可欲,使民心不乱"作为总结。换言之,"不尚贤,使民不争"是消极的避免好名的争斗,"不贵难得之货,使民不为盗"是消极的避免争利的后果。名与利,本来就是权势的必要工具,名利是因,权势是果。权与势,是人性中占有欲与支配欲的扩展。虽是贤者,亦在所难免。司马迁所谓"君子疾没世而名不称焉""天下熙熙,皆为利来。天下攘攘,皆为利往",真是不易的名言。固然也有人厌薄名利,唾责名利,认为不合于道,但"名利本为浮世重,古今能有几人抛"呢?除非真有如佛道两家混合思想的人,所谓"跳出三界外,不在五行中",也许不在此例,也许是未能确定之词。因为照一般宗教家们所说的超越人类以外的世界,也仍然脱不了权力支配的偶像,那么,无论在这个世间或是超越于这个世界,照样还是跳不出权势的圈套。这样看来,人欲真是可悲的心理行为。不过,也许有人会说,人欲正是可爱的动力,人类如果没有占有支配的欲望,这个世界岂不沉寂得像死亡一样的没有生气吗?是与非,真难说。且让我们转一个方向来反映老子的"不见可欲,使民心不乱"的说法吧!

首先,我们要确定"欲"是什么?很明显的答案,"欲"有广义和狭义两层涵义。广义的"欲",便是生命存在的动力,包括生存和生活的一切需要。狭义的"欲",一般来说,都是指向男女两性的关系和饮食的需求。

例如代表儒家的孔子,在《周易·序卦传》中便说:"有天地,然后有万物。有万物,然后有男女。有男女,然后有夫妇。有夫妇,然后有父子。有父子,然后有君臣。有君臣,然后有上下。有上下，然后礼义有所错。夫妇之道，不可以不久也。"他在《礼记》的说明中，又说："男女饮食，人之大欲存焉。"孔子虽然不像后来的告子一样，强调"食、色，性也"。但很显然地，他把"喜、怒、哀、乐、爱、恶、欲"七情中的"欲"字，干脆了当地归到男女饮食的范围。人的生命的存在，除了吃饱喝足之外，跟着而来的，便是男女两性的关系了。因此，他删订《诗经》开端的第一篇，便采用了"关雎"。孔子并不讳言男女饮食，只是强调在男女饮食之际，须要建立人伦的伦理秩序，要"发乎情，止乎礼"。

上面的举例，就是把"欲"的涵义，归纳到狭义的色欲范畴。此外，历来儒道两家的著述，厌薄色欲，畏惧色欲攫人的可怕说法，多到不胜枚举。宋代五大儒中，程明道的"座中有妓，心中无妓"的名言，一直是后世儒者所赞扬的至高修养境界。乃至朱熹的"十年浮海一身轻，乍睹藜涡倍有情。世上无如人欲险，几人到此误平生"等等，似乎都是切合老子的"不见可欲，使民心不乱"的名言。

到了魏晋以后，随着佛家学说的输入，非常明显地，"欲"的涵义，扩充到广义的范畴，凡是对一切人世间或物质世界的事物，沾染执著，产生贪爱而留恋不舍的心理作用，都认为是欲。情欲、爱欲、物欲、色欲，以及贪名、贪利，凡有贪图的都算是欲。不过，他把欲剖析为善与恶的层次。善的欲行可与信愿并称，恶的欲行就与堕落衔接。对于欲乐的思辨分析，极其精详，在此暂且不论。尤其佛家的小乘戒律，视色欲、物欲如毒蛇猛兽，足以妨碍生命与道业，避之唯恐不及。与老子的"不见可欲，使民心不乱"又似如出一辙。因此，从魏晋以后，由儒释道三家文化的结合，汇成中国文化的主流，轻视物欲的发展，偏重乐天知命而安于自然生活的思想，便普遍生根。有人说，此所以

第三章

儒道两家思想——老子、孔子的学说，历来都被聪明黠慧的帝王们，用作统治的工具。这其间的是非曲直，细说明，实在太过复杂，也到此打住不说。

反正人类总是一个很矛盾的生物，在道理上，都是要求别人能做到无欲无私，以符合圣人的标准。在行为上，自己总难免在私欲的缠缚中打转。不过，自己都有另一套理由可为自己辩白。如果老子的本意，真要人们做到"不见可欲，使民心不乱"，"虚其心，实其腹，弱其志，强其骨。常使民无知无欲"。事实上，在人世间的现实社会里，是绝不可能的事。除非天地再来一次混沌，人类重返原始的时代，如道家所说的"葛天氏之民，无怀氏之民"的初古时期，或者可以如此。

虚心实腹与鼓气

可是在秦汉以后修学神仙丹道的道家方士们，大多都遵守老子的告诫，要极力做到"绝嗜禁欲，所以除累"的功夫，以便具有学仙得道的资格。不过，请注意我所说的"大多"这个概念。当然不包括自认为是黄帝传承的"黄老之道"的全部道家神仙方术。这些大多数的学道的人们，在基本上，除了希望自己严谨地做到"离情弃欲"为入道之门以外，最重要的，便要做到如老子所说的"虚心实腹，弱志强骨"的实证境界。尤其发展到后世，修道学神仙的，都在修炼如何虚心，如何实腹，如何弱志，如何强骨。再配上老子在后面所说的"专气致柔，能婴儿乎"等等说法，不但使修道的人都致力于追求这种境况，即如练习拳术武功的人，乃至讲究读书做学问，注意修心养性的人们，也在或明或暗地，努力于虚心实腹的功夫。

最有趣的，大家明知"绝嗜禁欲"的涵义，如果这一步做不到,根本就没有办法再继续进修到什么"虚其心"的程度。既然心不能虚,下一步的"实其腹,弱其志,强其骨"的境界,岂非纯是一片空谈。可是谁又自肯承认不对呢?于是一概不管老子前言的"弃欲虚心"的先决条件,便只从"实其腹"的守神、练气、存想、守丹田等等五花八门的方法上去修炼,于是弄得大腹便便如富家翁,一副满面红光的发财相,就算有道之士,到了最后,仍然跳不出一般常人的规则,还不是落在高血压或心脏病等的老病死亡之列。

讲到这里,且让我们轻松一下,先来看看一些通人达士的说法,免得使一般学道修仙的人听了太过紧张,那就罪过不浅。其实,我也很相信幼年课外读物有关人道的升华,可以达到神仙的境界。这些当年幼少时期的读物,便有:"王子去求仙,丹成上九天。洞中方七日,世上已千年。"以及"三十三天天重天,白云里面出神仙。神仙本是凡人做,只怕凡人心不坚"。但到后来渐渐长大,又读过许多更深入的丹经道书,甚至全部《道藏》,真有如入"山阴道上,目不暇接"的气势。只是相反地,历观许多修道学仙人们的结果,以及一般通人达士的著作,那又不免会心一笑,黄粱梦醒,仍然回到人的本位里来。例如司马迁,曾经亲访修道学仙的人们,而有"山泽列仙之傳,其形清癯"的记载。可见并不是都像元朝以后画家们想象的八仙中的汉钟离,活像一个鱼翅燕窝吃多了的大腹贾的样子。此外,历代文人"反游仙"之类的诗词作品也很多。例如辛稼轩调寄"卜算子"的《饮酒》词,便是从人道的本位立言,不敢妄想成仙学佛:"一个去学仙,一个去学佛。仙饮千杯醉似泥,皮骨如金石?不饮便康强,佛寿须千百,八十余年入涅槃,且进杯中物。"读了辛稼轩这首词,真可使人仰天狂笑,浮一大白。不过,我们同时要知道,这是他的牢骚,借题发挥,借酒浇愁而已。同样地,他另有一首枉读圣贤书，不能发挥忠诚爱国抱负，而借酒抒怀的名词："盗跖倘名丘，孔子如名跖，跖圣丘愚直到今，美恶无真实。简册写虚名，蝼蚁侵枯骨，千古光阴一霎时，且进杯中物。"其余如清人的反游仙诗也很多，如借用吕纯阳做题目的，"十年橐笔走神京，一遇钟离盖便倾。不是无心唐社稷，金丹一粒误先生"，"妾夫真薄命，不幸做神仙"等，到处可见。

道家虚心养气的真传

尽管历来的通人达士们，口头笔下，都在反对神仙佛道，但是遇到无可奈何之处，在潜在的意识里，何尝不憧憬超越人间，徜徉于天人的美景。所以练气行功，讲究气住丹田的人们，依旧多如过江之鲫，趋之若鹜。我常常碰到有些倾心修道的人来问，如何气住丹田等等问题。我总是反问，你为什么要气住丹田来作实腹的功夫？如照道家所说的"气"，有三种不同的写法和定义，必须知道。古代道书上的"气"写作"炁"。"炁"这个字的上半部"旡"就是后世的"无"字，下面四点则代表了火。那么，无火之谓气，并非指空气的气，也不是呼吸的气。现在用的这个"氣"字，下面有一个米字，是指人们吃了米谷等食物后所化生的气。还有一个好像简体字的"气"，是指空气的气，姑且不管它是哪个气，一个人的身躯，犹如一具装有各种零件的皮囊。假如我们把气体打入一个皮袋里，然后要叫这股气呆板固定，永久停留在某一部位，是有可能吗？很明显的答案，气是不会凝固停留在某一部位的。如果说有可能，那已经不是气体，它已变化成为一个固体的东西。在我们的身躯内，另外装进一样固体的东西，那就太可怕了，岂不成了一个瘤吗？气，本来就是"变动不居，周流六虚"的能量，你要气住丹田，充实腹部的下丹田，那只能说"徒有空言,都无实义"。如果真有如此感觉,那是注意力集中,心理控制作用所引发的感受反应而已,并非真有一样东西。

那么,老子所讲的"虚其心,实其腹"就没有它的事实根据吗?其实,老子讲的是修养上的真实功夫,绝对是真有其事。但它的先决条件,便是从无欲虚心入门。一个人如能真做到"离情弃欲",心如止水澄波,那么,自然而然就可达到吕纯阳《百字铭》的修养境界了:

> 养气忘言守,降心为不为。动静知宗祖,无事更寻谁。真常须应物,应物要不迷。不迷性自住,性住气自回。气回丹自结,壶中配坎离。阴阳生反复,普化一声雷。白云朝顶上,甘露洒须弥。自饮长生酒,逍遥谁得知。坐听无弦曲,明通造化机。都来二十句,端的上天梯。

事实上,难就难在无欲与虚心。正因为不能无欲,因此老子才教人一个消极的办法,只好尽量避免,"不见可欲,使民心不乱"。能够利用消极的办法做到也就不错。然后再求虚心,自然可以充实内体。养之既久,也就自然可以"弱其志,强其骨"了。如果有心求之,早已背道而驰,违反"道法自然"的原则了。因此唐宋以后禅宗大师们呵斥狂妄之徒的习惯语,便反用老子所说的"虚心实腹",认为是"空腹高心"之辈,不足以言了。其实,要明白老子的"虚其心,实其腹"的真实功夫,不如引用孟子的"其生色也,睟然见于面,盎于背,施于四体,四体不言而喻"最为确实。我们现在不是专讲秦汉以后道家神仙派的丹道方术,只因老子本文的"虚心实腹,弱志强骨"的道理,牵涉到神仙丹道的养气、修气、练气等基本观念,略加说明,事关专题,不必细说,到此为止。

赵宋是再次的南北朝

至于由《老子》这章后半段所引起的:"是以圣人之治,虚其心,实其腹,弱其志,强其骨,常使民无知无欲。使夫智者不敢为也。为无为,则无不治"的无为之治的政治思想,在以往的历史上,常被误解,乃至被有些领导一个时代的帝王位,有意或无意地歪曲它的作用,那就不能完全诿过在老子身上了。这种历史上的过谬,最明显的事实,便是宋真宗的故事。

当五代的末期,由赵匡胤的陈桥兵变,黄袍加身,跃登皇帝的大位以后,历来的传统历史学者,秉承一贯的正统观念,都以宋朝为主。如果我们从历史统一大业的观点来说,整个南北宋三百年间的政权,只是与辽、金,乃至西夏等共天下,彼此分庭抗礼,等于东晋以后第二个南北朝的局面。如果从中国文化的立场来看,南北宋与辽金元,都是服膺在中国文化的大纛之下,各有千秋,辽金的文治,比起宋朝,并无太大的逊色。这一观点,也许是我对历史的看法不同,但大致不会太离谱。尤其希望青年学者们,不要忽略了当时辽金的文化与中国文化大系的关系。

在我们的历史上,宋朝的建国,版图很小,治权所及的地区,实在小得可怜。只是有宋一代,在学术文化上,比较重视文人政治,尊重儒家学术的地位,因此颇受历来学者的讴歌赞扬而已。其实,当宋太祖赵匡胤当皇帝开始,玉斧一挥,北方的燕云十六州,已非宋有。西南方的云南迤西、蒙自一带,又有以儒佛文化立国的大理国存在,也不尊奉赵宋的正朔,如果以汉唐的建国精神来讲,先武功而后文治,那么赵宋的天下,实在不无愧色。它的基本原因,因为宋太祖赵匡胤、宋太宗赵匡义两弟兄,天生本质,都是军人而兼爱好读书的学者,因此对于军机兵略,深知利害,不敢轻举妄动。从好的方面来讲,天性比较仁厚,雄长的气魄就比较薄弱,大有如唐代诗人曹松非战诗所谓"泽国江山入战图,生民何计乐樵苏。凭君莫话封侯事,一将功成万骨枯"的慈悲怀抱。

因此,宋太祖赵匡胤的初期策略,极力从事休养生息,在安定中求俭约,希望利用北人的贪得心理,以钱财来麻醉北辽,渐次买回燕云十六州的一半版图。如果我们用现代的名词来说,他是想利用财政经济的策略,来统一全国。不幸的是他的兄弟宋太宗赵匡义,没有全盘了解他哥哥的策略,继位不到几年,就把国库积存的财币,用去了大半。到了宋真宗手里,既不敢战,又不敢和,进退两难,非常棘手。好在肯接受名相寇准所坚持的决策,勉勉强强御驾亲征,博得"澶渊之役"一场军事外交的胜利战。但在当时,几乎已把宋真宗吓破了胆。这些事实,在历史的实录上,可以看得清清楚楚,明明白白。

寇准的胆识

讲到这里,再让我们多费些时间,稍微了解有关宋一代名臣寇准的表儒内道的大手笔。同时也可了解一下,道家"无为而无不为"的精神,用之在臣道的精彩一幕。寇准确是一位深信黄老之道的学者,在他担当军国大事的任内,家里还隐秘地供养着一位专修神仙丹道的道人。他的作风,大胆而缜密,豪放而平实,的确是深得黄老之道的三昧。他在澶渊之役中,勉强着皇帝宋真宗御驾亲征,兵临前线,在枪杆下办外交,实在相当冒险。而且当时在宋真宗的旁边,政府内部还有势力相当的反对派。他却不顾一切,谋定而动。这比起三国时代,魏延建议诸葛亮出兵子午谷,还要冒险十倍,但是他居然做了。在这一件史实上,宋真宗肯听寇准的意见,临事能够互相配合,固然也真的很可爱,但是他在前线,与敌人面对面的当时,却不免战战兢兢,实在也很害怕,很想知道寇准的行动究竟有多少把握。于是派人去侦察寇准在做什么,派去的人回来报告,这位身当重任的相爷,公然在这样危急的前方,正与一班幕僚宾客们喝酒赌钱,满不在乎。真宗一听,总算放心了大半。寇准本来有好赌的习惯,但当时的赌局,真的是一场豪赌。他赌给敌人看,赌给宋真宗看,其实,他比诸葛亮在后花园钓鱼、五路退兵的心情,还更紧张沉重,只是不能不好整以暇而已。这就是道家的妙用,也就是老子的"欲取姑予"的姿态。因此,也就难怪他在政治上反对派的死对头王钦若,事后趁间在宋真宗面前用了一句挑拨的话,就使寇准再也不得重用。宋真宗在澶渊之役以后,因为有事而回想起与寇准当时的冒险,颇有复杂的矛盾心理,所以王钦若趁机便说,寇准在澶渊之役,不能算有大功,他只是拿陛下当一次大赌注而已。你看,只须一句便佞的口舌,就可害人不用刀,杀人不见血。好在赵宋的皇帝子孙们,本质上还很厚道,换了别的昏君,寇准的头,准会被他送到敌寇的手里去了。

宋真宗贿赂宰相

尽管宋真宗不敢再用寇准,不敢再谈统一的大业,运用输款和谈的政策,以图苟且偷安。但是他知道全国的人心,朝野的士气,并不甘心媚敌,更非心悦诚服这种半投降式的策略。那么,若要做到"使民无知无欲,使夫智者不敢为也。为无为,则无不治",就要另想办法。结果,他接受王钦若的建议,利用宗教来迷醉朝野,安定人心,同时也可以自我安慰,仰仗神力来保佑平安。于是他就假托天神在梦中来降,要他在正殿建"黄箓道场"

一个月,当降天书《大中祥符》三篇等等诡话。又使人谎报得天书于泰山,要群臣上表,推尊道号,自称为"崇文广武仪天尊道宝应章感圣明仁孝皇帝"。从此以后,宋朝的三百年天下,便与道教的神秘政策结了不解之缘。后来自称为"道君皇帝"的迷信大师宋徽宗的北狩,何尝不是宋真宗的前因所误。

一个国家的大政,绝对不能与宗教的作为混为一体,从古今中外人文历史的记录上去求证,凡是宗教与政治混合的时代,政教(宗教)不分的国土,结果没有一个不彻底失败的。不但污蔑了宗教,同时也断送了国家。政治,毕竟是现实智慧的实际成果。宗教,始终是升华现实的出世事业。如果强调宗教就是现实世间的事,那么不是别有用心,就非愚即狂了。所以,宋真宗想要利用宗教的迷信而"使民无知无欲,使夫智者不敢为也"的当时,最大的顾忌,就怕宰辅大臣——同平章事王旦不同意。开始是试探,结果没有办法沟通。于是一方面由王钦若来婉转疏通意见,一方面真宗派宫监夜里送重礼到王旦的相府上去,并不说明来意是为了什么要有这样重的赏赐。这是当皇帝的公然贿赂大臣的杰作。因此弄得公正持重的名臣王旦有口难言,只好随声附和。如果寇准不被挤出中朝政府,恐怕"神道设教"就无法作为这个豪赌的赌注。后来王旦在临终时,虽然宋真宗亲自到病床旁边探病,御手调药,每天还三四次派人询问病况,并由宫中送来薯蓣(山药)粥。但是王旦耿耿于怀的事,却无法因此释然。他在临死时,还吩咐家人要把他剃了须发,穿上和尚的僧衣,表示抗议,表示忏悔。自恨当时对"天书"的愚民政策,没有尽心竭力地劝谏,认为是一大罪过。

我们引用了这一段历史的事实,来说明《老子》这一章"使民无知无欲,使夫智者不敢为也。为无为,则无不治"被宋真宗反用的前因后果,当然并非老子的本意,更不可随便又给老子背上黑锅。

　　总之，我们不要忘了老子著述的本意，首重效法自然道德的原则，假如人们都在道德的生活中，既不尚贤，又无欲而不争，那当然合乎自然的规范，也就自然是太平无事的天下了。《礼记·礼运》一篇的记载，首先说明孔子的叹息，也是如此。时代到了后世，人人不能自修道德，人人不能善自整治争心和欲望，只拿老子那些叹古惜今的话来当教条，那当然是背道而驰，愈说愈远了。

第四章

道冲而用之或不盈，渊兮似万物之宗。挫其锐，解其纷，和其光，同其尘。湛兮似或存，吾不知谁之子，象帝之先。

道在存在不存在间

紧接上章"为无为，则无不治"的用而勿用，勿用而用之后，便提出"道冲而用之或不盈，渊兮似万物之宗"，作为"用道而不为道所用"的更进一层说明。在这里首先要了解"冲"字与"盈"字是对等性的。"冲"字在《老子》这一章句中的意思，应该作为冲和谦虚的"谦冲"解释。换言之，冲，便是虚而不满，同时有源远流长、绵绵不绝的涵义。如果解释"冲"便是用中而不执一端或不执一边的意思，也可以相通。总之，知道道的妙用在于谦冲不已，犹如来自山长水远处的流泉，涓涓汩汩而流注不休，终而汇聚成无底的深渊，不拒倾注，永远没有满盈而无止境。如果了解道的冲而不盈的妙用，它便如生生不已，永无休止，能生万物的那个想象中的宗主功能一样，就可应用无方，量同太虚。

能够做到冲虚而不盈不满，自然可以顿挫坚锐，化解纷扰。然后参和它的光景，互同它的尘象。但它依然是澄澄湛湛，和而不杂，同而不流的若存若亡于其间。倘使真能做到这种造诣，完成这种素养，便无法知道它究竟是"谁"之子？似人而非人，似神而非神，实在无法比拟它像个什么。假使真有一个能主宰万有的大帝，那么，这个能创造大帝的又是谁？这个"谁之子"的

"谁",才是创造大帝与万物的根本功能,也姑且强名之叫它是"道"。但是道本无形,道本无名,叫它是"道",便已非道。因此,只好形容它是"象帝之先"。

本章的原文,大意已经如前面所讲。但它内涵的流变,传到后世,便有从个人修养去体会它本意的一面;又有从对人处事等事功去领略它妙用的一面。从个人修养上去体会的,属于修习道术的神仙丹道派的居多。从事功与对人处事去领略的,则属于历来帝王或名臣将相们的行事。

从个人的修养来讲,修道的基本,首先要能冲虚谦下,无论是炼气或养神,都要如此,都要冲虚自然,永远不盈不满,来而不拒,去而不留,除故纳新,流存无碍而不住。凡是有太过尖锐,特别呆滞不化的心念,便须顿挫而使之平息。对于炼气修息,炼神养心,也都要如此,倘有纷纭扰乱、纠缠不清的思念,也必须要解脱。至于气息与精神,也须保养不拘,任其冲而不盈。如此存养纯熟,就可以和合自然的光景,与世俗同流而不合污,自掩光华,混迹尘境。但是此心此身,始终是"冲而用之或不盈"。一切不为太过,太甚。此心此身,仍然保合太和而澄澄湛湛,活活泼泼,周旋于尘境有无之间。但虽说是澄澄湛湛,必须若存若亡,不可执著。我即非我,谁亦非谁,只是应物无方,不留去来的痕迹,所谓"先天而天弗违,后天而奉天时",如此而已。

但在一般道家人物的行为来说,对于"和其光,同其尘"两句,尤其重视。同时配合魏伯阳真人所著《参同契》中"被褐怀玉,外示狂夫"的两句话,奉为典范,所以有道之士往往装疯卖傻,蓬头垢面混迹于尘世。这种思想和作为,到了后世,便更有甚焉,构成小说中许多故事,影响民俗思想甚巨,如济公活佛的喝酒吃狗肉,吕纯阳三戏白牡丹等等,都从"和光同尘"的观念而来，勾画出修道人的另一番面目。至于《高士传》《高僧传》或《神仙传》的人物，典型各有不同，大体说来，真能和光同尘的实在太难，也并不多见。

汉文帝、康熙、郭子仪

从事功方面来讲，受到老子思想的影响，建立一代事功的帝王，严格说来，只有汉文帝和清初的康熙。尤其康熙善于运用黄老之道的成就，更有过于汉文帝的作为。

汉文帝是老老实实地实行老子的哲学来治国，奠定两汉四百年的刘家天下。康熙是灵活运用黄老的法则，开建清朝统一的局面。以十多岁的少年，处在内有权臣、外有强藩的局面，而能除鳌拜，平三藩，内开博学鸿词科以网罗前明遗老，外略蒙藏而开拓疆土，都自然而然地合于老子的"冲而用之或不盈""挫其锐，解其纷"的法则，深得老子的妙用。因此，他特地颁发《老子道德经》，嘱咐满族亲王们加以研读，奉为领导学的圣经宝典。

姑且不谈汉文帝与康熙的老子哲学。退而求其次，随便列举历史上名将相的事功，用来说明《老子》本章中的"冲而用之或不盈"，以及"挫其锐，解其纷"的作为。了解中唐名将郭子仪与名相李泌的故事，也可"得其圜中，应用无穷"了！

郭子仪，是道道地地，经过考试录取的武举异等出身，历任军职，到了唐玄宗（明皇）天宝十四年，安禄山造反，才开始诏命他为卫尉卿、灵武郡太守、克朔方节度使，屡战有功。当唐明皇仓皇入蜀，皇太子李亨在灵武即位，后来称号唐肃宗，拜郭子仪为兵部尚书、同中书门下平章事，仍总节度使的职权。转战两年之后，郭子仪从帝子出任元帅的广平王李豫，统率番汉兵将十五万，收复长安。肃宗曾亲自劳军灞上，并且对他说："国家再造,卿力也。"但在战乱还未平靖,到处尚需用兵救平的时候,恐怕郭子仪、李光弼等功劳太大,难以驾驭,便不立元帅,而派出太监鱼朝恩为观军容宣慰使来监军。

一个半男半女的太监,又懂得什么,但他却代表了朝廷(政府)和皇帝,处处加以阻挠,动辄掣肘,致使王师虽众而无统率。在战场上,各个将领就互相观望,进退失据。不得已,又诏郭子仪为东畿山南东道河南诸道行营元帅,鱼朝恩因此更加忌妒,密告郭子仪许多不是,因此又诏郭子仪交卸兵权,回归京师。郭子仪接到命令,不顾将士的反对,瞒过部下,独自溜走,奉命回京闲居,一点也没有怨尤的表示。

接着,史思明再陷河洛,西戎又逼据首都,经朝廷(政府)的公议,认为郭子仪有功于国家,现在正当大乱未靖,不应该让他闲居散地。肃宗才有所感悟,不得已,诏他为诸道兵马都统,后来又赐爵为汾阳王。可是这时候的唐肃宗已经病得快死了,一般臣子都无法见到。郭子仪便再三请求说:"老臣受命,将死于外,不见陛下,目不瞑。"因此才得引见于内寝,此时肃宗亲自对郭子仪说:河东的事,完全委托你了!

肃宗死后,当时和郭子仪并肩作战、收复两京的广平王李豫继位,后来称号为唐代宗。又因亲信程元振的逸言,暗忌宿将功大难制,罢免了郭子仪的一切兵权职务,只派他为监督修造肃宗坟墓的山陵使而已。郭子仪愈看愈不对,一面尽力修筑好肃宗的陵寝——坟墓,一面把肃宗当时所赐给他的诏书敕命千余篇(当然包括机密不可外泄的文件),统统都缴还上去,才使代宗有所感悟,心生惭愧,自诏说:"朕不德,诒大臣忧,朕甚自愧,自今公毋疑。"

跟着,梁崇义窃据襄州,叛将仆固怀恩屯汾州,暗中约召回纥、吐蕃寇河西,践泾州,犯奉天、武功。代宗也同他的祖父唐明皇一样,离京避难到陕州。不得已,又匆匆忙忙拜郭子仪为关内副元帅,坐镇咸阳。这个时候,郭子仪因罢官回京以后,平常所带的将士,都已离散,身边只有老部下数十个骑士。他一接到诏命,只好临时凑合出发,借民兵来补充队伍,一路南下,收集逃兵败将,加以整编,到了武关,又收编驻关防的部队,凑了几千人。后来总算碰到旧日的部将张知节来迎接他,才在洛南扩大阅兵,屯于商丘。因此,又是军威大震,使得吐蕃夜溃遁去,再次收复两京。

大概介绍了郭子仪个人历史的几个重点,就可以看出他的立身处世,真正做到"用之则行,舍之则藏",不怨天,不尤人的风格。他带兵素来以宽厚著称,对人也很忠恕。在战场上,沉着而有谋略,而且很勇敢。朝廷(政府)需要他时,一接到命令,不顾一切,马上行动。等到上面怀疑他,要罢免他时,也是不顾一切,马上就回家吃老米饭。所以屡黜屡起,国家不能没有他。像郭子仪这样作为,处处合于老子的"冲而用之或不盈"的大经大法。无怪其生前享有令名,死后成为历史上"富贵寿考"四字俱全的绝少数名臣之一。

郭子仪与鱼朝恩

另两件有关他个人的行谊,足以说明"挫其锐,解其纷"做法的。一是关于他与监军太监鱼朝恩的恩怨,在当时的政治态势上,是相当严重的,鱼朝恩曾经派人暗地挖了郭子仪父亲的坟墓。当唐代宗大历四年的春天,郭子仪奉命入朝。到了郭子仪回朝,朝野人士都恐怕要掀起一场大风暴,代宗也为了这件事,特别吊唁慰问。郭子仪却哭着说:我在外面带兵打仗,士兵们破坏别人的坟墓,也无法完全照顾得到,现在我父亲的坟墓被人挖了,这是报应,不必怪人。

鱼朝恩便来邀请他同游章敬寺,表示尊敬和友好。这个时候的宰相是元载,也不是一位太高尚的人物。元载知道了这个消息,怕鱼朝恩拉拢郭子仪,问题就大了。这种政坛上的人事纠纷,古今中外,都是很头痛的事。因此,元载派人秘密通知郭子仪,说鱼朝恩的邀请,是对他有大不利的企图,要想谋杀他。郭子仪的门下将士,听到这个消息,极力主张要带一批武装卫队去赴约。郭子仪却毅然决定不听这些谣传,只带了几个必要的家僮,很轻松地去赴会。他对部将们说:"我是国家的大臣,他没有皇帝的命令,怎么敢来害我。假使受皇帝的密令要对付我,你们怎么可以反抗呢?"就这样他到了章敬寺,鱼朝恩看见他带来的几个家僮们戒备性的神情,就非常奇怪地问他有什么事。于是郭子仪老老实实告诉他外面有这样的谣传,所以我只带了八个老家人来,如果真有其事,免得你动手时,还要煞费苦心地布置一番。他这样的坦然说明,感动得鱼朝恩掉下了眼泪说:"非公长者,能无疑乎!"如果不是郭令公你这样长厚待人的大好人,这种谣言,实在叫人不能不起疑心的。

卢杞、李白与郭子仪

另有一则故事,是在郭子仪的晚年,他退休家居,忘情声色来排遣岁月。那个时候,后来在唐史《奸臣传》上出现的宰相卢杞,还未成名。有一天,卢杞来拜访他,他正被一班家里所养的歌伎们包围,正在得意地欣赏玩乐。一听到卢杞来了,马上命令所有女眷,包括歌伎,一律退到大会客室的屏风后面去,一个也不准出来见客。他单独和卢杞谈了很久,等到客人走了,家眷们问他:"你平日接见客人,都不避讳我们在场,谈谈笑笑,为什么今天接见一个书生却要这样的慎重。"郭子仪说:"你们不知道,卢杞这个人,很有才干,但他心胸狭仄,睚眦必报。长相又不好看,半边脸是青的,好像庙里的鬼怪。你们女人们最爱笑,没有事也笑一笑。如果看见卢杞的半边蓝脸,一定要笑,他就会记恨在心,一旦得志,你们和我的儿孙,就没有一个活得成了!"不久卢杞果然作了宰相,凡是过去有人看不起他,得罪过他的,一律不能免掉杀身抄家的冤报。只有对郭子仪的全家,即使稍稍有些不合法的事情,他还是曲予保全,认为郭令公非常重视他,大有知遇感恩之意。

讲到这里,忽然想到另外一则李太白与郭子仪有关的故事。在郭子仪初出茅庐,担当小军官时候,因为不小心犯了军法,而被扣押。这件事情被李白知道了。李白早就非常器重这位少壮军官,一听到消息,就来找到郭子仪的长官说情,这个长官也是李白的朋友,因此就从轻处置,平安无事。等到后来安禄山造反以后,天宝十五年,李白在江西浔阳,却和另一位李家的帝子,永王李璘相识,拉他参加幕府。永王名义上是起兵勤王,实际上也想趁机上台当皇帝,因此而违抗肃宗的东巡诏命,结果兵败于丹阳,李白也受到牵累,在浔阳坐牢,后来又要被流放到夜郎。好在郭子仪已收复两京,名震一时,功劳又大,他知道李白受到牵连致罪,就拿他的战功极力保奏,李白才蒙赦免。这件历史故事记载在唐人的诗话中,是否真实,我们不讲考据。不过一个名士和名将的知遇结合,却是人们情愿相信确有其事,而且也显见古人长厚,好人好事的一报还一报,很是痛快淋漓。因此昔日女诗人汪小蕴,在论史诗中有关郭子仪的名句有:"一代威名迈光弼,千秋知己属青莲。"青莲是李白的别号。

史载郭子仪年八十五而终。他所提拔的部下幕府中,有六十多人,后来皆为将相。八子七婿,皆贵显于当代。"天下以其身为安危者殆三十年，功盖天下而主不疑，位极人臣而众不嫉，穷奢极欲而人不非之。"历代历史上的功臣，能够做到功盖天下而主不疑，位极人臣而众不嫉，穷奢极欲而人不非，实在太难而特难。这都是郭子仪一生的做人处事，自然合乎"冲而用之或不盈"，"挫其锐，解其纷，和其光，同其尘，湛兮似或存"的原则。

半个芋头，十年宰相

李泌，也是中唐史上突出的人物，他几乎和郭子仪相终始，身经四朝——玄宗、肃宗、代宗和德宗，参与宫室大计，辅翼朝廷，运筹帷幄，对外策划战略，配合郭子仪等各个将领的步调，使其得致成功，也可以说是肃宗、代宗、德宗三朝天下的重要人物。只是因他一生爱好神仙佛道，被历来以儒家出身、执笔写历史的大儒们主观我见所摒弃，在一部中唐变乱史上，轻轻带过，实在不太公平。其实，古今历史，谁又敢说它是绝对公平的呢？说到他的澹泊明志，宁静致远，善于运用黄老拨乱反正之道的作为，实在是望之犹如神仙中人。

李泌幼年便有神童的称誉，已能粗通儒、佛、道三家的学识。在唐玄宗（明皇）政治最清明的开元时期，他只有七岁，已经受到玄宗与名相张说、张九龄的欣赏和奖爱。有一次，张九龄准备提拔一位才能不高，个性比较软弱，而且肯听话的高级臣僚。李泌虽然年少，跟在张九龄身边，便很率直地对张九龄说："公起布衣，以直道至宰相，而喜软美者乎！"相公称自己也是平民出身，处理国家大事，素来便有正直无私的清誉，难道你也喜欢低声下气而缺乏节操和能力的软性人才吗？张九龄听了他的话，非常惊讶，马上很慎重地认错，改口叫他小友。

李泌到了成年的时期,非常博学,而且对《易经》的学问,更有心得。他经常寻访嵩山、华山、终南等名山之间,希望求得神仙长生不死的方术。到了天宝时期,玄宗记起他的幼年早慧,特别召他来讲《老子》,任命他待诏翰林,供奉东宫,因而与皇太子兄弟等非常要好。在这个时候,他已经钻研于道家方术的修炼,很少吃烟火食物了。

有一天晚上,他在山寺里,听到一个和尚念经的声音,悲凉委婉而有遗世之响,他认为是一位有道的再来人。打听之下,才知道是一个做苦工的老僧,大家也不知道他叫什么名字。平常收拾吃过的残羹剩饭充饥,吃饱了就伸伸懒腰,找个角落去睡觉,因此大家便叫他懒残。李泌知道了懒残禅师的事迹,在一个寒冬深夜,独自一个人偷偷去找他,正碰到懒残把捡来的干牛粪,垒作一堆当柴烧,生起火来烤芋头。这个和尚在火堆旁缩做一团,面颊上挂着被冻得长流的清鼻水。李泌看了,一声不响,跪在他的旁边。懒残也像没有看见他似的,一面在牛粪中捡起烤熟了的芋头,张口就吃。一面又自言自语地骂李泌是不安好心,要来偷他的东西。边骂边吃,忽然转过脸来,把吃过的半个芋头递给李泌。李泌很恭敬地接着,也不嫌它太脏,规规矩矩地吃了下去。懒残看他吃完了半个芋头便说:好!好!你不必多说了,看你很诚心的,许你将来做十年的太平宰相吧!道业却不说了!拍拍手就走了。

白衣山人——李泌

到了安禄山造反,唐明皇仓皇出走,皇太子李亨在灵武即位,是为肃宗,到处寻找李泌,恰好李泌也到了灵武。肃宗立刻和他商讨当前的局面,他便分析当时天下大势和成败的关键所在。肃宗要他帮忙，封他做官，他恳辞不干，只愿以客位的身份出力。肃宗也只好由他，碰到疑难的问题，常常和他商量，叫他先生而不名。这个时候，李泌已少吃烟火食。肃宗有一天夜里，高兴起来，找来兄弟三王和李泌就地炉吃火锅，因李泌不吃荤，便亲自烧梨二颗请他，三王争取，也不肯赐予。外出的时候，陪着肃宗一起坐车。大家都知道车上坐着那位穿黄袍的，便是皇帝，旁边那位穿白衣的，便是山人李泌。肃宗听到了大家对李泌的称号，觉得不是办法，就特别赐金紫，拜他为广平王（皇太子李豫）的行军司马。并且对他说：先生曾经侍从过上皇（玄宗），中间又做过我的师傅，现在要请你帮助我儿子做行军司马，我父子三代，都要借重你的帮忙了。谁知道他后来帮忙到子孙四代呢！

李泌看到肃宗当时对政略上的人事安排，将来可能影响太子的继位问题，便秘密建议肃宗使太子做元帅，把军政大权付托给他。他与肃宗争论了半天，结果肃宗接受了他的意见。

肃宗对玄宗的故相李林甫非常不满，认为天下大乱，都是这个奸臣所造成，要挖他的坟墓，烧他的尸骨。李泌力谏不可，肃宗气得问李泌，你难道忘了李林甫当时的情形吗？李泌却认为不管怎样，当年用错了人，是上皇（玄宗）的过失。但上皇治天下五十年，难免会有过错。你现在追究李林甫的罪行，加以严厉处分，间接地是给上皇极大的难堪，是揭玄宗的疮疤。你父亲年纪大了，现在又奔波出走，听到你这样做，他一定受不了，老年人感慨伤心，一旦病倒，别人会认为你身为天子，以天下之大，反不能安养老父。这样一来，父子之间就很难办了。肃宗经过他的劝说，不但不意气用事，反而抱着李泌的脖子，痛哭着说：我实在没有细想其中的利害。这就是李泌"冲而用之或不盈"的大手笔。唐明皇后来能够自蜀中还都，全靠他的周旋弥缝。

山人自有妙计

肃宗问李泌剿贼的战略,他就当时的情势,定出一套围剿的计划。首先他断定安禄山、史思明等的党羽,是一群没有宗旨的乌合之众,目的只在抢劫,"天下大计,非所知也。不出二年,无寇矣。陛下无欲速,夫王者之师,当务万全,图久安,使无后害。"因此,他拟定战略,使李光弼守太原,出井陉。郭子仪取冯翊,入河东,隔断盗魁四将,不敢南移一步。又密令郭子仪开放华阴一角,让盗众能通关中,使他们北守范阳,西救长安,奔命数千里,其精卒劲骑,不逾年而敝。我常以逸待劳,来避其锋,去罢其疲。以所征各路之兵,会扶风,与太原朔方军互击之,徐命帝子建宁王李俶为范阳节度大使,北并塞,与李光弼相掎角以取范阳。贼失巢窟,当死河南诸将手。肃宗统统照他的计划行事,后来都不出其所料。这便是李泌的"挫其锐,解其纷"的战略运用。

后来最可惜的,是唐肃宗急功近利,没有听信李泌的建议,致使河北没有彻底肃清,仍然沦陷于盗贼之手,便自粉饰太平,因此而造成历史上晚唐与五代之际华夷战乱的后遗症。

为了特别褒扬久被埋没的李泌长才,再略加说明他的行谊事迹。肃宗为了尽快收复首都长安,等到郭子仪筹借到西北军大集合的时候,便对李泌说:"今战必胜,攻必取,何暇千里先事范阳乎!"李泌就说:如果动用大军,一定想要速得两京,那么贼势一定会重新强盛,我们日后会再受到困扰。现在我们有恃无恐的强大兵力,全靠碛西突骑(骑兵)、西北诸戎。假如一定要先取京师,大概在明年的春天,就可成功。但是关东的地理环境,与气候等情况,春天来得较早,气候容易闷热,骑兵的战马也容易生病,战士们思春,也会想早点回家,便不愿再来辗转作战了。那么,沦陷中的敌人,又可休养士卒,整军经武以后,必复再度南来,这是很危险的办法。但是肃宗这次,却坚决地不听李泌的战略意见,急于收复两京,可以称帝坐朝,由此便有郭子仪借来回纥外兵,从元帅广平王等收复两京的一幕出现。

两京收复,唐明皇还都做太上皇,肃宗重用奸臣李辅国。李泌一看政局不对,怕有祸害,忽然又变得庸庸碌碌,请求隐退,遁避到衡山去修道。大概肃宗也认为天下已定,就准他退休,赏赐他隐士的服装和住宅,颁予三品禄位。

另有一说,李泌见到懒残禅师的一段因缘,是在他避隐衡山的时期。总之,"天道远而人道迩",仙佛遇缘的传说,事近渺茫,也无法确切地考据,存疑可也。

英雄退步学神仙

李泌在衡山的隐士生活过不了多久,身为太上皇的唐明皇死了,肃宗跟着也死了,继位当皇帝的,便是李泌当年特别加以保存的皇太子广平王李豫,后来称号为唐代宗。代宗登上帝位,马上就召李泌回来,起先让他住在宫内蓬莱殿书阁,跟着就赐他府第,又强迫他不可素食,硬要他娶妻吃肉,这个时候,李泌却奉命照做了。但是宰相元载非常忌妒他的不合作,找机会硬是外放他去做地方官。代宗暗地对他说,先生将就一点,外出走走也好。没多久,元载犯罪伏诛,代宗立即召他还京,准备重用。但又为奸臣常衮所忌,怕他在皇帝身边对自己不利,又再三设法外放他出任澧朗峡团练使,后再迁任杭州刺史。他虽贬任地方行政长官,到处仍有很好的政绩,这便是李泌的"和其光,同其尘,湛兮似或存"的自处之道。

第四章

当时奉命在奉天,后来继位当皇帝,称号为唐德宗的皇太子李适,知道李泌外放,便要他到行在(行辕),授以左散骑常侍。对于军国大事,李泌仍然不远千里地向代宗提出建议,代宗也必定采用照办。到了德宗继位后的第三年,正式出任宰相,又封为邺侯。勤修内政,充裕军政费用。保全功臣李晟、马燧,以调和将相。外结回纥、大食,以困吐蕃而安定边陲。常有与德宗政见不同之处,反复申辩上奏达十五次之多。总之,他对内政的处理,外交的策略,军事的部署,财经的筹划,都做到了安和的绩效。

但德宗却对他说:我要和你约法在先,因你历年来所受的委屈太多了,不要一旦当权,就记恨报仇,如对你有恩的,我会代你还报。李泌说:"臣素奉道,不与人为仇。"害我的李辅国、元载他们,都自毙了。过去与我要好的,凡有才能的,也自然显达了。其余的,也都零落死亡了。我实在没什么恩怨可报的。但是如你方才所说,我可和你有所约言吗?德宗就说,有什么不可呢!于是李泌进言,希望德宗不要杀害功臣。"李晟、马燧有大功于国,闻有逸言之者。陛下万一害之,则宿卫之士,方镇之臣,无不愤怒反仄,恐中外之变复生也。陛下诚不以二臣功大而忌之,二臣不以位高而自疑,则天下永无事矣。"德宗听了认为很对,接受了李泌的建议。李晟、马燧在旁听了,当着皇帝感泣而谢。

不但如此,他做起事来,非常认真负责,曾经与皇帝力争相权。因为德宗对他说:"自今凡军旅粮储事,卿主之。吏礼委延赏(张延赏),刑法委珲(珲瑊)。"李泌就说:"陛下不以臣不才,使待罪宰相。宰相之职,天下之事,咸其平章,不可分也。若有所主,是乃有司,非宰相矣。"德宗听了,便笑着说,我刚才说错了话,你说的完全对。

不幸的是,宫廷父子之间,又受人中伤而有极大的误会,几乎又与肃宗一样造成错误,李泌为调和德宗和太子之间的误会,触怒了德宗说:"卿不爱家族乎?"意思是说,我可以杀你全家。李泌立刻就说:"臣惟爱家族,故不敢不尽言,若畏陛下盛怒而曲从,陛下明日悔之,必尤臣曰:吾独任汝为相,不谏使至此,必复杀臣子。臣老矣,余年不足惜,若冤杀臣子,使臣以侄为嗣,臣未知得歆其祀乎!"因呜咽流涕。上亦泣曰:"事已如此,奈何?"对曰:"此大事愿陛下审图之,自古父子相疑,未有不亡国者。"

接着李泌又提出唐肃宗与代宗父子恩怨之间的往事说:"且陛下不记建宁之事乎?"(唐肃宗因受宠妃张良娣及奸臣李辅国的离间,杀了儿子建宁王李倓)德宗说:"建宁叔实冤,肃宗性急故耳。"李泌说:"臣昔为此,故辞归,誓不近天子左右,不幸今日复为陛下相,又观兹事。且其时先帝(德宗的父亲代宗)常怀畏惧。臣临辞日,因诵《黄台瓜辞》,肃宗乃悔而泣。"(《黄台瓜辞》,唐高宗太子——李贤作。武则天篡位,杀太子贤等诸帝子,太子贤自恐不免故作:"种瓜黄台下,瓜熟子离离。一摘使瓜好,再摘令瓜稀。三摘犹自可,摘绝抱蔓归。")

德宗听到这里,总算受到感动,但仍然说:"我的家事,为什么你要这样极力参与?"李泌说:"臣今独任宰相之重,四海之内,一物失所,责归于臣,况坐视太子冤横而不言,臣罪大矣。"甚至说到"臣敢以宗族保太子。"中间又往返辩论很多,并且还告诉德宗要极力保密,回到内宫,不要使左右知道如何处理此事。一面又安慰太子勿气馁,不可自裁,他对太子说:"必无此虑,愿太子起敬起孝,苟泌身不存,则事不可知耳!"最后总算解开德宗父子之间的死结。德宗特别开延英殿,独召李泌,对他哭着说:"非卿切言,朕今日悔无及矣!太子仁孝,实无他也。

自今军国及朕家事,皆当谋于卿矣。"李泌听了,拜贺之外,便说:"臣报国毕矣,惊悸亡魂,不可复用,愿乞骸骨。"德宗除了道歉安慰,硬不准他辞职。过了一年多,李泌果然死了,好像他又有预知似的。

历来的帝王宫廷,一直都是天下是非最多、人事最复杂的场所。尤其王室中父子兄弟、家人骨肉之间权势利害的悲惨斗争,真是集人世间悲剧的大总汇。况且"疏不间亲",古有明训。以诸葛亮的高明,他在荆州,便不敢正面答复刘琦问父子之间的问题。但在李泌,处于唐玄宗、肃宗、代宗、德宗四代父子骨肉之间,都挺身而出,仗义执言,排难解纷,调和其父子兄弟之间的祸害,实在是古今历史上的第一人。因此,汪小蕴女史咏史诗,论邺侯李泌,便有:"勋参郭令才原大,迹似留侯术更淳"的名句。郭令,是指郭子仪。郭子仪的成功,全靠李泌幕后的策划。留侯,是写他与张良对比。可惜在一般史书所载的偏见评语,轻轻一笔带过,还稍加轻视的色调,如史评说:"泌有谋略,而好谈神仙怪诞,故为世所轻。"其实,查遍正史,李泌从来没有以神仙怪诞来立身处事。个性思想爱好仙佛,只是个人的好恶倾向,与经世学术,又有何妨?善用谋略来拨乱反正、安邦定国,谋略有什么不好?由此可见,史学家的论据,真是可信而不能尽信,大可耐人寻味。

总之,大略讲了中唐时期的郭子仪与李泌的历史经验,说明本章"冲而用之或不盈,渊兮似万物之宗。挫其锐,解其纷,和其光,同其尘"的效用,见之于文武将相在事功上的成就,可观可法之处甚多。这段的发挥就暂且到此为止。

第五章

老子他说

> 天地不仁，以万物为刍狗；圣人不仁，以百姓为刍狗。天地之间，其犹橐籥乎，虚而不屈，动而愈出。多言数穷，不如守中。

圣人与刍狗

从《老子》第一章"常无，欲以观其妙。常有，欲以观其徼。此两者同出而异名，同谓之玄。玄之又玄，众妙之门"，到"道冲而用之或不盈，渊兮似万物之宗"，都以似异实同，体同用异的表达，说明道体的会同和作用的差别，由个人身心体会大道和立身处事的体同用异的层次。到了本章，又特别提出一则惊世骇俗的名言谠论，致使后世众说纷纭，各抒所见。甚至，因此确认老子为阴谋家的鼻祖，或者指老子鄙夷儒家，薄视仁义，将人文的一切道德观念，视为知识的伪装。见仁见智，各执一端。谁是异端，谁是正见，本来便是各个思想上主观的认定，也无足为怪。但老子在文言字句上，确是直截了当地说："天地不仁，以万物为刍狗；圣人不仁，以百姓为刍狗。"文从字顺，难道这不是尖刻讽刺的语意吗？其实，并非如此，未必尽然。

为了说明其中的道理，必须先对本文中两个名词的内涵作个交代。一是"刍狗"，一是"仁"。"刍狗"，是草扎的狗，当然不是真的狗。说句老实话，我们的先民吃狗肉是很通常的事，直到现在，广东的同胞们还喜欢吃狗肉，并不为怪，那是先民习俗的遗风。古人所谓家有六畜以备馔食，狗便是六畜中之一。因此，上古的祭祀，用狗肉作祭品，是很普遍的事。大约到了商、周以后，在祭祀中，才渐渐免除了狗肉这项祭品。但在某些祀典中，仍然须用草扎一个象形的狗，替代杀一头真的活狗，这就是"刍狗"的来源。刍狗还未登上祭坛之前，仍是受人珍惜照顾，看得很重要。等到祭典完成，用过了的刍狗，就视同废物，任意抛弃，不值一顾了。这正如流传到现在的民俗祭神，有时简化一点，不杀活猪，便用米粉做一个猪头来拜拜，拜过以后，也就可以随便任人当副食，而不像供在祭坛上那么神圣不可侵犯了。"仁"字，在《老子》这章的本文中，当然是代表了周秦时代诸子百家所标榜的仁义的"仁"，换言之，也就是爱护人或万物的仁慈、仁爱等爱心的表相。

当在春秋战国之际，诸侯纷争，攫掠一般平民的生命财产、子女玉帛，割地称雄，残民以逞，原属常事。因此，知识分子的读书人，奔走呼吁，号召仁义，揭示上古圣君贤相，要人如何体认天心仁爱，如何以仁心仁术来治天下，才能使天下太平。不但儒者如此，其他诸子百家，大概也都不外以仁义为宣传，以仁义为号召。无论是哪一种高明的学说，或哪一种超然的思想，用之既久，就会产生相反的弊病，变为只有空壳的口号，并无真正的实义了。例如佛说"平等"，但经过几千年来的印度，阶级悬殊，仍然极不平等。同样地，我们先民教导了几千年的仁义，但很可惜的，又能有几多人的作为，几多时的历史，真正合于仁义之道！又如耶稣，大声疾呼要"博爱"，但在西方两千年来的文化，又有哪个时代真正出现对世界人类的博爱！此正是老子叹息"大道废，有仁义。慧智出，有大伪"的来由。

如果我们了解了这些反面的道理，便可知道老子所提出的正面的哲学。天地生万物，本是自然而生，自然而有。生了万物是很自然的事，死杀万物，也是很自然的事。天地既不以生出万物为做好事，同时也不以死杀万物为做坏事。天地既生了长养万类的万物,同时,也生了看来似乎相反的毒杀万类的万物。生长了补药,也生长了毒药。补品不一定是补,因补可以致死。毒物也不一定是毒,以毒攻毒,可以活命。天地并不一定厚待于人类而轻薄了万物,只是人类予智自雄,自认为天地是为了人们而生长万物,人自称为万物之灵。其实,人们随时随地,都在伤害残杀万物。假如万物有灵,一定会说人是万物的最大毒害。其实,天地无心而平等生发万物,万物亦无法自主而还归于天地。所以说:"天地不仁,以万物为刍狗。"这是说天地并没有自己立定一个仁爱万物的主观的天心而生万物。只是自然而生,自然而有,自然而归于还灭。假如从天地的立场,视万物与人类平等,都是自然的,偶然的,暂时存在,终归还灭的"刍狗"而已。生而称"有",灭而称"无",平等齐观,何尝有分别,有偏爱呢?只是人有人心,以人心自我的私识,认为天地有好生之德,因此发出天心仁爱的赞誉。如果天地有知,岂不大笑我辈痴儿痴女的痴言痴语吗?

明白了这个原理,便可了知真正有道的圣人,心如天地,明比日月,一切的所作所为,自视为理所当为,义所当为的事,便自然而然地做了。并不一定因为我要仁爱于世人,或我要爱护于你,才肯去做。如果圣人有此存心,即有偏私,即有自我,已非大公。再进一层来讲,一个有道的圣人,生当天下大乱的时代,他真要为了救世而救人,既然有所作为,就不免保存了一面,而有所伤害到另一面了。残杀天下而为我,决不可为。而杀一以儆百,亦等于杀百以存一的同是杀心,亦义所不忍为。那么,圣人而要救世,就只有自杀以救天下吗?自杀既不能救天下,天下亦非残杀可救得了!所以佛说愿度尽众生,方自成佛。但以众生界不可尽故,吾愿亦永无穷尽。耶稣被钉上了十字架,只有祈祷说:"我为世人赎罪!"其实,罪在人心,谁也不能为谁赎罪,除非天下人能自忏罪悔过。因此，老子对于当时现世的人们，自称为圣人之徒，号召以仁义救世者，认为他们徒托空言，都无实义。甚至假借仁义为名，用以自逞一己私欲之辈，更是自欺欺人，大不应该，他希望人们真能效法天地自然而然的法则而存心用世，不必标榜高深而务求平实，才说出"天地不仁，以万物为刍狗。圣人不仁，以百姓为刍狗"的名言，借以警世。但老子说归说，无奈周、秦以后的英雄帝王们，便真的以百姓为"刍狗"，达成一己的私欲。一旦身居王位之后，天下臣庶皆称誉之为"圣明天子"，或直接誉为"当今圣人"，不知"圣"从何来？"明"从何起？恐怕老子重生，也只有缄口结舌，再也不敢另加五千言，重写续本《道德经》了。

正言若反

为了重申"天地不仁，以万物为刍狗。圣人不仁，以百姓为刍狗"以及后面的"圣人不死，大盗不止""绝圣弃智，民利百倍"等的一贯涵义，且让我们引用《庄子·外篇》的《胠箧》篇中所说的话，便可了解老子当时所以菲薄圣人讥刺仁义，都是为了世间多假借圣人的虚名，以及伪装仁义的招牌。犹如近代和现代人，任意假托自由和民主为号召，实际是为了达成私欲的借口，醉心于独裁者如此，就连现在西式民主的真实内容，又何尝不如此？举世滔滔，无可奈何。如庄子所说：

> 故跖之徒问于跖曰：盗亦有道乎？跖曰：何适而无有道邪！夫妄意室中之藏（事先推测估计他的财富储蓄），圣也。入先（在行动的时候，必身先士卒），勇也。出后（得手的时候，先要掩护同伴撤走，自己最后退却），义也。知可否

（能判断可不可以行动），智也。分均（平均分配所得的利益），仁也。五者不备，而能成大盗者，天下未有也。

由是观之，善人不得圣人之道不立；跖不得圣人之道不行。天下之善人少而不善人多，则圣人之利天下也少而害天下也多。

在《天运》篇中又提到："仁义，先王之蘧庐也，止可以一宿，而不可以久处，觏而多责。"

从表面看来，老子和庄子这种思想言论，好像是一种反派的哲学，尤其为狭隘观念的宗教徒，并非大宗教家或教主，甚至，为走入儒家岔路的顽固派，或明知故犯，敢用而不肯说的事功派所深恶痛绝，认为是"不经之谈"。其实，这正是"天理""良心"的公平哲学。公道自在人心，只是一般说不出所以然，或是不忍心说得太透彻，说穿了，反觉乏味。司马迁著《史记》，便用比较含蓄的论调来反映道家与老庄这类思想。到了元、明之间，民俗文学的小说家们，却在小说的著作里，表达了很多这方面的思想。说得痛快淋漓而有韵味的，如明末的贾凫西所作的《木皮散客鼓儿词》。他生当家破国亡的末造，秉着一腔忠义之忱，便借此道理而大发天地的牢骚，如说：

> 忠臣孝子是冤家，杀人放火享荣华。
> 太仓里的老鼠吃的撑撑饱。老牛耕地使死倒把皮来剥。
> 河里的游鱼犯下甚么罪？刮净鲜鳞还嫌刺扎！
> 那老虎前生修下几般福？生嚼人肉不怕塞牙！
> 野鸡兔子不敢惹祸，剁成肉酱还加上葱花！
> 古剑杀人还称至宝！垫脚的草鞋丢在山洼！
> 杀妻的吴起倒挂上元帅印！顶灯的裴瑾捱些嘴吧！
> 活吃人的盗跖得了好死！颜渊短命是为的甚么？

莫不是玉皇爷受了张三的哄？黑洞洞的本账簿哪里去查？

好兴致来时顽铁黄金色！气杀人运去铜钟声也差！

世间事风里孤灯草头露！纵有那几串铜钱你慢鯌沙！

风箱式的说话艺术

老子为了说明天理的公平，与真正圣人的无心而任负化育，便直接指出天地间万事万物的生灭变化，既不是谁所主宰，也不是天地的有心制作。万物的造化生灭，都是乘虚而来，还虚而去。暂时偶然存在的一刹那，只是有无相生的动态而已。因为有刹那绵延绝续常有的动，于是误认为动态即是存在，而不承认返有还无的静态也是存在的另一表相。所以他说："天地之间，其犹橐籥乎，虚而不屈，动而愈出。"

"橐籥"，是旧式农业社会用作鼓吹通气的工具，俗话叫做风箱。也就是《淮南子》本经所说的："鼓橐吹埵，以销铜铁"的冶炼金属的工具之一。"橐"，是指它的外形的箱椟。"籥"，是指它内在的往来活动的管片。但在旧式的农业社会里，用布缝成两头通，中间空，用来装置杂物的布袋，也叫做"橐"。至于"橐"，是三面密缝，一面通口的布袋。"籥"，便是后世的七孔笛。总之，"橐籥"，是老子用通俗习惯使用的东西，来说明这个物质世间的一切活动，只是气分的变化，动而用之便有，静而藏之，就好像停留在止息状态。

其实，这个天地的万物，都在永远不息的动态中循环旋转，并无真正的静止。所谓静止，也只是相似止息而偶无动态感觉的情景而已。因此，同样的原理，不同表达的《周易·系辞传》里便说："吉凶悔吝，生乎动者也。"万事万物，动必有咎。在动的

第五章

作为里,所谓好的成分的吉,只占四分之一。不好的凶,和仅次于凶的不好——悔、吝,便占四分之三。

然而天地与万物,毕竟都在动态中生生不已地活着。活像是动,动是活力的表现。因此,愈动而愈生生不已。生生不已和永远活动互为因果,互为生活。

既然了解到天地之间气分的变化往来,变动不息,生生不已,有无相生,动静互为宗主。那么,就可进而了解到一切人事的作为、思想、言语,都同此例。是非,善恶,祸福,主观与客观,都是不能肯定的确有一绝对性的标准。如果一定要理论上争辩到有一个绝对的道理,这个绝对也只是在文字上,人为的,暂时裁定为穷尽之处而已。其实,在动态中,愈动而愈出,永无有穷尽的一点。犹如数理在开发中,也永无尽止。同样地,人世间的是非纷争,也是愈动而愈有各种不同方面的发展,并无一个绝对的标准。"才有是非,纷然失心。"只有中心虚灵常住,不落在有无、虚实的任何一面,自然可以不致屈曲一边,了了常明,洞然烛照。这便是"多言数穷,不如守中"的关键。但也有认为老子这两句话,是明哲保身、与世无争的教条,所谓"是非只为多开口,烦恼皆因强出头"。尤其是后世修炼神仙丹道学派的道家们,认为说话是最伤元气的行为,而且是促使短命,造成不好运气的最大原因。所谓"数穷"便是气数欠佳、运气坎坷的表示。因此修道之士,便有"开口神气散,意动火工寒"的严厉训诫了。这种说法,是否绝对合理,姑且引用古体文的"其然乎,其不然乎"两句话来做结论,由大家自去思考取决了。

如果转进一层,了解到"橐籥"与风箱的作用,那么,便可明白老子所说的"多言数穷,不如守中"的话,并不完全是教人不可开口说话。只是说所当说的,说过便休,不立涯岸。不可多说,不可不说。便是言满天下无口过,才是守中的道理,才与后文老子所说"善言无瑕谪"的意旨相符。否则，老子又何须多言自著五千文呢！譬如风箱，在当用的时候，便鼓动成风，助人成事。如不得其时，不需要的时候，便悠然止息，缄默无事。倘使如"灌夫骂座，祢衡击鼓"，说来无补于事，那便有违"多言数穷，不如守中"的明训了。

第五章

第六章

老子他说

谷神不死，是谓玄牝，玄牝之门，是谓天地根。绵绵若存，用之不勤。

承接上文"天地之间，其犹橐籥乎！虚而不屈，动而愈出。多言数穷，不如守中"的法则，说明天地万物与人我生命的作用，常在于一动一静之间。要善加把握，善加运用。因此而引用本章"谷神不死"的一段，似静而实动，虽动而似至静。似乎虚无而实在含有无穷的妙用，虽然妙用无穷，但同时也蕴藏了用而无用的善巧方便。

为了切实了解本章的内涵与后世一般修炼神仙丹道者的各种注释，首先需要解决两个关键性的名词，即所谓"谷神"与"玄牝"。

"谷神"：谷，当然是一般所谓山谷的简称。但是一般所谓的山谷，大致可以归纳成为两种形态。一是如袋形的山谷，有进路而无出口。二是两山夹峙，上仄中空而较隐蔽或者曲折的狭长形通道。

第一类形的山谷，大多空气不能对流，凡有声响动静，必然会有回声。这种回声是因为空气不能对流而产生。但在某些愚昧者的观念看来，便认为这样的空谷，必是神灵的窟宅，因此而有回声。其实回声是物理的作用，并非神灵的显赫威灵。可是在愚夫愚妇的心目中，往往因此而形成宗教式的神话，塑造了多少莫须有的传说，认为其中有神。更有甚者，便套用了道家代表人物老子的名词，称它为"谷神"。

第二类形的山谷，是隐晦曲折，两头相通的狭长通道，空气对流，由这一头的传呼，便很迅速地畅达遥远的那一头。因此，也成为被人编织成神话的题材，认为其中如有神助。实际上，也是空气的传声作用，并非真有不可思议的神秘存在。

首先了解"谷神"之所以为神的道理，便是因为它的中间空洞无物，因此而形成其中的空灵作用。正因其中空而无物，才能生起看似虚无，而蕴藏似乎妙有的功用。

其次，便是"玄牝"，"玄"字，也通作元始、元来、根元的"元"字。元，等于是万物的初始根元，是极其微妙的第一因的代名词。"牝"，在中国上古的文字中，是母性、雌性生殖机能的文雅代名词。相反的，"牡"字，便是男性、雄性生理机能的代号。在这个世界上，一切动植物，虽然由牝牡两性的结合而造成延续的生命，但个体生命绝大多数都是雌性，也就是阴性的生殖器官所出生的。因此，老子造了一个名词，叫做"玄牝"。后世的道家由此引申，认为大海荡荡的中心点有一"海眼"。"海眼"虽小，却是源源滚滚而出，成为大地层面的诸大海洋和江河的来源，它便是海的"玄牝"。至于北极，便是大地的"玄牝"。人体的"会阴"部分，则是人身生命源泉的"玄牝"之处。印度瑜伽术有关身瑜伽的术语，叫它"海底"，或视为"灵能"和"灵力"的窟穴。

了解了这两个名词的内涵，然后便可大致明白《老子》本章的意义，是要体会虚灵不昧的"谷神"境界，中空无物，而有感应无方的无限妙用。正因其虚无空冥，所以生生不已，生而无生，有而不有，因此而永恒不死。后来的道教，改头换面，称之为"洞元""洞虚"，也就是由此而来。

"谷神"即空洞虚无而生妙有的功用，便是天地万物生命源泉的根本，取一个代名词，便叫它是"玄牝"。"玄牝"虽然中空无物，但却是孕育天地万物生命的窟宅，绵绵不绝，若存若亡。在这节文字里，必须特别留意老子行文的用字之妙——这个"若"字。"若"字和佛学的"如"字，都是同样的表相形容词，用现代语来讲，便是"好像"的意思。在虚无中生发妙有的功用，好像是绵绵不绝的存在，但并无一个实质的东西。如真有一实质，一切的有，最终总归之于元始的虚无，这是必然的法则。和现代物理学所讲的质能互变的原理相类同。

吹毛用了急须磨

在这一节里，老子又说了一句非常重要的名言，便是"用之不勤"。相反地说，用得太勤，便是多用、常用、久用。这样一来，就会违反"绵绵若存"的绵密的妙用了。那么，怎样才是"用之不勤"的道理？且让我们借用临济义玄禅师的一首诗偈，作为深入的说明。

> 沿流不止问如何？真照无边说似他。
> 离相离名人不禀，吹毛用了急须磨。

所谓沿流不止，是说我们的思想情绪、知觉感觉，素来都是随波逐流，被外境牵引着顺流而去，自己无法把握中止。

如果能虚怀若谷，对境无心，只有反求诸己，自心反观自心，照见心绪的波动起灭处，不增不减，不迎不拒而不着任何阻力或助力，一派纯真似的，那么，便稍有一点像是虚灵不昧的真照用了。

总之，"道"，本来便是离名离相的一个东西，用文字语言来说它，是这样是那样都不对。修它不对，不修它也不对。

但是在"绵绵若存"，沿流不止的功用上，却必须要随时随地照用同时，一点大意不得。好比有一把极其锋利的宝剑，拿一根毫毛，捏着它的锋刃吹一口气，这根毫毛立刻就可截断。虽然说它的锋刃快利，无以复加，但无论如何，一涉动用，必有些微的磨损，即非本相，何况久用、勤用、常用、多用，那当然会使利剑变成了钝铁。所以说，即便是吹毛可断的利剑，也要一用便加修整。随时保养，才能使它万古常新，"绵绵若存"。这就是"用之不勤"的最好说明。

人为神的守护人

话虽这样说，可是后世一般修炼玄宗的神仙丹道派的人们，却把老子的"谷神"之说改头换面，拉到道教的《黄庭内景经》里面，配合上古医学的《黄帝内经》等原理，把人身的头脑、心脏、小腹等体内的机能，各个派了一个守护的神人，配合天地日月时间空间方位等法则，随时随地加以特别保养，便是修炼神仙丹法的最基本的功夫。如果用西洋的文化分类观念，这当然属于神权思想时代的代表作。但是把老子的"谷神"之说，一变而为守护谷神，可以达到长生不死而羽化登仙，这却是老子的道家思想一变为道教太上老君的第一蜕变。

后来由道家的神仙丹道派，会合佛家修习念身的禅观方法，再变为"内照形躯"的修炼方术，把人体的头部、胸部、腹部三处，建立了上中下三丹田"守窍"等的导引方术，由此而有运转河车、打通奇经八脉、"炼精化气，炼气化神，炼神还虚"的三步功法。由老子的"谷神"不死之说，再度为"守窍通关"超神入化的第二蜕变。

于是，信奉《黄庭内景经》一派的神仙修法，与后世"守窍存神"的丹道修炼，又各主一端，互有异同。只是都忘了老子的"绵绵若存，用之不勤"的告诫，或者把"绵绵若存"又专用在炼气一步功夫上去。大家都在那里死守肉身，忙忙碌碌，战战兢兢地播弄精神，不免用之太勤，太过背道而驰，无怪老子早有前知，觉得不值后顾，只好骑了一头青牛出函谷关而西迈了。

其实，人身本来就是一个空谷，古人曾形容它叫臭皮囊，或臭皮袋，它是生命的所属，是生命的工具，并非生命永恒的所有。至于虚灵不昧，用之如神的生命元神，则借这往来只有一气如"橐籥"作用的空壳子以显灵。如能在一动一静之间，"寂然不动，感而遂通"，随时随地知时知量，知止知休，"吹毛用了急须磨"地"用之不勤"，"谷神"便自然不死。何况死也只是一番大休大息的作用，死即有生。"谷神"本来就是不死的，又何必要你忙忙碌碌守护它，才能使此"谷神"不死呢？真是如此，那么神不如人，守此"谷神"，又何足可贵！这大概都是急于自求长生不死的观念太切，把《老子》断章取义，弄出来的花招。其实，再接下去，连着一读下文，便不至于被"谷神"所困，而且可以了解"用之不勤"也是天地万物自然的法则。

第七章

老子他说

> 天长地久，天地所以能长且久者，以其不自生，故能长生。是以圣人后其身而身先，外其身而身存。非以其无私邪？故能成其私。

老子的不自偷生

由"天地不仁，以万物为刍狗"，到"多言数穷，不如守中"，再到"谷神不死""用之不勤"，便进而说明天地与万物的生命所以自然而长生的道理。因此而有"天长地久，天地所以能长且久者，以其不自生，故能长生"的说明。

但是，老子用了一个天地与生命"不自生"，又播弄得后世的推理猜测，头昏脑涨，不堪纷扰了。

"不自生"，难道说，天地是由他生而来吗？如果天地真由他生而来，那么，与一般宗教学说中天地是神所创造的，便是同一论调。即如我们先民的传说，盘古开天地，也不是无稽的神话了。那么，可见天地之上，或者说天地之外，还另有一个能主宰天地的主人了。

如果说，天地之所以能长久存在，那是因为它生育长养万物，并不为自己的需要而生，因此说它是"不自生"。那么，天地既然好心而生万物，何必既生出来，又要消灭了它？弄得生生死死，死死生生，好不耐烦。如果掉一句古文的口语，"何天地之不惮烦也？"

老子说了一句天地之所以能长久存在的原因，是因为"不自生"，"故能长生"。既不说明是由他力而生，也不明显地说为万物而不得已不生。只是套上"是以圣人后其身而身先,外其身而身存,非以其无私邪?故能成其私"一段妙文,说明天地的"不自生",正是天地极其自私的道理。天啊!如果说"不自生"还不能算是大公无私的表现,这样看来,这个世界,这个天地之间,就绝对没有一个真正的大公了。

到此,有关公和私的辨别问题,且让我们再看看所谓道家思想学术中另一有名的学说,那便是《阴符经》中一个类同的观念。不过,比老子所说更为深刻。《阴符经》说:"天之至私,用之至公。"这种理论,无异是说,大公与大私本无一定的界限。全体自私到极点,私极就是公。换言之,大公无私到极点,即是大私。不过,这样的大私,也可以叫他作大公了。因为大小粗细,公私是非,推理到了极点,都是无一定的界限与标准,所有这些界限与标准,都是人为的分别而已。这在基本理论上,是绝对可通的。但是,理极情忘,虽然可通,仍然不能完全妥恰。

再进一层来看,无论老子的天地"不自生",或《阴符经》的"天之至私,用之至公",说来说去,说了半天,只是在道的体和用上掉弄花枪,一时蒙人心目而已。如果用另一种语意来表达,便可说天地能长且久而生长万物,在人们的眼光中,只从万物个体、小体的生命看来,有生又有死,好像是很不幸的事。但在天地长生的本位来说,生生死死,只是万物表层形相的变相。其实,万物与天地本来便是一个整体、同体的生命,万物的生死只是表层现象的两头,天地的能生能死的功能,并没有随生死变相而消灭,它本来便是一个整体的大我,无形无相,生而不生,真若永恒似的存在。如此而已。

因此,而引出下文,得道的圣人能效法天地的法则立身处事,去掉自我人为的自私,把自己假相的身心摆在最后,把自我人为的身心,看成是外物一样,不值得过分自私。只要奋不顾身,为义所当为的需要而努力做去。那么,虽然看来是把自身的利益位居最后,其实恰好是一路领先,光耀千古,看来虽然是外忘此身而不顾自己,其实是自己把自己身存天下的最好安排。所以,结论便说"非以其无私邪",岂不是因为他的没有自私表现,"故能成其私",所以便完成他那真正整体的、同体的大私吗?当然,这个"私"字和大私,也可以说是以幽默的相反词,反衬出真正大公无私的理念。

明白了这个道理的奥妙,我们再来看看道家黄老的这种学说,在历史上作为成功的指标,到处可见。尤其用在领导军事的兵略上,用在领导为政的政略上,所谓"身先士卒""公而忘私"等等名言,便成为千古颠扑不破的无上法则。讲到这里,姑且让我们说一句古今不易的笑话真理:"千古文章一大偷"。我们在童年的时代,都读过范仲淹的《岳阳楼记》,范先生在这篇大作中的名言,便有"先天下之忧而忧,后天下之乐而乐"的流传警句。文章的大手笔,范先生确实当之而不愧。但是却偷袭了老子的"后其身而身先,外其身而身存"的语意而加以引申,那是毫无疑问的。"千古文章一大抄"也好,"一大偷"也好,要偷得好,偷得妙。至于现代人,完全抄袭他人,却不注明出处,反以此自以鸣高,那真是违反"盗亦有道"的道理,不值明眼人的一笑,只好由他们瞎闹瞎起哄了(一笑)。

第八章

> 上善若水，水善利万物而不争，处众人之所恶，故几于道。居善地，心善渊，与善仁，言善信，正善治，事善能，动善时。夫唯不争，故无尤。

水的人生艺术

为了引申发挥道家的似私而实无私的妙用，进而刻画出如何才合于"后其身而身先，外其身而身存"的作用，因此便引出一段水之美的人生哲学。

在这节的开场，首先提出"上善若水"为提纲。一个人如要效法自然之道的无私善行，便要做到如水一样至柔之中的至刚、至净、能容、能大的胸襟和气度。

水，具有滋养万物生命的德性。它能使万物得它的利益，而不与万物争利。例如古人所说："到江送客棹，出岳润民田。"只要能做到利他的事，就永不推辞地做。但是，它却永远还不要占据高位，更不会把持要津。俗话说："人往高处爬，水向低处流。"它在这个永远不平的物质的人世间，宁愿自居下流，藏垢纳污而包容一切。所以老子形容它，"处众人之所恶，故几于道"，以成大度能容的美德。因此，古人又有拿水形成的海洋和土形成的高山，写了一副对联，作为人生修为的指标："水唯能下方成海，山不矜高自及天。"

但在《老子》这一节的文言里，要注意它"几于道"的几字，并非说若水的德性，便合于道了。他只是拿水与物不争的善性一面，来说明它几乎近于道的修为而已。佛说"大海不容死尸",这就是说明水性至洁,从表面看,虽能藏垢纳污,其实它的本质,水净沙明,晶莹剔透,毕竟是至净至刚,而不为外物所污染。孔子观水,却以它"逝者如斯夫"的前进,来说明虽是不断地过去,却具有永恒的"不舍昼夜"的勇迈古今的精神。我们若从儒、佛、道三家的代表圣哲来看水的赞语,也正好看出儒家的精进利生,道家的谦下养生,佛家的圣净无生三面古镜,可以自照自明人生的趋向,应当何去何从;或在某一时间、某一地位如何应用一面宝鉴以自照、自知、自处。

但在《老子》本章讲修水观的水道,除了特别提出它与物无争,谦下自处之外,又一再强调地说,一个人的行为如果能做到如水一样,善于自处而甘居下地,"居善地";心境养到像水一样,善于容纳百川的深沉渊默,"心善渊";行为修到同水一样助长万物的生命,"与善仁";说话学到如潮水一样准则有信,"言善信";立身处世做到像水一样持平正衡,"正善治";担当做事像水一样调剂融和,"事善能";把握机会,及时而动,做到同水一样随着动荡的趋势而动荡,跟着静止的状况而安详澄止,"动善时";再配合最基本的原则,与物无争,与世不争,那便是永无过患而安然处顺,犹如天地之道的似乎至私而起无私的妙用了。

老子讲了这一连串人生哲学的行为大准则,如果集中在一个人的身上,就是完整而完善,实在太难了。除了历史上所标榜的尧、舜以外,几乎难得有一完人。不过,能有一项的美德,也就可以树立典范而垂千古了。我们来不及细数历史的古今人物,但从平常熟悉的偶忆中,顺便来说,由周太王的居邠,到周文王的以百里兴;老子自己的一生,始终以周守藏史的卑职自处;吴太伯的让国避地;张子房的自求封于"留"等等,都是效法"居善地"的道理。其余也有不少的圣君名臣,宽厚优容,做到"心善渊"的榜样。诸葛亮的三顾出山,终至于"鞠躬尽瘁,死而后已",可以说是"与善仁,言善信"的楷模。汉代的文景之治,唐代的贞观之政,君臣上下,大体都有"正善治,事善能,动善时"的精神。只是人类历史的事迹太多,一时也讲说不完,姑且到此为止。此外,在东汉史上,有一段水的有名故事,那便是尚书仆射郑崇对汉哀帝质问"门庭如市"的对话。郑崇当时理直气壮地对答说:"臣门如市,臣心如水。"因此而成为千古的名言,常被直道以事人主的大臣们所引用。那真是水的妙语。但可惜郑崇的"臣心如水",结果也难免死在昏君哀帝的手里,水也应为他呜咽兴悲了!

第九章

老子他说

> 持而盈之，不如其已；揣而梲之，不可长保。金玉满堂，莫之能守；富贵而骄，自遗其咎。功遂身退，天之道。

由"上善若水"到"不争故无尤"的用世无诤三昧，引而申之，说明天道自然的法则，因而引用在人生处世的哲学艺术上，便构成本章一连串"劝世文"式的老子格言。

首先他说："持而盈之，不如其已。"可作两个层次来理解它：

（一）一个人，真能对天道自然的法则有所认识，那么，天赋人生，已够充实。能够将生命原有的真实性，善加利用，因应现实的世间，就能优游余裕而知足常乐了。如果忘记了原有生命的美善，反而利用原有生命的充裕，扩展欲望，希求永无止境的满足，那么，必定会遭来无限的苦果。还不如寡欲、知足，就此安于现实，便是最好的解脱自在。

（二）告诫在现实人生中的人们，若能保持已有的成就，便是最现实、最大的幸福。如果更有非分的欲望和希求，不安于现实，要在原已持有的成就上，更求扩展，在满足中还要追求进一步的盈裕，最后终归得不偿失，还不如就此保持已得的本位就算了。

总之，这种观念的重点，在于一个"持"字的诀窍。能不能持盈而保泰，那就要看当事人的智慧了。如果从第二层次来讲，老子这句话，是对当时在位的诸侯和权臣大夫们有所感而发的金玉良言。

因此便有"揣而梲之，不可长保。金玉满堂，莫之能守。富贵而骄,自遗其咎"等三联引申的说法。

"揣",是比喻很突出,很尖锐的东西。"棁",原本是梁上加楹的意思。用在这里,引申发挥,则和锐利的"锐"相通。一个人如果已经把握有锋锐的利器,但却仍然不满于现状,反要在锋刃上更加一重锐利,俗谚所谓"矢上加尖",那么原有的锋刃就很难保了。这是形容一个人对聪明、权势、财富等等,都要知时知量,自保自持。如果已有聪慧而不知谦虚涵容,已有权势而不知隐遁退让,已有财富而不知适可而止,最后终归不能长保而自取毁灭。

例如财富到了金玉满堂的程度,不能透彻了解陶朱公(范蠡)三聚三散的哲学艺术,最后,要想守住已有的利益而不可得。人们常会讥笑某种程度的有钱人是"守财奴"。其实,有财而能"守",谈何容易!"守"的学问,大矣哉!因此古人便有"创业难,守成不易""为君难,为臣不易"等永垂千古的名训。

等而下之,一个人在既有的富而且贵的环境中,却不知富与贵的本身,便是招来后祸的因素。如果恃富而骄,因贵而傲,那便是自己对自己过不去,终会自招恶果,后患无穷。

讲到这里,使我们联想到许多历史故事,可以反证老子这些名言的真实性。现在只随便提出历史上的帝王、将相,以及一般所知道的资料,稍作启发。

富贵难保的反面文章

在我们的历史经验上,有关历代帝王创业与灭亡的兴衰成败史,悉心详读,完全是一套因果报应的记录。因此,守成之君,必须要"朝乾夕惕",随时戒慎恐惧,记取《老子》本章所说的道理,才能长保基业,坐稳江山。春秋五霸之一的齐桓公,曾经对历史的怀疑，提出问题来问管仲："昔者三王者，既弑其君。今言仁义，则必以三王为法度，不识其故何也？"

对曰（管仲说）：昔者，禹平治天下，及桀而乱之。汤放桀，以定禹功也。汤平治天下，及纣而乱之。武王伐纣，以定汤功也。且善之伐不善也，自古至今，未有改之。君何疑焉！

公（齐桓公）又问曰：古之亡国，其何失？

对曰（管仲说）：计得地与宝（只打算拥有国土与财富宝物的现有大业），而不计失（并不考虑将来失去的必然祸害）。诸侯计得财委（对于各地方的诸侯，只要求他输纳财物或奉献封地），而不计失（但不考虑地方诸侯怨愤反感的失策后果）。百姓计见亲（对于一般人民，只满足于目前臣服拥护的虚荣亲切），而不计见弃（并不考虑他们不是衷心悦服，将来会被大家所反对、抛弃的悲惨下场）。

三者之属，一足以削。遍而有者，亡矣。古之隳国家，殒社稷者，非故且为之也。必少有乐焉，不知其陷于恶也。

这里管仲所说的"非故且为之也，必少有乐焉，不知其陷于恶也"的意义，就是指只见目前的小利，而不计后果的大恶。也就是董仲舒《春秋繁露》所指的"春秋二百四十年之中，弑君三十六，亡国五十二，细恶不绝之所致也"。"细恶"，是指小小的过错，小过不慎，终酿大祸，甚至于亡家亡国。

历代创业继统的皇王帝霸，如果不深明老子所说传统道家的哲学，到头来，便有如刘宋末代的十三岁小儿皇帝宋顺帝，与明思宗两人一样的悲惨下场，至死不明为什么遭遇有如此惨痛的前因与后果。

中外历史上的悲剧

法国大革命的远因，早自十八世纪（清朝康熙中叶）法国的中兴英主开始。他就是自称为"太阳王"的路易十四，穷兵黩武之外，又加上穷奢极欲，建筑了名城凡尔赛宫等处。五六十年之间，传位到曾孙路易十五手里，在极度的豪华以后，不知"持而盈之，不如其已"，反而变本加厉，"揣而梲之"。因此给后代子孙——路易十六留下国债四十亿之巨。如此局面，当然不可长保。但路易十六明知危殆，始终没有大刀阔斧的改革魄力，甚至还要矢上加尖。终至"金玉满堂，莫之能守。富贵而骄，自遗其咎"。

路易十六在凡尔赛宫的宫廷生活，耗费国家金钱之多，令人叹为观止。每当有外国君主或重臣来访，路易十六都一定要在凡尔赛宫开设盛宴，一次宴会下来，动辄就是千万金元，笙歌达旦，作长夜之欢，戏子、歌女、舞妓，日夜不停地出入宫门，跳羽衣舞，唱霓裳曲。凡尔赛宫一年所喝过的葡萄酒，就有七十九万法郎之多。此外，单是鱼肉就多达三百四十七万法郎。还有点灯的蜡烛费用，也在五万法郎以上。至于王宫中所用的宫女、宫人，那更是多到令人难以置信。例如御膳房的厨师就有二五九人之多，其主任厨师的年薪是八万四千法郎。国王的秘书官将近千人之多，每个人的年薪是二十万法郎。王后的侍女也有五百人之多，每个人的年薪最少也有一万二千法郎。总计凡尔赛宫的宫女和侍臣是一万六千人，这里面还不包括一般贵族与朝臣。皇宫里的御用马匹有八千九百匹，御用车辆百多辆，所以每当路易十六出外巡幸，其行列之壮大有如祭典，无数车马排成一条长蛇阵，大臣们佩紫带黄，宫女们美服艳装，那种穷奢极欲的

第九章

威风气派,真是有如天人一般。总计每年王室所花用的金钱竟达三千三百万法郎之多,相当国库总收入的五分之一。除此之外,还有将近一万的禁卫军,每年也要花费三百万元以上。王后安唐妮,那更是豪阔无度。她光是各种手镯,就能值到七八百万法郎,其他的首饰那就更不用说了。其总额相当于王室每年支出的三千三百万法郎,至于那些宫廷贵族的年金,还不包括在三千三百万法郎的王室经费以内。当时的凡尔赛宫,位于巴黎城郊,里面有二十九个庭园,四座瞭望台,有喷泉,有瀑布,四季鲜花盛开,极尽娱游之乐。

可惜路易十六不能"持盈保泰",反而促成大革命的提早来临,徒使自己与安唐妮王后都上了断头台,留为后人唏嘘凭吊,寄予无限的同情。有人将路易十六的王后安唐妮的促成败亡之局,匹比清末的慈禧,虽不尽然,但都犯了"揣而梲之,不可长保"的错误,却是相同。其实,富贵易使人骄,得意容易忘形,这是人类心理的通病。尤其是以往历史上的帝后王孙,生育在深宫之中,长养于太监宫女之手,何尝备知人间社会的种种。因此,在我们的历史上,便常有自悲生为帝室儿孙的浩叹。

当萧道成迫使刘宋末代皇帝——十三岁小儿刘准让位的时候,可怜的小皇帝,已自知不免于死亡,惊惧万分,随口就问萧道成的帮凶大臣王敬则说:"今天就要杀我吗?"王敬则说:"不要怕,不过迁居别宫。官家(对皇帝的称呼)先世取司马家,也是如此。"刘准一边哭,一边说:"愿后身世世,勿复生帝王家!"

同样的问题,发生在明思宗(崇祯)的时代,当李闯王率兵入宫的时候,思宗用剑砍杀他的女儿长平公主,叹曰:"汝何故生我家!"

由此,更可明白深入传统道家哲学的历代隐士、高士们,薄帝王而不为,唯恐富贵来迫,于是便有"避世唯恐不早,入山唯恐不深"的思想了。

有关历史名人在富贵贫贱之际，这一类的人生经验典故，多到不胜枚举。现在我们姑且摘取数则就反面发挥的诗文，以发人深省。

仔细体会中国历史上第二个南北朝——宋、辽、金、元时期几首名人的诗，便可了解《老子》本章有关人生哲学的深意。也许说这些作品未免过于悲观低调。但人生必须要经历悲怆，才能激发建设的勇气，这便是清代史学家、大文学家赵翼先生在《题元遗山诗集》中所谓的：

> 身阅兴亡浩劫空，两朝文献一衰翁。
> 无官未害餐周粟，有史深愁失楚弓。
> 行殿幽兰悲夜火，故都乔木泣秋风。
> 国家不幸诗家幸，赋到沧桑句便工。

以下便是反映辽、金、元三朝有关"金玉满堂，莫之能守，富贵而骄，自遗其咎"的哲学文艺作品。

辽·《伎者歌》

> 百尺竿头望九州，前人田土后人收。
> 后人收得休欢喜，更有收人在后头。

人生事，的确如此。无奈人们明知而不能解脱！

金·元遗山《秋夜》

> 九死余生气息存，萧条门巷似荒村。
> 春雷漫说惊坯户，皓日何曾入覆盆。
> 济水有情添别泪，吴云无梦寄归魂。
> 百年世事兼身事，樽酒何人与细论。

"百年世事兼身事",到头来,谁都难免有此感受。无论清平世界或离乱时代,大概都是如此。只可惜元遗山亲身经历兴衰成败的哲学观点,却是"樽酒何人与细论"的感慨,除非与老子细斟浅酌,对饮一杯,或许可以粲然一笑。

> 元·刘从益《题闲闲公梦归诗》
> 学道几人知道味,谋生底物是生涯。
> 庄周枕上非真蝶,乐广杯中亦假蛇。
> 身后功名半张纸,夜来鼓吹一池蛙。
> 梦间说梦重重梦,家外忘家处处家。

"学道几人知道味"可为世人读老子者下一总评。"谋生底物是生涯",人人到头都是一样。若能了知"梦间说梦重重梦,家外忘家处处家",又何必入山修道然后才能解脱自在呢?

> 元·密兰沙《求仙诗》
> 刀笔相从四十年,非非是是万千千。
> 一家富贵千家怨,半世功名百世愆。
> 牙笏紫袍今已矣,芒鞋竹杖任悠然。
> 有人问我蓬莱事,云在青山水在天。

"一家富贵千家怨,半世功名百世愆。"真是看透古今中外的人情世态。正因其如此,要想长保"金玉满堂"的富贵光景,必须深知"揣而梲之"的不得当,以及"富贵而骄,自遗其咎",自取速亡的可畏。

进退存亡之际

"崇高必致堕落,积聚必有消散。缘会终须别离,有命咸归于死。"这是佛学洞穿世事聚散无常的名言,同时也是出世思想的基本观点,可是以老子所代表道家哲学的可以出世,可以入世,他却有"挫其锐,解其纷"的不死之药,长保"散而未尽"的七字真言:"功遂,身退,天之道。"其中去了一个助语词的之字,真正只有六字真言。后世的许多文学家们,感受意犹未尽,又再插入两字一句,变成九字真言,成为"功成,名遂,身退,天之道"了。七字真言也好,九字真言也好,说尽管说,说来还很潇洒,可是在一般的观念里,总觉得它消沉低调意味太浓。其实,大家只是忘记观察自然界的"天之道",因此便觉低沉。如果仔细观察天道,日月经天,昼出夜沉,夜出昼没,寒来暑往,秋去冬来,都是很自然的"功遂,身退"的正常现象。植物世界如草木花果,都是默默无言完成了它的生命任务,静悄悄地消逝,了无痕迹。动物世界生生不已,一代交替一代,谁又能不自然地退出生命的行列呢!如果说有,只有人类的心不肯死,不肯甘休,永远想在不可把捉中冀求把捉,在不可能永久占有中妄图占有。妄想违反自然,何其可悲!

　　至于老子这些名言,究竟是正言天道不易法则的自然哲学?或是对他当时生存的时势,有感而发,用来警觉世人?似乎不须争论。但在我们的上古的历史文化上,原来儒道并不分家的共通观点来看,孔子、孟子,以及其他诸子之学,动称先王,也都极力推崇尧舜的作为。尧舜之道的值得赞扬,那便是"功遂,身退,天之道"的最好范例。至于三代以后,家世天下的推位让国,想要表现一下"功遂身退",自称为太上皇的戏剧,则几乎没有一个是出于至诚,也没有一个有美好的收场。其次,如北魏文帝的退位出家,以及相传清初顺治入五台山的剃度,都是别有心事,绝非"功遂身退"的情怀。

急流勇退的类型

等而次之，从秦、汉之后，看历史上风云人物的作为风格，取其稍微类同于道家的，如汉代的张良与诸葛亮，原本存心都想"功遂身退"，但很可惜其遭遇仍然不能遂其所愿。张良虽然不肯居功，只自谦退求封于"留"地而为"留侯"，但却身不由己，不能再加上三点水而一"溜"了之，以已绝人间烟火食的半仙之分，结果仍免不了受吕后的饮食毒害而殁。与其如此，还不如诸葛武侯的"鞠躬尽瘁，死而后已"，身成绝代之功，更为划算。

也许由此历史经验的教训，致使后来道家人物的作为，如东晋的抱朴子——葛洪，南朝齐梁之际的陶弘景，更加小心谨慎。葛洪便早早抽身，自求出任为勾漏令，以宦途当隐遁，暗暗修他所认为的仙道以终。陶弘景则及早挂冠神武门，优哉游哉，造成"山中宰相"的局面，作他的洞天《真诰》，自在精神领域了事。

到了隋唐之间，文中子以儒佛道三家通才的学养，讲学河汾，造成唐初开国一班文武兼资的盛世人才，在人文文化上立下莫大功德，但结果姓名隐没不彰，反令后世多方考据，是为退身幕后的旷代奇人，虽无赫赫事功，却真合于身退之道。

至于宋初，隐逸在华山的陈抟，已经完全走入道家的神仙行列，另当别论。南宋的韩世忠，知机早退，骑驴湖上，笑傲山林，可算明智之举，难能可贵。明初的诚意伯刘基，以亦儒亦道的姿态出山，辅助朱元璋而成功帝王事业，但结果仍然难逃被毒而亡。

此外，另如佛家出家的高僧而返还俗世初服，成功留名于历史的，如元初的刘秉忠，明永乐时期的少师姚广孝，可算切实做到了"功遂身退"。此外如帮助朱元璋，专任办理西番外交政治的高僧宗泐禅师，不论道业学问，或者事功，都是第一流的人物，但照样不能"功遂身退"而圆寂于西番任所。由此可见无论如何高明的人物，毕生能完全合于"功遂身退，天之道"的，确是不易了！难道"名缰利锁"，当真牢不可破吗？

但从唐宋以后儒家思想的观点来看，对于老子的这句名言，虽然并无非议之处，只是把它换了文字的表达，变成"谦让"或"谦光"的美德而已。其实，后世的儒家是心有不甘，不敢完全苟同老子的观念，尤其反对修仙成佛之说，因此而搬弄文字的表相而已。这种思想，最有意趣的代表作品，莫如清人一首借题发挥、咏吕纯阳的诗：

> 十年橐笔走神京，一遇钟离盖便倾。
> 不是无心唐社稷，金丹一粒误先生。

介于道家、儒家的风范，能够做到"功遂身退"，入世又似出世的，历史上有没有这一类的典型人物呢？我认为从两晋清谈玄学的影响，在南北朝之间，有着不少风流人物。风格最为标准的，要算梁武帝的名臣韦睿。他善于从政，也善于用兵作战，有诸葛亮纶巾羽扇、指挥若定的丰神，又有"上善若水""功成不居"的意境。如遇老子，或者肯收他为徒，较之函谷关的守关吏尹子，应无逊色。可惜南北朝这一时代，在历史上不大出色，因此南北朝的人物也都被人所遗忘埋没了。

韦睿，字怀文，京兆杜陵人。他是汉丞相韦贤的后裔，系出名门世族。自少即受郡守祖征的赏识，认为是"干国家，成功业"之才。当南齐紊乱之际，他盱衡人物，认为梁武帝萧衍还可算是命世之才，便决计辅从。历迁太子右卫率，出为辅国将军、豫州刺史，领历阳太守，后迁调合肥，以功进爵为侯。

梁武帝决心北伐，魏遣中山王元英为征南将军，率兵南来御

第九章

敌。韦睿奉命统部北伐,屡建奇功。他素来体弱多病,虽在前线作战,也未尝骑马,只乘坐白木板舆,手执白如意,督厉将士,勇气无敌。平常与士卒同甘苦,极力爱护部下,令出必行,战无不胜。魏人军中有谣:"不畏萧娘与吕姥,但畏合肥有韦虎。"对他畏惧万分。

当前方军情紧急的时候,梁武帝遣亲信曹景宗与他会师,而且特别对景宗说:"韦睿,卿之乡望,宜善敬之。"因此,景宗见韦睿,执礼甚谨。但每当战胜,景宗与其他将领,都争先上报。独韦睿迟迟报告,不愿争功。有一次,在庆祝胜利的庆功宴会上,韦睿与景宗同席,酒酣兴至,大家倡议赌钱来作余兴,约定以二十万为赌注。景宗一掷便输,韦睿赶紧把一张骰子翻转,变成景宗是赢家,韦睿自己还连声说:"奇怪!奇怪!"

其实,萧梁朝代开创之初,所有的臣僚将佐,莫过韦睿。梁武帝明知他的才能,但始终不委任他作统帅,反而用一个无大才略的宗室临川王萧宏来当元帅,而且又派曹景宗与他并肩作战,在在处处,都心存顾忌。好在韦睿自知苟全于乱世,隐避林下,并非上策,只有如此行其自处之道,不贪名利,不争功劳,而且还在功成之时,深自谦退,以免猜忌。因此他活到七十九岁而殁,遗嘱但穿常服薄葬便了。总算在他身死的时候,感动得梁武帝亲临恸哭,完结他一生苟全于乱世,"功遂身退,天之道"的名剧。

与韦睿行迹有所不同,便是后梁元帝萧绎的功臣、荆山居士陆法和。他先识侯景必反,但没有人相信其言。到了侯景派兵攻击湘东,他自请统兵以解湘东之危,受任郢州刺史。后又向元帝建议大举定魏的政策,不为所用,自称:"吾尝不希释梵天王生处,岂窥人王位耶!但于空王佛所,与王有因缘,如不能用,则奈业何!"及元帝失败,齐宣帝封他为太尉,赐甲第。他只求将府第作佛寺，终日焚香静坐偏室，预期死日。到时果然坐化，尸缩三尺如婴儿大小。这也是"功遂身退"、异常之道的一例，颇可耐人寻味。

附：怀师讲解"功遂身退，天之道"的穿插资料，爱不忍释，特此取存：

  独庵老人——姚少师《自题像赞偈》
  看破芭蕉拄杖子，等闲彻骨露风流。
  有时摇动龟毛拂，直得虚空笑点头。

应臬姚少师影堂有《自题偈语》诗（明诗纪事）
  冀北江南事已非，禅机未了说戎机。
  止闻智者师黄石，曾见功臣着衲衣。
  衫翠湿空春欲老，砌尘凝席客来稀。
  一参偈语低徊久，飒飒灵风动素纬。

    明·苍雪大师诗四首
  鹤马遗踪自道林，相传野老尚堪寻。
  花开不择贫家地，鸟宿偏投嘉树阴。
  弃世久拼随世远，入山惟恐未山深。
  命根断处名根断，十载应难负寸心。

  山深麋鹿好为群，水草丰饶隔世氛。
  牵犊饮流嫌污口，让王洗耳怪来闻。
  鸿飞易远逃罗网，水草难求脱斧斤。
  不是绝人何太甚，人情更薄是秋云。

  匹夫有志实堪从，难夺三军气所钟。
  圣代唐虞如在上，隐沦巢许亦相容。

楚狂昔日歌衰凤,汉室今谁起卧龙。
草木余年能遂养,大夫何必受秦封。

天子浔阳特诏宣,虎溪慧远志辞坚。
僧因赐号恩逾重,山不称臣怒受鞭。
狮子爪牙随踞地,象王鼻孔任撩天。
慧持入定今何在,老树枯禅不记年。

第十章

老子他说

> 载营魄抱一，能无离乎？专气致柔，能婴儿乎？涤除玄览，能无疵乎？爱民治国，能无知乎？天门开阖，能无雌乎？明白四达，能无为乎？生之，畜之，生而不有，为而不恃，长而不宰，是谓玄德。

《老子》的版本，一般习惯，都沿用王弼注的编排，九九八十一章，暗寓《易经》的象数。但是否就是《老子》原著的本来面目，问题太不简单，纵使有帛书《老子》等出土，亦很难确定谁是谁非。这些工作，属于考据家的功夫学问，实在不敢妄加论断。

如果照惯用的王注版本来讲，也很有次序，寓意深远，不可厚非。例如由第一章所标示的道的体和用，"同功而异位"的内涵，一直到第九章的"功遂，身退，天之道"为止，似乎井然有条，已告一段落。第十章的内容，只是引申修习内养的超越现世之道，以及明了"同功而异位"的用世之道的发挥。

魂魄精神一担装

第十章的开始，从修习内养的超越现世之道来讲，有三个要点。第一，"载营魄抱一，能无离乎？"是第一步修身成就的要点。第二，"专气致柔，能婴儿乎？"是第二步修身成就的要点。第三，"涤除玄览，能无疵乎？"是第三步修心智成就的要点。

从第一要点来讲，首先要解决一个问题，什么才是"营魄"？"营"和"卫"，在我们上古传统的医学，例如历来所标榜的《黄帝内经》——《灵枢》《素问》等传述中，它便是人体生命的两大关键。"营"，是指人体生命中的血液和养分等作用。"卫"，是指人体生命中的本能活动，属于元气的功能。"营"中有"卫"，"卫"中有"营"，这两者必须调和均衡，一有偏差，就成为病象。

至于"魄"字和"魂"字的连合互用，也屡见于我们上古传统的神仙方伎诸书。普通合称，叫它"魂魄"。这两个字，都是从田从鬼的象形会意字。"魂"字左旁的"云"字，就是象征云气的简写。一个人的精神清明，如云气蒸蒸上升，便是"魂"的象征。在白天的活动，它就是精神，在睡梦中的变相活动，它便是灵魂。"魄"字，边旁是白，一半形声，一半会意。在肉体生命中的活动力，便是它的作用。所以俗说一个人的"气魄""魄力"等等，就是这个意思。

以神仙丹道家学说来讲，认为生而魄在肉体生命活力中普遍存在。不经修炼，不得和魂凝聚为一，死后魄就归沉于地。因此，魂是鬼影，魄是鬼形。到了宋代的理学家们，一变为张横渠的理论，便构成"鬼神者，二气之良能也"的说法。二气，是指抽象的阴阳二气。其实，都从道家的魂魄之说脱胎转变而来。

在《老子》的本章文言中，没有"营卫"的出现，却只有"营魄"的标示。因为"营卫"是人体医学的范畴，"营魄"便是神仙方伎的滥觞。或者如此，也许不然！

《老子》的原文在"营魄抱一"之上，首先加了一个"载"字，用字非常巧妙。人身如一部车乘，当然也如一具机器，其中装载了"营"和"魄"两样重要东西。一个平凡的普通人，长年累月，随时随地，都在使用这两样东西，而且它们是各自为政，但又随时合作。

思想的纷繁，情感的嚣动，常使自己魂灵营营困扰，常在放

第十章

射消散之中，散乱不堪。体能的劳动，生活的奔忙，常使精魄涣散，不可收拾。如此这般，动用不休，不能持盈保泰，终至死亡而后已。老子说，倘使人能将生命秉受中的营魄合抱为一，永不分离，便可得长生的希望了。因此说："载营魄抱一，能无离乎！"

由这个理论和实际的经验，传到春秋、战国以后的方士者流（方伎之士），再一演变为神仙丹道的修炼方法，便摆脱老子所说的"营魄"古语，干干脆脆，用"神""气"两种名词，取而代之。而且明白指出长生不老的方术，只需将生命中的"神""气"两样东西，凝结为一，便可成功。神是能思虑的主体，气是活力的泉源。但最难的，便是这两种东西始终不听你的指挥，因此也永远不能合抱而为一体。所以后世的丹道家，便有种种方法，如何来炼气，如何来养神。甚至把神譬喻是动物中的龙，是矿物中的汞。把气譬喻为虎、为铅。种种形容，种种妙譬，仍然不出老子的"载营魄抱一"而已。这便是第一步修身成就的要点。

养气与修心

其次，从另一角度来讲，假如一个人能够做到"专气致柔，能婴儿乎"，也就差不多可使"营魄抱一"了。因为老子这句名言，却使后世人为了想达到"专气致柔"的效果，想尽种种方法，建立了许多门道。尤其到了近代，自有武当派张三丰的太极拳流行普及以来，到处都可看到、听到"专气致柔"的论调。但很可惜的，谁又真能修气而达到专一的地步呢？心气既然不能专一，要想使它化刚为柔，以柔克刚，更所难能。气不能柔，哪里还能达到返老还童、状如婴儿的境界呢？

但是要从炼气而求得祛病延年、长生不老的方法，早已成为东方人文的专长。无论是中国道家的炼气功夫，或印度的瑜伽术等的炼气，都是靠一双鼻孔、一个嘴巴，加上动作来作呼吸。据我所知的统计，至少有两百多种不同的炼气法，当然也包括了道家和佛家的。

佛家自隋唐以来，由智者大师所创立天台宗的修持入门方法，便很注重用修气调息作为止观的入手法门，如《小止观》六妙门的数息、随息等基本方法。后来演变为天台宗山外的三十六步修炼气功程序，再传到了日本，便成为合气道、武士道等的功夫。又如西藏密宗的一部分修法，专门注重修气的成就，然后进到修脉、修光明而到达三昧真火的境界。总而言之，在人文的学术中，利用气息而修炼精神的，无非要做到"心息相依""心气合一"的程度，不谋而合于老子的"专气致柔，如婴儿乎"的原则。

其实，能从客观的立场研究养气或炼气之道，这种学理与方法，在春秋、战国之间，确已普遍地流行。不但道家者流、方士等辈，讲究其术，即如祖述儒家的孟子，也大受其道的影响。而且从古至今，一般对于养气修心的功夫，确能修到纯粹精湛的，很少能超过孟子的程度。以下便是孟子对养气修心的进度，作确切恰当的报道：

> 可欲之谓善，有诸己之谓信，充实之谓美，充实而有光辉之谓大，大而化之之谓圣，圣而不可知之谓神。(《尽心篇》)

孟子首先指出养气修心之道，虽爱好其事，但一曝十寒，不能专一修养，只能算是但知有此一善而已。必须要在自己的身心上有了效验，方能生起正信，也可以说才算有了证验的信息。由此再进而"充实之谓美"直到"圣而不可知之谓神"，才算是"我善养吾浩然之气"（《公孙丑篇》）的成功果位。至于"其生色也,睟然见于面,盎于背,施于四体,四体不言而喻"(《尽心篇》),那是属于"有诸己之谓信"与"充实之谓美"之间所呈现的外形现象而已。

假如将孟子这些养气修心的成就之说,拿来与老子的"专气致柔,能婴儿乎"作一对比研究,是否完全一致?可以说,从表面看来,第一,一简一繁,已有不同。第二,孟子的神化,与老子的婴儿,似乎又有形而上与形而下的差别。但是,老子的简易浅显,用婴儿的境地来形容神完神旺的情况,看来容易,其实大难。孟子的详述进度,看来愈到后来愈难,事实上,修到了"充实而有光辉"之后,却是图难反易了。这便是《老子》本章所说第二步修性命成就的要点所在。

但是,身心性命的中心,并非在身心神气两者之间而已。神气,还只是道的用,"此两者同出而异名,同谓之玄"。能使身心神气相互发挥为用的,却是无名无相的道妙。为了使世俗观念容易了解,也可勉强另为它取名叫"玄览",叫它为睿智或慧智。因此,便有第三步修心智成就的说法,所谓"涤除玄览,能无疵乎!"这是说到了道智成就的时候,澡雪精神还须洗练,必须达到法天法地而"曲成万物而不遗"的纯粹无疵,才能返还本初,合于自然之道。到此才能心如明镜,照见万象。物来则应,过去不留。洞烛机先,而心中不存丝毫物累。

为政治国的哲学

由载营魄抱一而无离,专气致柔如婴儿,到达涤除玄览而无疵的内养之道,已有所成,便可入于内圣境界。如能出而外王,转进"同功而异位"的用世之道,又有三个要点必须做到,才能构成整体工程系统。首先提出"爱民治国,能无知乎"第一个问题。骤然看来，非常矛盾，而且也很有趣。既然要爱民治国，肩挑天下大任，岂是无知无识的人所能做得到的。即如上古儒道并不分家的历史文化所记载的黄帝或者尧、舜，都是标榜天纵神武睿智，或生而能言，或知周万物，哪里有一个无知的人而能完成爱民治国的重任？老子突然来上一句，"爱民治国，能无知乎？"岂不是有意刁难，故弄玄虚吗？

其实，这句话的内涵，在《老子》本书第七十一章的全文，已经自作答案，不须我们另加发挥。

如说："知不知，上。不知知，病。夫唯病病，是以不病。圣人不病，以其病病，是以不病。"这就是说明真是天纵睿知的人，决不轻用自己的知能来处理天下大事，再明显地说，必须集思广益，博采众议，然后有所取裁。所谓知者恰如不知者相似，才能领导多方，完成大业。这里所说的"知不知"，也正是老子思想学术中心的"为无为"，是同一道理。真能用世而成不朽的功业，正因他能善于运用众智而成功其大智。例如我们历史上最被人所喜爱第一个平民皇帝汉高祖刘邦，只从表面看来，他是满不在乎，大而化之的人物。但当他统一天下，登上皇帝的宝座以后，很坦白地说：

> 夫运筹帷幄之中，决胜千里之外，吾不如子房。
> 镇国家，抚百姓，给饷馈，不绝粮道，吾不如萧何。
> 连百万之众，战必胜，攻必取，吾不如韩信。
> 三者皆人杰，吾能用之，此吾所以取天下者也。项羽有一范增而不能用，此所以为吾擒也。

这便是老子的"爱民治国，能无知乎"的一个比较接近的榜样。当然绝不可以像他的曾孙刘彻——汉武帝一样，太好自知之明。或者同他末代裔孙刘禅——阿斗一样昏庸无知，那都是犯了基本原则的大过,不足为训。

同样的道理,在我们传统文化的诸子学说中,有关类似老子的"爱民治国,能无知乎"的名言,也随处可见,例如:

> 慎到曰:不聪不明,不能为王。不瞽不聋,不能为公。
>
> 鬼谷子曰:专用聪明,则功不成。专用晦昧,则事必悖。一明一晦,众之所载。
>
> 《吕氏春秋》引周公旦曰:君子屈于不己知而伸于知己。
>
> 傅子曰:智慧多,则引血气如灯火之脂膏,炷大而明,明则膏消。炷小而暗,暗则膏息。息则能长久也。

但能够透彻明白这些道理,用在济世之功的方面,千古以来,莫过于管仲。所以他能辅佐太保型的齐桓公——小白,建立霸业,"一匡天下,九合诸侯",确非偶然。那么管仲的"爱民治国,能无知乎"的表现,又在哪里呢?我们且看他对齐桓公的建议:

> 升降揖让,进退闲习,辩辞之刚柔,臣不如隰朋,请立为大行(主管外交使节)。
>
> 垦草入邑,辟土聚粟,多众尽地之利,臣不如宁戚,请立为大司田(主管农业水利垦殖开发)。
>
> 平原广牧,车不结辙,士不旋踵,鼓之而三军之士视死如归,臣不如王子城父,请立为大司马(主管军事)。
>
> 决狱折中,不杀不辜,不诬无罪,臣不如宾胥无,请立为大司理(主管司法)。
>
> 犯君颜色,进谏必忠,不辟死亡,不挠富贵,臣不如东郭牙,请立为大谏之官(谏官)。
>
> 此五子者,夷吾(管仲自称名字)一不如。然而以易夷

吾，夷吾不为也。君若欲治国强兵，则五子者存矣。若欲霸王，夷吾在此。桓公曰：善。

这便是臣道第一人的"爱民治国，能无知乎"的最好说明了。

老子的书，倘使照条分类列来读，看来只是一项一条的格言而已。如果按照王弼注的流行本的编排来读，有时好像很矛盾。当然，也可以把这种矛盾，认为是正反的排比。例如本章开头，刚刚说了一句"爱民治国，能无知乎？"跟着而来的第二要点，便是"天门开阖，能无雌乎？"但无知无识，正好是雌阴晦昧的境界。这与天门开阖，而无雌的说法，恰好完全相反。无雌，当然是与阴柔反对的雄阳正格。雄阳，就是刚正的表相。天门是象征性的代名词，天圆盖覆，本自无门，哪里开阖？但道家却把人体的头颅顶盖天灵骨的中心点，古代医术所称的百会穴之处，叫作天门。也有别名叫"天囱"的。据说，修道的人，修到纯阳无杂的程度，天门就会自然开阖。到此程度，自然智周万物，神通天地，明达古今，超凡入圣。如果照我们上古历史类似神话的传说，自神农、黄帝以下，以及唐尧、虞舜等圣帝明王，都能在现生中修养到达这种境界。但皆退藏于密，深藏而不露，所以在爱民治国方面，都是表现其无知而知的大成就。

具备了这种知不知与天门开阖而无雌的最高修养，才能做到第三要点"明白四达，能无为乎！"为而不为，垂拱而治的德业。因此，从表面看来，虽然都是入世、治世的君主，但在实际上，同时就是超越世俗的圣哲——超人。因此，才能"生之，畜之。"而护佑万邦，安养百姓。

可是到了最后，却是"生而不有"，如天地一样，虽能生长万有，但不据为己有。"为而不恃"，虽然是因为他的德业作为而有此成功，但他却不自恃为己功。虽然雄长万方，但却不愿永久自居于主宰的地位。因此说"长而不宰，是为玄德"，"玄德"的意思，不只是大德而已。

由于道家圣人代表的老子，与儒家圣人代表的孔子等人，随处推崇以三代以上的圣帝明王的作榜样，用来阐扬上古传统文化君道的精神，因此而有宋代大儒邵康节写出微言大义的名句"唐虞揖让三杯酒，汤武征诛一局棋"的历史哲学。我们正好借来作为本章的结论，最为恰当。尧、舜都是内圣外王、出世而入世的得道明君，所以能在进退之间，互相揖让而禅位，杯酒言欢，坦率自然，绝无机诈之心。时代愈后，人心不古，到汤武革命，便用征诛手段，这便等于在棋盘之间的对弈，权谋策略，煞费心机，已与自然之道大相径庭了。所以由这两句名言的内涵，便可了解老子的人生标准，与历史哲学观点的玄言妙义了。

第十一章

老子他说

三十辐共一毂,当其无,有车之用。埏埴以为器,当其无,有器之用。凿户牖以为室,当其无,有室之用。故有之以为利,无之以为用。

有上章"同功而异位"内圣外用的说法,便有本章申述道在有无动静之间的说明。

本文多用譬喻,首先提出担当任重道远的车毂,它能活用不休,轮转无穷的中心关键所在,便是中空无物,所以才能支持多方面的效用。同时也使多方面的力量,归到中心点而返还无用之用的大用,无为而无不为的要妙。

如"三十辐共一毂,当其无,有车之用"。古代造作大木车的车毂,它的中心支点只是一个小圆孔。由中心点小圆孔向外周延,共有三十根支柱辐辏,外包一个大圆圈,便构成一个内外圆圈的大车轮。由此而能担当任重道远的负载,旋转不休而到达目的地。以这种三十辐凑合而构成一个大车的轮子来讲,你能说哪一根支柱才是车轮载力的重点吗?每一根都很重要,也都不重要。它们是平均使力,根根都发挥了它的伟大功能而完成转轮的效用。但支持全体共力的中心点,却在中心的小圆孔。可是它的中心,却是空无一物,既不偏向支持任何一根支柱,也不做任何一根支柱的固定方向。因此才能活用不休,永无止境。

透过这种物理自然的法则,便可了解修身成就的要点:"载营魄抱一,能无离乎"的修养,要在中心无物,任运于有无之间的妙用。如果用在施于大政,"爱民治国,能无知乎"!便须如此车毂的中心,虚怀无朕,合众辅而完成大力的全功。

其次，如"埏埴以为器，当其无，有器之用"。埏，是捏土。埴，是黏土。造作陶器，必须把泥土做成一个防范内外渗漏的周延外形，使它中间空空如也，才能在需要用它的时候，随意装载盛满，达到效果。

了解这种唯其能空能无，才能具有盛满装载器物的容物价值。无论为后天修养性命之道的"专气致柔，能婴儿乎"！与出而用世的"天门开阖，能无雌乎"！都必须"虚怀若谷"，与天地精神往来而得大机大用。

再次，如"凿户牖以为室，当其无，有室之用"。户是室内的门，牖是窗棂。要建造一间巨大的房屋，必须要开辟门窗，以便光线空气的流通，才能住人而养人。使人胸襟开阔，内外畅达而无阻碍。由此而说明"涤除玄览，能无疵乎"的修习心智功夫，必须要开张灵明，静居其中，见闻不隔而清净无为。如要施之于用世之道，便是"明白四达，能无为乎"的楷模。

最后重复叮咛，无论是出世之道，与入世之用，必须要切实明白道在有无之间的窍妙。因此说："故有之以为利，无之以为用。"了解此理，才是真能懂得"利用安身"的大法则。后来到了五代，道家的神仙才子谭峭，发挥了道家学术思想的物化思想，与老庄的学说合流，写了一本名著《化书》。其中有关物理之际，有无之间的妙用，阐发得隽永透辟之至，如说：

> 搏空为块，见块而不见空，士在天地开辟后也。粉块为空，见空而不见块，士在天地混沌时也。神矣哉！

理解透辟如谭子的深度，真可说是"神矣哉"！既然是"神矣哉"的境界，我们所说的都是狂言空话，不如就此煞住，无话可说了！

第十二章

老子他说

五色令人目盲，五音令人耳聋，五味令人口爽。驰骋畋猎，令人心发狂。难得之货，令人行妨。是以圣人为腹不为目，故去彼取此。

花花世界奈声盲

跟着前面所说"有之以为利，无之以为用"，因应运用的原则，顺理成章地说出善于用物，而不被物所用的重点。因此而提出严重的警告，要人们对于声、色、货、利以及口腹之欲，加以节制，不要任性自欺而上当。本章原文，文从字顺，大家读了就很明白，用不着多加解释。现在我们只从实际的经验上，提供一些报告，以为大家的参考。

像我们这一时代的人，以现代人的眼光来看，大半是由古老的农村社会出身，从半落后的农业社会里长大，经过数十年时代潮流的撞激，在艰危困苦中，经历多次的惊涛骇浪而成长，从漫长曲折的人生道途上，一步一步走进科技密集、物质文明昌盛的今日世界。回首前尘，瞻顾未来，偶尔会发出思古之幽情，同时也正迷醉于物质文明的享受。

例如由我们所看到的长辈，以及我们这一代，从幼小的时期，在一盏半明半灭的青油灯下，"三更灯火五更鸡"的苦读诗书，慢慢到了有了洋油（煤气）灯，再进到电灯（日光灯），以及彩色电影和彩色电视的今天。

由惯听农村俚语的民俗歌谣，到达无线电的收音机，再进而发展到"身历声"的高级音响，欣赏世界各地的名歌妙曲。

由穿钉鞋，打油纸雨伞，踩着泥泞的道路，上学堂读书，到骑脚踏车、摩托车，甚至驾驶私家轿车（汽车）亲自接送孩子们上学读书的场面。

由老牛拖车，瘦马蹇驴，单桨划船，到达机帆船、轮船、油轮货柜。由仰头上空看四翼飞轮机开始，到达随时可以乘坐喷射航机环游世界的今天。

由磨墨涂鸦到打字影印的数十年来，不敢说读万卷书，行万里路，但所读过的书，无论在白天或灯光下面，并不亚于现代青年的努力用功，可是用到现在，老眼还不太过昏花。当然在年轻的时候，也没有现代青年的近视水准。同时，也不会因噪音的干扰而造成听觉不灵。

但在物质文明的现代呢！由自然科学的进步，发展到精密科技以来，声、光、电、化等的科技进步，促使声、色、货、利的繁荣。满眼所见，传闻所及，由父母所生，血肉所成的五官机能，好像都已走样。无论眼睛、耳朵、鼻子、嘴巴，不另加上一些物质文明的成品，反而犹如怪物似的，而且应用失灵，大有不能全靠本来面目应世之慨。

因此反复忆及《老子》本章的话，常常使人低徊有感，不胜惆怅。由机器人来治事的日子，快要来临，甚至说，与外星人的交往，也不是幻想的虚言。那么，反观我们今日的人样，真真假假，也就不足为奇，只当大家都在活世的大银幕上一番表演而已。老子虽然为后人担忧，看来也是白费口舌，因为目盲自有眼镜架，耳聋自有助听器，口爽自有营养片，发狂又有镇定剂。老子虽圣莫惊叹，一切无妨难得的。

本章所说的口爽的"爽"字，是指口腔舌头的味觉出了毛病。不是爽快的意义，这要特别说明。例如中国古代医书所称的口爽，便是口腔乏味、食欲不振的意思。

驰骋畋猎，是古代最富于刺激性的个人户外活动，以及群众野外活动。它正如现代人的观念，认为刺激才是享受，疯狂才够刺激。那么，这个老子，也就没得什么好说了！

第十三章

老子他说

> 宠辱若惊，贵大患若身。何谓宠辱若惊？宠为下，得之若惊，失之若惊，是谓宠辱若惊。何谓贵大患若身？吾所以有大患者，为吾有身。及吾无身，吾有何患？故贵以身为天下，若可寄天下。爱以身为天下，若可托天下。

宠辱谁能不动心

从十一章以来说明，人须能用物而不为物用，不为物累。但能利物，而成为无为的大用。因此再进而说明人生宠辱境界的根本症结所在，都因为我有身而来。

宠，是得意的总表相。辱，是失意的总代号。当一个人在成名、成功的时候，如非平素具有淡泊名利的真修养，一旦得意，便会欣喜若狂，喜极而泣，自然会有惊震心态，甚至有所谓得意忘形者。

例如在前清的考试时代，民间相传一则笑话，便是很好的说明。有一个老童生，每次考试不中，但年纪已经步入中年了，这一次正好与儿子同科应考。到了放榜的一天，儿子看榜回来，知道已经录取，赶快回家报喜。他的父亲正好关在房里洗澡。儿子敲门大叫说：爸爸，我已考取第几名了！老子在房里一听，便大声呵斥说：考取一个秀才，算得了什么，这样沉不住气，大声小叫！儿子一听，吓得不敢大叫，便轻轻地说：爸爸，你也是第几名考取了！老子一听，便打开房门，一冲而出，大声呵斥说：你为什么不先说。他忘了自己光着身子，连衣裤都还没穿上呢！这便是"宠为下，得之若惊，失之若惊"的一个写照。

"受宠若惊",大家都有很多的经验,只是大小经历太多了,好像便成为自然的现象。相反的一面,便是失意若惊。在若干年前,我住的一条街巷里,隔邻有一家,便是一个主管官员,逢年过节,大有门庭若市之慨。有一年秋天,听说这家的主人,因事免职了,刚好接他位子的后任,便住在斜对门。到了中秋的时候,进出这条巷子送礼的人,照旧很多。有一天,前任主官的一个最小的孩子,站在门口玩耍,正好看到那些平时送礼来家的熟人,手提着东西,走向斜对门那边去了。孩子天真无邪的好心,大声叫着说:某伯伯,我们住在这里,你走错了!弄得客人好尴尬,只有向着孩子苦笑,招招手而已。有人看了很寒心,特来向我们说故事,感叹"人情冷暖,世态炎凉"。我说,这是古今中外一律的世间相,何足为奇。我们幼年的课外读物《昔时贤文》中,便有:"有酒有肉皆兄弟,患难何曾见一人?""贫居闹市无人问,富在深山有远亲。"这不正是成年以后,勘破世俗常态的预告吗?在一般人来说,那是势利。其实,人与人的交往,人际事物的交流,势利是其常态。纯粹只讲道义,不顾势利,是非常的变态。物以稀为贵,此所以道义的绝对可贵了。

　　势利之交,古人有一特称,叫作"市道"之交。市道,等于商场上的生意买卖,只看是否有利可图而已。在战国的时候,赵国的名将廉颇,便有过"一贵一贱,交情乃见"的历史经验。如《史记》所载:

> 廉颇之免长平归也,失势之时,故客尽去。及复用为将,客又复至。廉颇曰:客退矣!客曰:吁!君何见之晚也。夫天下以市道交。君有势,我则从君。君无势,则去。此固其理也,有何怨乎!

　　廉颇平常所豢养的宾客们的对话,一点都没有错。天下人与你廉大将军的交往，本来就都为利害关系而来的。你有权势，而且也养得起我们，我们就都来追随你。你一失势，当然就望望然而他去了。这是世态的当然道理，"君何见之晚也"，你怎么到现在才知道，那未免太迟了一点吧！

有关人生的得意与失意，荣宠与羞辱之间的感受，古今中外，在官场，在商场，在情场，都和剧场一样，是看得最明显的地方。以男女的情场而言，众所周知唐明皇最先宠爱的梅妃，后来冷落在长安永巷之中，要想再见一面都不可能。世间多少的痴男怨女，因此一结而不能解脱，于是构成了无数哀艳恋情的文学作品！因此宋代诗人便有"羡他村落无盐女，不宠无惊过一生"的故作解脱语！无盐是指齐宣王的丑妃无盐君，历来都把她用作丑陋妇女的代名词。其实，无盐也好，西施也好，不经绚烂，哪里知道平淡的可贵。不经过荣耀，又哪里知道平凡的可爱。这两句名诗，当然是出在久历风波，遍尝荣华而归于平淡以后的感言。从文字的艺术看来，的确很美。但从人生的实际经验来讲，谁又肯"知足常乐"而甘于淡泊呢！除非生而知之的圣哲如老子等辈。其次，在人际关系上，不因荣辱而保持道义的，诸葛亮曾有一则名言，可为人们学习修养的最好座右铭，如云：

> 势利之交，难以经远。士之相知，温不增华，寒不改叶，贯四时而不衰，历坦险而益固。

天下由来轻两臂

在我们旧式文学与人生的名言里，时常听到人们劝告别人的话，如"身外之物，何足挂齿"。对于得意而受到的荣宠，与失意所遭遇的羞辱来讲，利害、得失，毕竟还只是人我生命的身外之物，在利害关头的时候，慷慨舍物买命，那是很常见的事。除非有人把身外物看得比生命还更重要，那就不可以常理论了！

十多年前，有一个学生在课堂上问我，爱情哲学的内涵是什么？我的答复，人最爱的是我。所谓"我爱你"，那是因为我要爱你才爱你。当我不想，或不需要爱你的时候便不爱你。因此，爱便是自我自私最极端的表达。其实，人所最爱的既不是你，当然更不是他人，最爱的还是我自己。

那么，我是什么？是身体吗？答案：不是的。当你患重病的时候，医生宣告必须去了你某一部分重要的肢体或器官，你才能再活下去。于是，差不多都会同意医生的意见，宁愿忍痛割舍从有生命以来，同甘共苦，患难相从的肢体或器官，只图自我生命的再活下去。由此可见，即使是我的身体，到了重要的利害关头，仍然不是我所最亲爱的，哪里还谈什么我真能爱你与他呢！所以明朝的诗僧栯堂禅师，便说出"天下由来轻两臂，世间何苦重连城"的隽语了！

"轻两臂"的故事，见于《庄子·杂篇》的《让王》。

> 韩魏相与争侵地，子华子见昭僖侯。昭僖侯有忧色。子华子曰：今使天下书铭于君之前，书之言曰：左手攫之则右手废，右手攫之则左手废。然而攫之者必有天下。君攫之乎？昭僖侯曰：寡人不攫也。子华子曰：甚善。自是观之，两臂重于天下也。身亦重于两臂。韩之轻于天下亦远矣。今之所争者，其轻于韩又远。君固愁身伤生以忧戚不得也。僖侯曰：善哉！教寡人者众矣，未尝得闻此言也。

所以说："虽富贵不以养伤身。虽贫贱不以利累形。"老子亦因此而指出"吾所以有大患者，为吾有身，及吾无身，吾有何患"的基本哲学。再进而说明外王于天下的侯王将相们，所谓以"一身系天下安危"者的最大认识，必须以爱己之心，来珍惜呵护天下的全民，发挥出对全人类的大爱心，才能寄以"系天下安危于一身"的重任。这也是全民所寄望、所信托以天下的基本要点。同样的道理，以不同的说法，便是曾子的"可以托六尺之孤，可以寄百里之命，临大节而不可夺也。君子人欤？君子人也。"

由此观点，我们在本世纪中的经历，看到比照美式民主选举的民意代表们，大都是轻举两臂：拜托！拜托！力竭声嘶地攻讦他人，大喊投我一票的运动选民，不禁使旁观者联想起："贵以身为天下，爱以身为天下""天下由来轻两臂，世间何苦重连城"的幽然情怀了！

讲到这里，忽然看到在座诸公，有的是倾心于老子的太上老君的神仙丹道的学者，心里正在嘀咕本章的"及吾无身，吾有何患"的解释，明明是说修道的功夫境界，何苦一定要侧重下文的"贵以身为天下，爱以身为天下"的可寄可托的繁文。这却要恕我唐突，太过赞赏老子的可以入世，可以出世的道妙，因此就顺口搀胡，说到老子点化用之道的一面去了。如果从修习神仙养生之道来讲，要修到无身境界，确已不易。但无"身"之患，也未必能彻底进到"无我"的成就。何况一般笃信老子之道者，还正在偏重虚心实腹，大做身体上气脉的功夫，正被有身之患所累呢！所以宋代的南宗神仙祖师张紫阳真人便有"何苦抛身又入身"之叹！至于说，如何才能修到无"身"之累？那就应该多从"存神返视""内照形躯"入手，然后进入"外其身而身先"的超神入化境界，或者可以近似了！

第十四章

老子他说

> 视之不见名曰夷，听之不闻名曰希，搏之不得名曰微，此三者不可致诘，故混而为一。其上不皦，其下不昧，绳绳不可名，复归于无物。是谓无状之状，无物之象，是谓惚恍。迎之不见其首，随之不见其后。执古之道，以御今之有。能知古始，是谓道纪。

时空心物与道的体用

依据习用已久王弼编排的《老子》八十一章的次序，从本章开始，又另起炉灶，转入辩说物理的境界，似乎不相衔接。其实，与十三章所讲，不可为物情所累，而困扰于世俗的宠辱，因此而生起得失之心。而且进一步了解宠辱的发生，都由于我有我身之累而来，"及吾无身，吾有何患"。那么便知在现实世界中，所谓我与无我之间的关键，只因有此身的存在而受累无穷。但我身是血肉之躯，血肉的生理状态，也便是物理的造化而来。因此便进一步说明心物一元的形而上与形而下的理则，隐约之间，仍然是顺理成章，大有脉络可循。这也便是道家学说，始终从生理物理入手而到达形而上的特殊之处，大异于后世的儒家与佛家的理趣所在。

本章首先提出有一个看而不见，听而不闻，又触摸不到的混元一体的东西。要说它是物吗，它又不同于物质世界的物体那样，可以看得见，听得到，摸得着。要说它不是物吗，宇宙万有的存在，都由它造化而来。因此，在理念上名之曰"道"。在实用上，便叫它做混元一体。但在本无名相可说上，它究竟是什么东西？老子为之作了三部分的命名。

视之不见的，还有非见所及的存在，特别命名它叫"夷"。夷，是平坦无阻的表示。

听之不闻的，还有非听闻所及的作用，特别命名它叫"希"。希，不是无声，只是非人类耳目所及的大音而已。

感觉摸触不到的，还有非感官所知的东西，特别命名它叫"微"。微，当然不是绝对的没有。后来由印度传入的佛学，说到物理的深奥之处，也便借用老子的观念，翻译命名为"极微"，便有互同此理的内涵。

总之，视、听与触觉这三种基本作用，原是一体的三角形，它与物理世界的声、光、触受是有密切的相互关联性，也可以说它是一体的三种作用，不可寻探它的个别界限，因此笼统说明它是"混而为一"的。从老子以后的道家与道教，便因袭其名，叫它"混元一体"，或"混元一气"。这便是老子当时对物理的分类说法，也可以说是中国古代理论物理的粗浅说明之一。

再进一步说明，他说这个声、光、触觉"混而为一"的东西，它的本身，并无上下左右等的方位差别，也没有明暗的界别。也可以说上下明暗，"混而为一"而不可或分的，所以它具有超越时空的性质。"其上不皦"，虽在九天之上，也不受皦然光明的特色所染污。"其下不昧"，虽在九地之下，也不受晦昧不明的现象所染污。它说似无关却有关的永远不断不续似的连在一起，"绳绳不可名"。你要说它是一个具体物质的东西，它又不是物质，"复归于无物"。总之，没有固定的形状，"无状之状"也不能用任何一样东西来比拟它的现象，"无物之象"。只好给他取了一个混号，叫作"惚恍"。关于惚恍，老子在后文又自有解说，在此不必先加说明。它是无来无去，不去不来，超越古今代谢的时空作用。来也无所从来，你要迎接它也摸不着边。去也无法追随,你要跟踪它早已无影无形,悄然如逝了。"迎之不见其首,随之不见其后。"

它本是无始无终的,但在人文的观察上,勉强分别它有始有终,有去有来,有古有今的界别。因此,以无始之始,姑且命名它为上"古"。无始不可得,上古不能留,只需切实把握现在的今天,便可体认"风月无今古,情怀自浅深"的真谛。"执古之道,以御今之有。"但切勿忘了它是无古今,无终始的本相,这样,便可把握到道的纲要了,"能知古始,是谓道纪"。

本章虽是偏重于时空、心物的关系而说明道的体用,但在一般重视用世之学的角度看来,它与后世所谓的帝王术与领导学,又有深密的哲学性关系。因为从传统的政治哲学来讲,王者设官治世的所谓"官"的定义,应有两种。

一、从政治制度来讲,官者,管也。官,便是管理的意思。

二、从人主的领导政治哲学来讲,官者,犹如人体的官能,所谓五官百骸,各有其所司的专职所司的分别事务,均须汇报终于中枢统领的首脑以作智慧的处理。

而辅助头脑最得力的官能,便是眼目的视力,耳朵的听觉,以及全身的触受所及的亲民之官。自古及今,无论为专制的帝王制度,或自由的民主制度,始终不外这一原理。然而目之所见,耳之所闻,触摸之所及,心之所思,毕竟都是有限度的。即如稍迟于老子,但在儒道还不分家时期的孔门弟子,如曾子、子思,便对此早有深入的告诫。

曾子说:"一心可以事百君,百心不可事一君。"

子思说:"百心不可以得一人,一心可以得百人。""君子以心导耳目,小人以耳目导心。"

他们都是极力主张领导者首须注重于诚意、正心的自养,而戒慎于偏信耳目的不当。所以在正统儒道学术思想的立场,大多反对"察察为明",过分偏任法家或权术的制衡作用。所谓"察见渊鱼者不祥",便是此意。

讲到这里,姑且让我们不伦不类,走出老子道家的范围,插入一段晚唐时代一个禅宗的故事,或可得"他山之石,可以攻玉"的妙悟之趣。

古灵禅赞禅师悟道以后,有一天,看到他的受业本师在窗下看经,正好有一只蜂子飞投纸窗钻不出来。古灵便趁机说:"世界如许(这样)广阔,不肯出。钻他故纸驴年去(驴年,是代表永远没有这一年的意思。因地支十二生肖里没有驴)。"遂说偈曰:"空门不肯出,投窗也大痴。百年钻故纸,何日出头时。"他的受业本师,因此启发而终于大彻大悟。后人对于这个学案,又写了一首诗偈说:"蝇爱寻光纸上钻,不能透过几多难。忽然撞着来时路,始信平生被眼瞒。"

人活老了,便可知道有许多人间世事,被自己耳目所欺骗,被自己情感主观所蒙蔽的,非常之多。既然自己的耳目亦难全信尽为真实,只有用心体会历史法则的"执古之道,以御今之有。能知古始,是为道纪"才较为切实得当。同样的道理,相反的表达,便有子思在《中庸》篇中所谓的"生乎今之世,反古之道。如此者,灾及其身者也"。其实子思与老子一样,极其重视历史哲学与历史经验的因果法则,鄙薄"予智自雄""师心自用",但重"察察之明"的不当。由此而反照今日世界,普遍都靠耳目收集资料,作为统计的政治方针。甚至凭借电脑统计的资料以定人事的管理。有时碰到电脑本身的误差,或人为有意对电脑的错误操作时,想起老子"此三者不可致诘,故混而为一"的妙语,在无可奈何之处,便只好哑然作会心的一笑了!

第十五章

老子他说

> 古之善为士者，微妙玄通，深不可识。夫唯不可识，故强为之容。豫兮若冬涉川，犹兮若畏四邻，俨兮其若容，涣兮若冰之将释，敦兮其若朴，旷兮其若谷，浑兮其若浊。孰能浊以静之徐清，孰能安以动之徐生。保此道者不欲盈。夫唯不盈，故能蔽不新成。

老子的"士"的内涵

上古时代所谓的"士"，并非完全同于现代观念中的读书人，"士"的原本意义，是指专志道业，而真正有学问的人。一个读书人，必须在学识、智慧与道德的修养上，达到身心和谐自在，世出世间法内外兼通的程度，符合"微妙玄通，深不可识"这八个字的原则，才真正够资格当一个"士"。以现在的社会来说，作为一个士，学问道德都要精微无瑕到极点。等于孔子在《易经》上所言："絜净精微。""絜净"，是说学问接近宗教、哲学的境界。"精微"，则相当于科学上的精密性。道家的思想，亦从这个"絜净精微"的体系而来。

所以老子说："古之善为士者，微妙玄通。"意思是说精微到妙不可言的境界，絜净到冥然通玄的地步，便可无所不知，无所不晓了。而且，"妙"的境界勉强来说，万事万物皆能恰到好处，不会有不良的作用。正如古人的两句话："圣人无死地，智者无困厄。"一个大圣人，再怎么样恶劣的状况，无论如何也不会走上绝路。一个真正有大智慧的人，根本不会受环境的困扰，反而可从重重困难中解脱出来。

"玄通"二字，可以连起来解释，如果分开来看，那么"玄之又玄，众妙之门"。这正是老子本身对"玄"所下的注解。更进一步具体地说，即是一切万物皆可以随心所欲，把握在手中。道家形容修道有成就的人为"宇宙在手，万化由心"，意思在此。一个人能够把宇宙轻轻松松掌握在股掌之间，万有的千变万化由他自由指挥、创造，这不是比上帝还要伟大了吗？至于"通"，是无所不通达的意思，相当于佛家所讲的"圆融无碍"。也就是《易经·系传》所说的："变动不居，周流六虚。""六虚"也叫"六合"，就是东南西北上下，凡所有法，在天地间都是变化莫测的。以上是说明修道有所成就，到了某一阶段，便合于"微妙玄通，深不可识"的境界。

因此老子又说："夫唯不可识，故强为之容。"一个得道有所成就的人，一般人简直没有办法认识他，也没有办法确定他，因为他已经圆满和谐，无所不通。凡是圆满的事物，站在哪一个角度来看，都是令人肯定的，没有不顺眼的。若是有所形容，那也是勉勉强强套上去而已。

接着老子就说明一个得道人所应做到的本分，其实也是点出了每一个人自己该有的修养。换句话说，在中国文化道家的观念里，凡是一个知识分子，都要能够胜任每一件事情。再详加研究的话，老子这里所说，正与《礼记·儒行篇》所讲上古时一个读书人的行为标准相符。不过《老子》这一章中，所形容的与《儒行篇》的说辞不同。以现在的观念看来，《礼记》的描写比较科学化、有规格。道家老子的描写则偏向文学性，在逻辑上走的是比喻的路线，详细的规模由大家自己去定。

"豫兮若冬涉川"，一个真正有道的人，做人做事绝不草率，凡事都先慎重考虑。"豫"，有所预备，也就是古人所说"凡事豫立而不劳"。一件事情，不经过大脑去研究，贸然就下决定，冒冒失失去做、去说,那是一般人的习性。"凡事都从忙里错,谁人知向静中修。"学道的人,因应万事,要有非常从容的态度。做人做事要修养到从容豫逸,"无为而无不为"。"无为",表面看来似没有所作所为,实际上,却是智慧高超,反应迅速,举手投足之间,早已考虑周详,事先早已下了最适当的决定。看他好像一点都不紧张,其实比谁都审慎周详,只因为智慧高,转动得太快,别人看不出来而已。并且,平时待人接物,样样心里都清清楚楚,一举一动毫不含糊。这种修养的态度,便是"豫立而不劳"的形相。这也正是中国文化的千古名言,也是颠扑不破、人人当学的格言。如同一个恰到好处的格子,你无论如何都没有办法逾越,它本来就是一种完美的规格。

但是"豫兮"又是怎样"豫"法呢?答案是"若冬涉川"。这句话在文字上很容易懂,就是如冬天过河一样。可是冬天过河,究竟是个什么样子?在中国南方不易看到这类景象,要到北方才体会得出来个中滋味。冬天黄河水面结冰,整条大河可能覆盖上一层厚厚的冰雪。不但是人,马车牛车各种交通工具,也可以从冰上跑过去,但是千万小心,有时到河川中间,万一踏到冰水融化的地方,一失足掉下去便没了命。古人说:"如临深渊,如履薄冰",正是这个意思。做人处事,必须要小心谨慎战战兢兢。虽然"艺高人胆大",本事高超的人,看天下事,都觉得很容易。例如说,拿破仑的字典里没有"难"字。事实上,正因为拿破仑目空一切,终归失败。如果是智慧平常的人,反而不会把任何事情看得太简单,不敢掉以轻心;而且对待每一个人,都当作比自己高明,不敢贡高我慢。所以,老子这句话说明了,一个有修为的人,必须时时怀着好比冬天从冰河上走过,稍一不慎,就有丧失生命的危险,加以戒慎恐惧。

接着,老子又举了另外一个比喻,"犹兮若畏四邻",来解释一个修道者的思虑周详，慎谋能断。"犹"是猴子之属的一种动物，和狐狸一样，它要出洞或下树之前，一定先把四面八方的动静，看得一清二楚，才敢有所行动。这种小心翼翼的特点，也许要比老鼠伟大一点。我们形容做事胆子很小，畏畏缩缩，没有信心而犹豫不决，另有一句谚语，便是"首鼠两端"。这句话的涵义和犹豫不决差不多。只要仔细观察老鼠出洞的模样，便会发现，老鼠往往刚爬出洞来几步，左右一看，马上又迅速转头退回去了。它本想前进，却又疑神疑鬼，退回洞里；等一会儿，又跑出来，可是还没多跑几步路，又缩回去了。如此，大概需要反复几次，最后才敢冲出去。"犹"这种动物也一样，它每次行动，必定先东看看，西瞧瞧，等一切都观察清楚，知道没有危险，才敢出来。

　　这是说，修道的人在人生的路程上，对于自己，对于外界，都要认识得清清楚楚。"犹兮若畏四邻"，如同犹一样，好像四面八方都有情况，都有敌人，心存害怕，不得不提心吊胆，小心翼翼。就算你不活在这个复杂的社会里，或者只是单独一个人走在旷野中，总算是没有敌人了吧！然而这旷野有可能就是你的敌人，走着走着，说不定你便在这荒山野地跌了一跤，永远爬不起来。所以，人生在世就要有那么的小心。

　　接着，"俨兮其若容"，表示一个修道的人，待人处事都很恭敬，随时随地绝不马虎。子思所著的《中庸》，所谓的"慎独"，恰有类同之处。一个人独自在夜深人静的时候，虽然没有其他的外人在，却也好像面对祖宗，面对菩萨，面对上帝那么恭恭敬敬，不该因独处而使行为荒唐离谱，不合情理。

　　大家晓得中国文化有一部最根本的书籍——《礼记》。这部《礼记》，等于中华民族上古时期不成文的大宪书，也就是中华文化的根源，百科宝典的依据。一般人都以为，《礼记》只是谈论礼节的书而已,其实礼节只是其中的一项代表。什么叫做"礼"?并不一定是要你只管叩头礼拜的那种表面行为。《礼记》第一句话:"毋不敬,俨若思",真正礼的精神,在于自己无论何时何地,皆抱着虔诚恭敬的态度。处理事情,待人接物,不管做生意也好,读书也好,随时对自己都很严谨,不荒腔走板。"俨若思",俨是形容词,非常自尊自重,非常严正、恭敬地管理自己。胸襟气度包罗万物,人格宽容博大,能够原谅一切,包容万汇,便是"俨兮其若容"雍容庄重的神态。这是讲有道者所当具有的生活态度,等于是修道人的戒律,一个可贵的生活准则。

上面所谈,处处提出一个学道人应有的严肃态度。可是这样并不完全,他更有洒脱自在,怡然自得的一面。究竟洒脱到什么程度呢?"涣兮若冰之将释"。春天到了,天气渐渐暖和,冰山雪块遇到暖和的天气就慢慢融化、散开,变成清流,普润大地。我们晓得孔子的学生形容孔子"望之俨然,即之也温",刚看到他的时候,个个怕他,等到一接近相处时,倒觉得很温暖,很亲切。"俨兮其若容,涣兮若冰之将释",就是这么一个意思。前句讲人格之庄严宽大,后句讲胸襟气度的潇洒。

不但如此,一个修道人的一言一行,一举一动,也要非常厚道老实,朴实不夸。像一块石头,虽然里面藏有一块上好宝玉,或者金刚钻一类的东西,但没有敲开以前,别人不晓得里面竟有无价之宝。表面看来,只是一个很粗陋的石块。或者有如一块沾满灰泥,其貌不扬的木头,殊不知把它外层的杂物一拨开来,便是一块可供雕刻的上等楠木,乃至更高贵、更难得的沉香木。若是不拨开来看,根本无法一窥究竟。

至于"旷兮其若谷",则是比喻思想的豁达、空灵。修道有成的人,脑子是非常清明空灵的。如同山谷一样,空空洞洞,到山谷里一叫,就有回声,反应很灵敏。为什么一个有智慧的人反应会那么灵敏？因为他的心境永远保持在空灵无着之中。心境不空的人，便如庄子所说："夫子犹有蓬之心也夫"，整个心都被蓬茅塞死了，等于现在骂人的话："你的脑子是水泥做的，怎么那样不通窍。"整天迷迷糊糊，莫名其妙，岂不糟糕！心中不应被蓬茅堵住，而应海阔天空，空旷得纤尘不染。道家讲"清虚"，佛家讲空，空到极点，清虚到极点，这时候的智慧自然高远，反应也就灵敏。

其实，有道的人是不容易看出来的。老子在上面已说过："和其光，同其尘。"表面上给人看起来像个"混公"，大混蛋一个，"浑兮其若浊"，昏头昏脑，浑浑噩噩，好像什么都不懂。因为真正有道之士，用不着刻意表示自己有道，自己以为了不起。用不着装模作样，故作姿态。本来就很平凡，平凡到混混浊浊，没人识得。这是修道的一个阶段。依老子的看法，一个修道有成的人，是难以用语言文字去界定他的。勉强形容的话，只好拿山谷、朴玉、释冰等等意象来象征他的境界，但那也只是外形的描述而已。

濯足浊流人自清

第十五章

因此需要再来两句话，"孰能浊以静之徐清，孰能安以动之徐生"是连接上文讲的，表现了老子文章的独特风格。上面几句话一路下来，一直写得很轻松自然，假使我们只从文字表面去读，起先好像是懂了，若仔细深一层去研究，那便有点捉摸不定了。

现在这两句话，到底是形容修道人的模样呢？还是说反面话，我们对照前后文看看，还是不易搞清楚，究竟为何而说。读古人的书很难，首先暂且不要去看前人的注解。前人也许比我们高明，但也有比我们不明的地方。因为著书立说的人，难免都有先入为主的观念，除非真把古今各类书籍，读得融会贯通，否则见识不多，随便读一本书，就把里面别人的注解、观念，当做稀有至宝，一古遢遢全装进自己的脑袋瓜子里去，成为先入为主的偏见。然后，再来看讨论同样的问题的第二本书，如果作者持着相反的意见，便认为不对，认为是谬论，死心眼地执著第一本书的看法，这不很可怜吗？却不晓得研究中国文化的图书，几千年下来，连篇累牍，不可胜数。光是一部《四库全书》就堆积如山，而《老子》一书的注解，可说汗牛充栋，各家有各家的说法。有人读到焦头烂额，无法分清哪一种说法合理，只好想一套说词，自圆其说。最后又再三推敲，自己又怀疑起来。因此，我们最好还是读《老子》的原文，从原文中去找答案，去发现老子自己的注解。

前文提到"浑兮其若浊"，用来说明修道之士的"微妙玄通"，接着几句形容词，都是这个"通"字的解说。也就是从哪一方面来讲，都没有障碍。像个虚体的圆球，没有轮廓，却是面面俱到，相互涵摄。彻底而言，即是佛家所言"圆融无碍"。成了道的人，自然圆满融会，贯通一切，四通八达，了无障碍。而其外相正是"混兮其若浊"，和我们这个混浊的世界上一群浑浑噩噩的人们，并无两样。

这不就说完了吗？不就已透露出"孰能浊以静之徐清，孰能安以动之徐生"所隐含的消息吗？现在更进一步，解释修道的程序与方法，作为更详细的说明。人的学问修养、身心状况，如何才能达到微妙玄通，深不可识的境界呢？只有一个办法，好好在混浊动乱的状态下平静下来，慢慢稳定下来，使之臻于纯粹清明的地步。以后世佛道合流的话来说，就是"圆同太虚，纤尘不染"，不但一点尘埃都没有，即便连"金屑"，黄金的粉末也都找不着，务必使之纯清绝顶。

同时，我们还要认清一个观念。什么叫"浊"呢？佛学在《阿弥陀经》上有"五浊恶世"之说。因此，我们古代的文字，也常描写这个世界为"浊世"。例如形容一个年轻人很英俊潇洒，就说他是"翩翩浊世之佳公子也"，相当现在穿牛仔裤的年轻小伙子，长发披头，眼睛乌溜溜，东瞟西瞟，女孩子暗地里叫声"好帅"一样。

生长在世局纷乱，动荡不安的时代里，我们静的修养怎样能够做到呢？这相当困难，尤其现代人，身处二十世纪末叶，二十一世纪即将来临的时代。人类内在思想的紊乱，和外在环境的乱七八糟，形成正比例的相互影响，早已不是"浊世"一词便能交待了事了。什么"交通污染""噪音污染""工业污染""环境污染"等等后患无穷的公害，又有谁能受得了？

因此，"孰能浊以静之徐清"，谁却能够在浊世中慢慢修习到身心清静？这在道家有一套经过确实验证的方法与功夫。譬如，一杯混浊的水，放着不动，这样长久平静下来，混浊的泥渣自然沉淀，终至转浊为清，成为一杯清水，这是一个方法。然而，由浊到静，由静到清，这只是修道的前三个阶段，还不行。更要进一步，"孰能安以"，也就同佛家所讲的修止修观，或修定的功夫，久而安于本位，直到超越时间空间的范围，然后才谈得上得道。

这等于儒家的曾子所著的《大学》注重修身养性的程序，"知止而后有定，定而后能静，静而后能安，安而后能虑，虑而后能得"是同一个路线，只是表达不同而已。如果我们站在道家的立场，看儒道两家的文化，可套句老子的话作结论："此二者同出而异名。"

动的哲学

然而,由浊起修,由静而清,由清而安,这还只是修道的一半,另一半"动之徐生",才是更重要的。否则,那只不过是小乘的境界罢了。只管自己,未能积极济世,自己一个人躲到山上静坐一万年,那又与庞大的人群有何相干?因此,还得"安以动之徐生",由道体上起种种妙用。

此处的"动",不是盲从乱动,不是浊世中人随波逐流的动,不是"举世多从忙里错"的乱动。世上许多人钻营忙碌了一辈子,究竟为谁辛苦为谁忙?到头来自己都搞不清楚。真正的动,是明明白白而又充满意义的"动之徐生",心平气和,生生不息。我们也可以说一句俏皮话,这就是老子的秘密法宝吧!老子把做功夫的方法,修养的程序与层次都说了,告诉你在静到极点后,要能起用、起动。动以后,则是生生不息,永远长生。佛家说"无生",道家标榜"长生",耶稣基督则用"永生",但都是形容生命另一重意义的生生不已。只是在老子,他却用了一个"徐生"来表达。

"徐生"的涵义,也可说是生生不息的长生妙用,它是慢慢地用。这个观念很重要。等于能源一样,慢慢地用,俭省地用,虽说能源充满宇宙,永远存在,若是不加节制,乱用一通,那只是自我糟蹋而已。"动之徐生",也是我们做人做事的法则。道家要人做一切事不暴不躁,不"乱"不"浊",一切要悠然"徐生",慢慢地来。态度从容,怡然自得,千万不要气急败坏,自乱阵脚。这也是修道的秘诀,不一定只说盘腿打坐才是。做人做事,且慢一拍,就是道理。不过,太懒散的人不可以慢,应快两拍,否则本来已是拖拖拉拉要死不活,为了修道,再慢一拍,那就完了,永远赶不上时代,和社会脱了节。

"徐生"是针对普通一般人而言,尤其这个时代,更为需要。社会上,几乎每一个人都是天天分秒必争,忙忙碌碌,事事穷紧张,不知是为了什么,好像疯狂大赛车一样,在拼命玩命。所以更要"动之徐生"。如果做生意的话,便是"动之徐赚"。慢慢地赚,细水长流,钱永远有你的份;一下赚饱了,成了暴发户,下次没得赚,这个生意就不好玩了。"动之徐生",所可阐述的意义很多,可以多方面去运用。浅显而言,什么是"动之徐生"的修道功夫?"从容"便是。

生命的原则若是合乎"动之徐生",那将很好。任何事情,任何行为,能慢一步蛮好的。我们的寿命,欲想保持长久,在年纪大的人来说,就不能过"盈"过"满"。对那些年老的朋友,我常告诉他们,应该少讲究一点营养,"保此道者不欲盈",凡事做到九分半就已差不多了。该适可而止,非要百分之百,或者过了头,那么保证你适得其反。

比方年轻人谈恋爱,应该懂得恋爱的哲学。凡是最可爱的,就是爱得死去活来爱不到的。且看古今中外那些缠绵悱恻的恋爱小说,描写到感情深切处,可以为他殉情自杀,可以为他痛哭流涕。但是,真在一起了,算算他们你侬我侬的美满时间,又能有多久?即便是《红楼梦》,也不到几年之间就完了,比较长一点的《浮生六记》,也难逃先甜后惨的结局。所以人生最好的境界是"不欲盈"。虽然有那永远追求不到的事,却同李商隐的名诗所说:"此情可待成追忆,只是当时已惘然。"岂非值得永远闭上眼睛,在虚无缥缈的境界中,回味那似有若无之间,该多有余味呢!不然,睁着一双大眼睛,气得死去活来,这两句诗所说的人生情味,就没啥味道了。

中国文化同一根源,儒家道理也一样。《书经》也说:"谦受益,满招损。""谦"字亦可解释为"欠"。万事欠一点,如喝酒一样,欠一杯就蛮好,不醉了,还能惺惺寂寂,脑子清醒。如果再加一杯,那就非丑态毕露,丢人现眼不可——"满招损"。又如一杯茶,八分满就差不多了,再加满十分,一定非溢出来不可。

大家千万注意老子的话,吉事怎样方得长久?有财富如何保持财富?有权利如何保持权利?这就要做到"不欲盈"。曾有一位朋友谈到人之求名,他说有名有姓就好了,不要再求了,再求也不过一个名,总共两个字或三个字,没有什么道理。

有一次,从台北坐火车旅行,与我坐在同一个双人座的旅客,正在看我写的一本书,差不多快到台南站,见他一直看得津津有味。后来两人交谈起来,谈话中他告诉我说:"这本书是南某人作的。"我说:"你认识他吗?"他答:"不认识啊,这个人写了很多书,都写得很好。"我说:"你既然这样介绍,下了车我也去买一本来看。"我们的谈话到此打住,这蛮好。当时我如果说:"我就是南某人。"他一定回答说:"久仰,久仰。"然后来一番当然的恭维,这一俗套,就没有意思了。

"此情可待成追忆,只是当时已惘然",名利如此,权势也如此。即使家庭父子、兄弟、夫妻之间,也要留一点缺陷,才会有美感。例如文艺作品的爱情小说而言,情节中留一点缺陷,如前面所说的《红楼梦》《浮生六记》等,总是美的。又如一件古董,有了一丝裂痕,摆在那里,绝对心痛得很。若是完好无缺的东西摆在那里,那也只是看看而已,绝不心痛。可是人们总觉得心痛才有价值,意味才更深长,你说是吗?

因为能不盈不满,所以才能"夫唯不盈,故能蔽不新成"。"蔽",就是保护很好的旧东西,由于东西永远是旧的,是原来的样子,一直小心使用,并没有坏。因此,旧的不去,新的不来。这便是"不生不灭,不垢不净,不增不减"的长生之道。所以最难还是在能否做到"不欲盈"。其实，现在修道做功夫的人很多，为什么大家功夫都不上路，就因为违反了"不欲盈"的原则，而都在求盈。打坐时，境界稍好一点，下意识便希求更好，拼命执著这个境界，这样"欲盈"的结果，功夫反而不上路。如果了解"保此道者不欲盈"，把这做功夫的原则把握住了，自然受益无穷。

第十五章

第十六章

老子他说

> 致虚极,守静笃。万物并作,吾以观复。夫物芸芸,各复归其根。归根曰静,是谓复命。复命曰常,知常曰明。不知常,妄作凶。知常容,容乃公,公乃王,王乃天,天乃道,道乃久。没身不殆。

静的妙用

"致虚极,守静笃。万物并作,吾以观复。夫物芸芸,各复归其根。归根曰静,是谓复命。"这是道家修道的原则和方法,离开此原则都不对。有些人想修道、学静坐,那便应该读懂此文,彻底了解真正的方法。其实,只要有个方法在,已不叫求静,而是求动。既然要放心打坐,那么你还再加个什么方法,那岂不更乱更忙吗?

《老子》及一切道家学神仙丹道的经论,合成《道藏》,有八千余卷之多,《老子》只是其中一卷,看是看不完的。你若读完,准有发疯的可能。但我全读完了,却没有发疯。看过以后,我明白了这一卷所谓的"那个",就是那一卷所说的"这个",自然而然加以融会贯通。大概地说,八千多卷的《道藏》,根本离不开老子的六个字:"致虚极,守静笃。""虚"差不多等于佛家的"空",有些道家丹经上干脆也用空,那是唐、宋以后丹书受了佛家影响的原故。

以往的道家只有"清"与"虚"两个字。"清"是形容那个境界,而"虚"则是象征那个境界的空灵,二者其实是一回事。"致"是动词,是做到、达到;"致虚极",要你做到空到极点,没有任何染污。至于空到极点是个什么样子呢？若还有个样子就不叫空了。空没得个相貌可寻。

而"守静笃"讲的是功夫、作用，硬要你专一坚持地守住。且用禅宗黄龙南禅师的几句形容词："如灵猫捕鼠，目睛不瞬，四足据地，诸根顺向，首尾直立，拟无不中。"一只精灵异常的猫，等着要抓老鼠，四只脚蹲在地上，头端正，尾巴直竖起来，两只锐利的眼珠直盯即将到手的猎物，聚精会神，动也不动，随时伺机一跃，给予致命的一击。这是形容一个参禅的人，参话头，做功夫，精神集中，心无旁骛的情况。不如此，道功无法成就。

禅宗大师们另外还有个比喻："如鸡之孵卵。"这就不像猫捕老鼠，瞪眼张爪，蓄势待发了。而是闭着眼睛，迷迷糊糊，天塌下来都不管，你踢它一脚，它叫也不叫，理也不理，只是死心眼直守着那个心肝宝贝的鸡蛋。这样也是一种修定的功夫，也是形容虚到极点，静到极点，如同老子所说的"致虚极，守静笃"这六字真言。这六字，已经把所有修道做功夫的方法，与修道的境界、层次，都说完了。世界上各宗各派、各式各样的修道方式，都是为了达到这个目的。下面接着加以说明理由。

"万物并作，吾以观复。""作"是形容词，宇宙万物，山河大地，无时无刻不在变动，永无止境地发展创化。一直在动中，并没有静过，宇宙的表现，是一个动态的世界。每一个人都在不停地忙碌，每一根草都在生生不息地成长，这是一种道的作用状况。所有生命都在生化中，这是合理的；生化到了尽头，自然死亡，这也是合理的。"万物并作"，都在创造变化，活活泼泼朝向死亡之路走去。因此，庄子解释天地万事万物说："方生方死。"刚刚出生落地的那一天，就是死亡开始的那一天。一个小孩生下来满一个月，亲戚朋友高高兴兴来庆祝，而在前面的二十九天的生命现象已成为过去了。早已死亡。就算后来活一百年,但在前面的九十九年,也都已死亡,消逝得无影无踪。

从生命的两头来看,庄子很幽默地指出人生的一切,根本就是"不亡以待时尽"。"方生方死",生命看来似幸福平安,实际是在那里等死而已。只不过排着队比别人多等些时候罢了。从第一天出生开始,等到最后一刻结束,这有多么的滑稽可笑!道家这种看法,未免太伤感了。其实,更深一层体会,方生方死,方死方生,即生即死,即死即生,又何必那么看不开呢?

那么如何才能使自己不死?"万物并作,吾以观复。""复"是回头的来路,如果借用佛家"无量无边"的形容词来说生命的力量,本是无穷无尽,一直保留在那里,永远不生不灭。不生并非断灭相,不是枯寂,更不是完全没有东西,而是说永远有无限的能量存在那里,用而不用,不会消耗殆尽。这种无比伟大的生命价值,姑名之为不生,在老子叫"复"。"复"也是个卦名,复卦又称做"地雷复"——䷗,上面是坤卦,表征为地,下面是震卦,表征为雷。雷表示电能,生命发展的能源,从此发生。因此老子在后文提出"反回去"的观念"反者,道之动",回归生命本初的状态。修道是返回根本,追求生命最初来源的那个东西。

"万物并作,吾以观复",有志向道的人,不是鲁莽地横冲直撞,向前穷进,而是回头走,走到生命来源之处。禅宗后世的惯用语"还我本来面目",可当参考,作为此话的注解。真发现自己本来面目,明心见性,便开始接上那生命本具、源源不断、庞大无比的能源。

芸芸众生的命根

"夫物芸芸,各复归其根,归根曰静,是谓复命,复命曰常。"我们看看,天地间的万物,生长最快的是什么?——草。"野火烧不尽,春风吹又生。"把它的根挖掉以后,只要有一点不尽之处,它又会很快地长出来。生生不息的力量,草木似乎算是最快、最明显的例子。依中国人阴阳五行的术语来说,木是代表于生发之机,东方把木表现作生生不息的现象。草木是同一词意。"芸芸"代表一种普普通通的草,也用来形容宇宙万物的生生不息。死了一批,又生一批,越生越多,叫做"芸芸"。后世便由这道家的"芸芸",和佛家的"众生",演变成文学上一个很优美的名词"芸芸众生"。后来又有"林林总总"一词的出现,也是形容犹如草木的多得不可胜数的情形。

老子说,一切万物那么多彩多姿,"各复归其根",他观察每一个生命,皆是依赖它自己的根本而活。草木无根,活不了的。人也有根,人的根在哪里?我常常看到许多朋友一心求道,却是盲修瞎炼,拼命把丹田当作根,那是不对的;也有人误认为根在肚脐,更是离谱。肚脐只是未出生时和母亲接连一起吸收养分的通口而已,一落地就剪断了,怎么会是修道的根呢?人的根是在虚空,在头顶上。虚空就是我们的泥土,这就是人与万物不同之处。植物的根栽在泥土中,人与植物相反,根栽在虚空中。所以,道家讲修道,"还精补脑,长生不老",此"精"不完全是指精虫之精,只是与精虫有连带关系。我们看中国国画,主寿的寿星老人——南极仙翁,他那个脑袋被画得比平常人高出一重来,叫做"寿头"。脑子也是智慧的渊源。所以,婴儿刚生下来时,头顶的囟门凹处,里面还是洞开的,与天根相接,对人的肉体生命来说,所谓"天根月窟常来往",便指此处。等到此处封闭坚硬以后,他就慢慢开始会讲话,意识渐渐成长,天根便截断了。要修到还精补脑,长生不老,脑的内涵,就是指此"根"。

但是,要如何"归根"呢?唯一的方法,就是求静。"归根曰静,是谓复命。"能够静到极点,才能找到生命的本源,回归生命的根本。这个根是什么?——虚空。"致虚极,守静笃。"在佛家则直截了当地告诉我们"空"。所谓空,也只是个形容词而已,千万别认为空就是没有,那就错了。空等于老子所说的"清虚"。那么,"归根曰静,是谓复命",静到极点是怎样的一种状况呢?道家有两句话:"虚空粉碎,大地平沉",描述这个静到极点的境界,连空也要打破,才是真静。

道家讲修道的过程,"炼精化气,炼气化神,炼神还虚",其原则没错,但这之间的种种程序变化,麻烦得很。一定要做到,不但没有身形人我的感觉,连这个物质世界、意识影像,甚至虚空的感受都没有了,才算合乎"致虚极,守静笃"的境界。

老子的文章刚刚在此露出一点道的曙光,马上笔锋一带,又转回去了。如同打太极拳一样,看似一拳打过来,却又缩回去,你说不打嘛,等一下那只手又从另一边攻来,难以提防,挡也挡不住。这是道家神龙见首不见尾的精神。《老子》这本书的编述也是这样,因此接着又说明道体作用的现象。

"复命曰常",找到生命的根源,便能"不生不死",永远常在,永远存在。"知常曰明",你体会到生命根源是不生不灭,那就叫做明道,成了明白人,再也不懵懵懂懂,迷迷糊糊了。如果人不明白道的根本,不明白生命的本来,"不知常,妄作凶",乱作妄为,必然大凶大害,没有好结果。不知生命真理所在,莫名其妙,乱用道体,下场的危险性,自不待言。

我们拿中国哲学的看法来讲,不管是佛学也好,道家也好,《易经》也好,讲人生都没得呆板、固定的结论。本来嘛!历史上有哪一个人真能找到结论呢?我们看《易经》最妙了,八八六十四卦,最后一卦是未济——䷿火水未济,是永远没完,下不了结论的。一切事物的发展,永远没得底,无量无边,永无止境,难以捉摸。也可以说它永远自有源头活水来,滔滔不绝,滚滚而来。如何加以形容,那是各人各家的主观。《易经》由乾坤开始,到未济而终。我们若读懂了,就体会到古人所说"闲坐小窗读《周易》,不知春去几多时"两句诗的意味了。

我经常对同学们说,有两样东西必须要学——佛学与《易经》。但这两门学问,穷一辈子之力,并不易学通,也不需学通。不学通,永远追求不到,似通非通的那个样子,其味无穷,一辈子有事消遣——老了也不寂寞,越研究越有趣。古人说,"夜读《易》",如果夜里读《易经》,鬼神都受不了。我的经验,是夜里读《易经》,保险睡不着觉。刚刚读啊读,看出一点名堂,便想弄个清楚,继续看下去,等告一段落再睡,结果一段接一段,不知不觉天已经亮了。真是"闲坐小窗读《周易》,不知春去几多时",一整个春天何时溜走了,都不知道,这个味道很好。

若是学通了的人,把人生看得一清二楚,透透彻彻,这个人生还有什么味道?还有什么美感?隐隐约约蛮好,拉开人生的内幕,一望无遗,那就一点都不艺术了。也许这是笑话,总之,假如真把易学贯通了,"微妙玄通",通达一切,那也好。

"常"并不全等于永恒,一个人不知常,那就要从自己的生命回过头来找。"夫物芸芸,各复归其根,归根曰静,是谓复命。"也就是说宇宙生命的来源,本来是清虚的。"本来无一物,何处惹尘埃?"又何必对什么事都抓得很牢,不肯放手呢?其实没有一样东西可以抓住的。你别刻意去计较,整个宇宙万物,本来都属于你嘛!人家问我,怎样学布施才不过分贪心营利集财?我说:"地球都是你的,你为什么不布施。"反正达观不犯法,地球也是你的、他的、大家的,也是自己的。这是知常。我们生命的本来,不生不灭,对这不生不灭的本原,要把握得住,认识得透彻。"不知常,妄作凶",醉生梦死,盲目人生,那将没有好结果的。

知"常"要把握住道的本原,才懂得做人,才懂得做事。知"常"便能"容",胸襟可以包容万象,盖天盖地。因为有此胸襟,智慧的领域扩大,不可限量,故说"容乃公",自然做到天下为公,毫无私心。

既然能"容乃公",当然"公乃王"。王者,旺也,望也,助也。一切万物皆欣欣向荣,活活泼泼,彼此得助。命相家常告诉看相的人,依你八字要做某一件事,需选某一个自己的"旺相日"。是初一,还是十五?比如说,某人属火,而木能生火,那么那个属木的日子,便是他的"旺相日"。"相"是辅助,帮助的意思。在五行中,各人有各人的旺相日,你的旺相日对你比较有利,对于他人,那就不一定了。

"公乃王",此"王"并不一定作王解。照现代意思解说,一切为社会,佛家则言一切为度众生;忘了自我,处处为人着想,你度众生,众生亦度你。若用一般合作的标语说,那便是"人人为我,我为人人。"你为人人,人人为你,最后不分彼此,都是一样的。"公乃王,王乃天",就符合天地自然法则。天地生长万物,日月照临万物,公平无差,并不计较报酬,这是"天乃道"的自然法则。

有天地一样无所不包的胸襟,便合乎道的原则,那么才能"道乃久",源远流长,长生不老。佛家所说的"无我",就是"大公",就是"天道"。明白了天道,就"没身不殆"了。"没身",是说我们这个生命,活到最后一口气不来,死后骨头化成灰尘,肉体了了,但是生命的精神却永远常存。长生不老,它的重点,全在"致虚极,守静笃"这六个字上。

第十七章

老子他说

> 太上，下知有之，其次，亲而誉之；其次，畏之；其次，侮之。信不足焉，有不信焉。悠兮其贵言，功成事遂，百姓皆谓我自然。

人生哲学与道的层面

这一章，老子另起炉灶，又提出一个名称叫做"太上"。"太上"等于《易经·系传》上的："形而上者谓之道。"现在我们讲中国哲学，有"形而上"三个字，是译自西方名词，但采用《易经》中的观念。"形而上者谓之道"，是说万物尚未生长以前，名之为道。"形而下者谓之器"，是说有形象的万般事物生长起来了，各式各样，五花八门不可胜数，就叫"器世界"——物理世界。形成物理世界之前，名之为"道"，《易经》称为"形而上"。

道家"太上"的名称，初见于《老子》。其实殷商以前就有"太上"这个名词了。中国文学上有句"太上忘情"。固然，人生最痛苦最难做到的是忘情，人之所以活着，大都靠着人情的维系。人是感情的动物，古人说："无情何必生斯世，有好终须累此身"，有你我就有感情，有感情就有烦恼，有烦恼就有是非，有是非就有痛苦。因情受苦，忘情更难。然而"太上忘情"，并非无情，而是大慈大悲，无偏无私的大情，譬如天地生育万物，平等无差，不求回报。

老子所讲"太上"，是太过多情又似忘情之道，只有"下知有之"。所谓"下知有之"的意义，是说有一种下等人，我们认为他很笨，其实他倒是真智慧，早已领悟到"道"的人。真正的哲学家,都出在乡曲地方,虽然一辈子没读过书,真同一位大哲学家、大思想家。当他遭遇到痛苦时,就痛痛快快哭一阵,想想自己命苦就算了。我有时常有此感触,尤其在偏远的落后地区,看到茅屋破寮里头,有些老人家,穿得破破烂烂,食不果腹,有一餐没一餐的,日子苦死了。你问他:"为什么不住儿子家养老?"他很轻松回答说:"我这一生注定命苦,只有认命!"真令人听了肃然起敬。他比谁都懂得人生哲学,"认了"就好了。

像我们有些人,自认是第一等读书人,其实并不如乡愚的智慧。他们才是宗教家、哲学家。尤其有些年轻人学佛学道,刚看了一点佛学,就自以为只差那么一点点,好像同佛差不多了,很可悲。而那种表面看似下愚的人,却倒知道有一个东西,不管是叫"佛"、叫"天"、叫"上帝",或者以中国古代的代号叫"命",他就认定那个东西,至死不渝,比别人都看得开,都豁达。这便是"太上,下知有之"的道理。

再下一等人,相信要烧香供养,磕头拜拜,赞叹不绝,每天还要反反复复唱念几次,这是属于宗教性的仪式活动,便是"其次,亲而誉之"的楷模。更有其次的人,他也许不信宗教,亦不信道,但内心无形中却有一个可畏的东西。实际上,我们认为最下愚的人,往往才是真正第一等的修道人。要不然,需要有真正智慧超越的人才能修道。我经常说,有两种人可以学禅。一种是一个字也不认得,像张白纸,本身很容易修道开悟。另一种硬要智慧透彻,聪明绝顶才行。像我们这些不上不下的半吊子,半通不通的,最要不得,修道往往一无所成。老子讲了这三种人,侧重于"大智若愚"的要点,换言之,大愚也就若智了。

如此,等而下之的,"其次,侮之。"又下一等的人,偏不信道。"上士闻道,勤而行之",真高明的人一闻道就悟了,并且百分之百地奉行。"中士闻道,若存若亡",这种人听尽管听,说是不信吗？却又每个礼拜天一定上教堂祈祷礼拜。一到初一、十五，便一本正经跑庙子，上香拜佛。平常庸庸碌碌、随随便便，好像只有那一天才有菩萨、神明显灵，其他时间，胡作非为都可以，这便是若存若亡。还有些人，听人传道说法，自认为最高明，认为别人都是神经病，一笑，就走开不理了，这就是"其次，侮之"的典型。"下士闻道，大笑而走之"，便是如此。后人又补上一句："不笑不足以为道"，那是说，如果不这样不屑地嘲笑一下，那还算有道吗？彼此顽固托大，都自以为是，看来多么可笑。

再说"其次，侮之"的人，根本不管天高地厚，根本不信道，以为信道对人格是一种侮辱。总之，"信不足焉，有不信焉"。人的智慧参差不齐，有些人信是信，却不彻底，半信半疑，因为他没有把真理穷究彻底。有些人根本就不信，硬说个"老子偏不信邪"，你也把他没有办法。此中的千差万别，老子并没有再详加分析。这等于人类天生智能的分级，佛学则分为众生的五种"种性"，也就是所谓的"根器"之说，颇为相似。

这一章，老子最后下一结论，形容这个道说："悠兮其贵言，功成事遂，百姓皆谓我自然。"这等于说，道是天地的公道。学道并没有什么秘密的，只要你程度够，诚心向学，一定便可得道。道为天下所共有，既不属于你，也不属于我，若你懂得的话，方知本来属于你，也属于大家，不是某一个人享受的禁脔。千万别认为真理只在自己这边，非要求道求法的人巴结你，向你磕头行礼才能传道。我认为这种作风，是作践自己，多没意思。

道不藏私，但却"悠兮其贵言"。"悠兮"是悠然自得，所谓"其贵言"的意思，却很难说得清楚。"贵言"，不是说应该很宝贵地告诉你这个意思，而是再怎样高明的语言文字，都很难形容出道的境界。那么，道在何处见？——在行为上、现象上见。道的本体,无形无相,"说似一物即不是",不能用世间名相来界定它。"有生于无",宇宙万物就从这"清虚空灵"的"无"中建立起来,故曰"功成事遂"。

一个修道人真通达了道,才能看透道的表达作用,才能认识道的本来面目,和如何创造千变万化的宇宙事物。道体所表达出来的东西,只是其第二重的影子而已。我们要认识它的根本,只好在这第二重的投影上,在这道体所创造出来的事功上去了解。这个事功尚分二重意义。依儒家世间的学问,即平常我们所讲事业的成就,比如,学科学应该有所发明。你学什么?学物理,那你还在学习阶段,不是物理学家,更不是物理科学家。你学化学,那也不算化学家,或者化学科学家。那开始发明,发明物理或化学原理的,才算摸到宇宙科学的真髓,而由当中表达出一套事物的规则,再由这套理论科学的规则中,进一步发展应用科学的实用技术,生产出令人目不暇接的生活用品,利益世人,或者伤害世人。

如此,学道,学世间各种知识,都是一层一层地进到内部的核心,也都一层一层由内部核心,表现出具体的功用来。这之间层次深浅的不同,事功的大小也就有别。这是"功成事遂"。等到事情有所成就,"百姓皆谓我自然"。等你的事功表达出来,久而久之,大家习惯成自然,就说这本来就合于自然之道,没有什么好大惊小怪的。道是自然而有的,可是我们一般人要回转到这道的本来境界上,那是有得修的,这之间还有一个非常重大的历史哲学问题。就是中国哲学与宗教哲学,以及历史哲学的发展史问题,牵涉太广,而且各个问题都可成为专题,暂时到此打住,以后有机会再讲。

第十八章

老子他说

> 大道废，有仁义。智慧出，有大伪。六亲不和有孝慈。国家昏乱有忠臣。

忠臣孝子的伪装

从第十七章的道的层面而相关于中国历史哲学的演变角度来看，我们可以看出老子思想的特殊之处。老子的历史哲学与儒家的观念，乃至一般社会人生的态度相比，另成一格，大异其趣。从前面所说的天道自然，到此，他便提出反对仁义和智慧等的语句。只从文字上看，他是说，中国文化从上古以来，就是一个道，道衰微了，后来的人便提倡仁义道德，结果越强调越糟糕，适得其反。其次，老子也反对智慧。换句话说，知识越发达，教育学问越普及，人类社会阴谋诡诈，作奸犯科的事也就越多，越摆不平。接着，他举出更明显的理由，"六亲不和有孝慈"，在家庭中所谓的六亲，那便是父母、兄弟、夫妇，彼此之间有了矛盾、冲突，才看得出来：何者孝？何者不孝？

如果家庭是个美满的家庭，一团和气，大家和睦相处，那么个个看来都是孝子贤孙，根本用不着特别标榜谁孝谁不孝。如果家中出了个孝子，相对之下，便有不被认同的不孝之子，这其间问题就大了。因此说，六亲不和，才有所谓的"父慈子孝"。我们若是深入研究中国文化特别标榜的"二十四孝"，将发现许多值得讨论的问题。比如拥有大孝美名的舜，其父母可以说不伦不类，很不像话，充分显示了舜的父母，是处在一个问题家庭中，是非不断，非常悲哀，因此舜才成为第一孝子。老子并不喜欢这样，由于一个人的坏，衬托出另一个人的好，那是不幸的事，他希望每个家庭都和乐幸福。

"国家昏乱有忠臣"，同样道理，老子不希望历史上出太多的忠臣义士，忠臣义士并非好现象。我们历史上所谓的忠臣，如岳飞、文天祥、史可法等人，皆为大家所景仰，因为他们对国家民族忠心耿耿，临危受命，连个人宝贵的生命，都可牺牲。然而，这些可歌可泣的忠臣事迹，无不发生于历史混乱、生灵涂炭的悲惨时代。一个忠臣的形成，往往反映了一代老百姓的苦难。假使国家风调雨顺，永处太平盛世；社会上，大家自重自爱，没有杀盗淫掠之事，那么岂不个个是忠臣、人人是好人了吗？因此，他主张不需特别赞美某人好、某人不得了。四十多年前，我在川西灌县灵岩寺，看到有人书刻在灵泉石壁上的两句话："愿天常生好人，愿人常做好事。"便是老子此意，也才是天大的幸福。

老子这几句话，从字面上粗浅一看，似乎非常反对儒家提倡仁义道德，但有几点我们必须注意。

第一，老子在世的那个时代，正是春秋时期，社会面临转型时的种种变动，一个新社会形态逐渐形成，这中间产生了很多病态的现象。老子在此病态社会中，体会出他的人生哲学，才会有这样的说法。他的话，乍看起来是唱反调，但仔细研究一下，这正是一种非常宝贵的正面教育。

我们可以另外举一个反证。例如把孔子作的《礼记》中的《礼运篇》，加以整体研究后，就会发现孔子亦有老子这样的看法。中国文化，素来重视道德的价值，《礼记》中的《礼运篇》已经表达得很清楚。所谓的"德"乃归于"道"中，德是道的用，道是德之体。而这个道又是什么呢？老子自己认为道就是自然，但是由远古到黄帝的时代，人为的一切，已经渐渐不合于道了。

第二，从黄帝以前的远古史来看，在《列子》书中，假托黄帝本身梦想的文章，便是梦游"华胥国"，这是不是真实的故事，此处暂且不加讨论。文中提到，黄帝做梦，到了另外一个国度，那里到处太平安详，没有任何不幸之事，是人类盼望中的天国。这篇"华胥梦"等于中国文化所向往的理想国。其他像柏拉图的"理想国"、莫耳的"乌托邦"，乃至佛家的"极乐世界"、基督教的"天堂"，都是其来有自，反映了这个世间的人类，苦难重重，无时不在斗争战乱中，因此人们便自然而然地追求另一个幸福圆满的境界。而老子所谓的大道，正代表了它的内涵与精神。

其实，老子讲"大道废，有仁义。智慧出，有大伪"的说法，未免失之太刻薄，但这也是爱之心切，所以责之更严。孔子在《礼运篇》也讲得差不多，只是表达方式不同而已。此即儒道二家的态度差别之处，但是道理是相互贯通的。

孔子在《礼运篇》上说："故用人之智去其诈。用人之勇去其怒。用人之仁去其贪。饮食男女，人之大欲存焉。死亡贫苦，人之大恶存焉。故欲恶者，心之大端也。人藏其心，不可测度也，美恶皆在其心，不见及色也。欲一以穷之，舍礼何以哉！"人有了智慧，智慧的反面就是奸诈，用得好就是大智大慧，用歪了就是老奸巨猾，全在一念之间。因此孔子强调"用人之智去其诈"。而大勇的人，往往气魄大，脾气也大。大勇的反面，就是多怒，佛家称之为"嗔"。假使一个大英雄、大丈夫，没有暴烈的坏脾气，那就很可贵了。"用人之仁去其贪"，仁慈本是件好事，但是仁慈太过了，变得婆婆妈妈，待人接物软塌塌的，心理上难免有一种不自觉的贪恋、执著。因此，能够保持一片仁慈博爱之心，而无这层贪着之念，那便不会发生不良的副作用了。从这里，我们已可明确地看出，老子的"大道废，有仁义。智慧出，有大伪"，其意和孔子所讲的道理，并无矛盾冲突之处，只是文学的手法不一样而已。

孔子又说:"饮食男女,人之大欲存焉",吃好的、喝好的,以及喜欢男女间的关系,这是人生根本的欲望。"死亡贫苦,人之大恶存焉",至于死亡和贫穷痛苦,那天底下的人都害怕,都讨厌碰上。所以,"故欲恶者,心之大端也",一个人爱好追求饮食男女的享受,逃避死亡与贫穷的来临,这是心理现象的根本。但是,"人藏其心,不可测度也",人的思想、念头,从外表是很难看出来,也很难测验得知的。一个人动什么脑筋,打什么主意,心地善与不善,只要不表现于行为,有谁会知道?"美恶皆在其心,不见及色也",一切的好坏,全凭他心念的变化,根本没有颜色、声音可资辨别。所有的动机想法都深藏在一个人的内心深处,那么,"欲一以穷之,舍礼何以哉",要把这些人心的根本问题加以整理、统一,使之去芜存菁,转劣从良,恶行成善举,除了"礼"——文化教育外,还有什么办法呢?

春秋两大名医——老子与孔子

整个比较起来,孔子代表儒家的思想,与老子代表的道家思想在理上是一贯的。现在再作更进一步的说明。我们中国讲"仁义"思想,春秋以前也有这种观念,但很少刻意提倡。为什么?那时社会上背情绝义的病态较少。我常说,中国文化里头,经常提到"孝道",与世界其他文化相较,孝道是中国特有的优点,其高明可贵之处,无可置疑。但这同时也说明了,这几千年来,我们不孝之举太多了,因此孔子才不得不提倡孝道。同样地,社会上不仁不义的故事层出不穷,所以圣贤们才用心良苦,提供这服"仁义"的药方,希望社会有所改善。孔子是个文化医生,他把当时文化中的疑难杂症诊断出来,投以对症的药石,尝试解决这些令人头痛的问题。

老子也是个医生,但他是研究医理的医生,也就是医生的医生。他认为儒生们开的药方,对是对,但是药吃多了,难免又会出毛病,副作用在所难免。光讲仁义道德,说得天花乱坠,有人自然要加以利用,做出假仁假义、欺世盗名之事,结果弄巧成拙,照样害人。春秋战国时代的社会病态最为严重,强调仁义,便最积极。老子身处其境,讨厌这种风气,所以从反面来对症下药。

他说:"大道废,有仁义。智慧出,有大伪。"智慧与奸诈,乃一体两面,一线之隔。聪明与狡猾、老实与笨蛋,根本是息息相关的孪生兄弟。诚实的智慧合于"道",用之于世,为人类社会谋福造利,那就对了,名之为"德"。道是体,德是用。然而,诚实虽是好事,若是用不得当,那也会适得其反,坏了事情。

老子这段话,千万不要随随便便看过。近几十年来,我发现有人研究老子,读了此章之后,不作深入一层的体会,便骤下错误的评语说,老子反对仁义,反对智慧,反对做忠臣,反对做孝子。这不曲解得太严重了吗!其实老子并不反对这些,他只是要我们预防其中可能产生的不良作用而已。

每一件事,皆有其正反两面,我们同时必须考虑到。或者时间久了,思想搞不通,走了样;或者某一个观念流行多年,时迁境移,已不合宜,并且流弊丛生,失其原意,这就要懂得《大学》的"苟日新,日日新,又日新"的道理了,此时必须知道变通。所以,老子的思想与《易经》的思想是一样的,都在一个"变"字。

《易经》有五种学问——"理、象、数、通、变"。"理"是哲学的,《易经》每一个卦,背后皆有其哲学道理。"象",一件事物,一个东西,都有它本身的现象。比如虚空,也有它的现象，空空洞洞，不可捉摸。每一种现象的发生，必然有其形成的哲学道理。而这"理"和"象"二者，也可以借数字符号来表达、整理。那便是"数"了。"理""象""数"是《易经》三个根本所在，必得将之透彻研究后，才知道"通"，只知"理"，不通"象""数"；只知"象""数"，不通"理"，都不行。要样样深入，全部融会贯通，方能达"变"，方能洞烛机先，随时知变、适变、应变。知道变，而能应变，那还属下品境界。上品境界，能在变之先，而先天下的将变时先变。等到事情已经迫在眉睫才变，那也恰恰只合于变通而已。老子对仁义、智慧所提的这番道理，也属于变通的一种。

第十八章

第十九章

老子他说

绝圣弃智，民利百倍。绝仁弃义，民复孝慈。绝巧弃利，盗贼无有。此三者以为文不足，故令有所属。见素抱朴，少私寡欲。

"王""贼"并列的烂账

由这一章的反证，更可以看出老子的精神，不是如后代所说的反对仁义、反对孝慈。他只是提出当时社会不对劲的地方，希望当时的人慎重处理，将之归导于正途。而千古以来，注解老子的学者专家，往往只知其一，不知其二，困于老子的语言文字，没有听出弦外之音，把老子误解得太厉害、太离谱了。实际上老子、孔子都是同一精神，表达方式不同而已。

老子对春秋时代社会的批评，是要"绝圣弃智"。我们研究春秋、战国的历史，那真是越读越使人感到高明。孔子作《春秋》，是中国第一部历史书籍。有人说《春秋》不能读，读了会使人奸诈狡猾。孔子自己也说过："知我者《春秋》，罪我者《春秋》。"历史读多了，好的榜样没学成，坏的手段全学上了。例如，一般人读历史小说《三国演义》，诸葛亮难效，曹操易仿。看小说都想当书中的主角，读《三国演义》，想当刘备者不少，想当赵子龙、关公者更多。很多人将自己的欲望，投射到书中有大能力、大聪明的角色情境中，结果在不知不觉中，变成了画虎不成反类犬，何其可悲！

其实，在《春秋》一书里，好的道理处处可寻，坏的现象也连篇累牍。那个时候，对圣人的标榜特别的多，几乎每一个会讲会说的都是圣人，聪明才智之士，比比皆是。从春秋到战国这一阶段，在我们整个历史中，真是人才辈出的时期。我们读春秋、战国时的著作，有时看到某人讲的话，非常有理，但是再从反面想想，又觉不对，应是反面正确才是，然后再转到另一个层面来看，则前述二者不无可疑。每个人的意见都很高明，也都有值得商榷之处。当时真是一个文化变乱、社会变乱的时代。西方人有一个历史观点：社会历史到了末期，在变乱不安时，才产生哲学家、思想家。然而，依我们的历史哲学看来，与其如此，不如不要这些哲学家来得好。高度的哲学智慧，是从痛苦变乱中的刺激锻炼而成，代价未免太高。

所以，老子反对标榜圣人，反对卖弄世智辨聪。春秋、战国之间，善于奇谋异术的高人，一个比一个高明。例如范蠡，他帮助越王勾践复国，实行他老师计然子所教的六法，不过用了其中的三四项策略，便稳定了国际情势，而越国也复兴了。最后名与利、功勋等等，一样也不要，自己一走了之，到别的地方做生意去了。至于做生意的方法，也是他老师计然子教的。像春秋、战国这一类的智慧之学，简直看不完，太热闹了。

然而，那个时代的世局也就特别地动荡不安。假使我们身历其境，蒙受其害，便晓得那种痛苦，不堪消受。古人有句话"宁作太平犬，莫作乱世人"。那乱世的人命，的确不如太平盛世的鸡犬，人命危如累卵，随时都有被毁灭的可能。老子对那个时代，深深感到痛苦和不满，因此便说："绝圣弃智，民利百倍。"人们如果不卖弄聪明才智，本来还会有和平安静的生活，却被一些标榜圣人、标榜智慧的才智之士搅乱了。

战国时期，真正能摆布那个时代二三十年之久的，只有苏秦、张仪两人，不管他们摆布得对或不对。所以后来司马迁、刘向等人，都非常佩服苏秦，这么一个书生，年纪轻轻出来，竟使国际间二十几年不发生战争。我们现在听来，二十几年的和平，好像算不了什么，但是春秋战国的时候，几十个国家随时随地都在作战。每一次战争都要死亡一大批的人。老太太、老太爷们，辛辛苦苦将自己心爱的儿孙慢慢养大，然后一上战场，几分钟的时间便结束了生命。难怪司马迁认为苏秦只是个文弱书生，却纵横六国之间，消弭战争达二十多年之久，这本事够大的了，很令人佩服，因此特别在《史记》上记上一笔。

老子当时的社会情况，虽不比苏秦、张仪那个时候的混乱、糟糕，但已迈向大变不祥的道路上去，他痛心之余，就有"绝圣弃智，民利百倍"的主张。仁义的道理也是一样，那时不只是孔子提倡，但孔子综合了仁义的精华，传给后代。在春秋、战国时候，各国之间，相互争战，彼此攻城略地，都以仁义的美名作口号。等于一些极权政体，也是标榜民主、标榜自由及人权，他们所谓人权，是你听命于我的人权，我要你怎样，你便乖乖地怎样。春秋、战国的时期也是一样，你们要讲仁义道德，那很好，我也跟着讲。但是你们一切都得照我吩咐，要跪便跪，要杀便杀，反正我也可向外宣布这是为了仁义道德，不得不尔。仁义道德的用法，一至于此，那已是天下大乱，不可救药了。所以老子非常讨厌，又主张"绝仁弃义，民复孝慈。"社会上不需以仁义作宣传口号，越是特别强调仁义，越是尔虞我诈，毛病百出。

唯大英雄能本色

并且，人也需抛弃自己引以为傲的聪明——"巧"，抛弃自私自"利"的贪图之心，那么自然不会有盗贼作奸犯科。这是"绝巧弃利，盗贼无有"。此处"盗贼"二字，须引用《庄子·胠箧篇》的大盗——盗跖，来作注解。说句严重的话，春秋、战国时候的诸侯，几乎都是盗跖。

老子提出了上述的道理后，接着说："此三者，以为文不足，故令有所属。""文"，代表思想、理论。他说，为什么要抛弃圣智、仁义、巧利这三项东西呢？这个哲学道理发挥起来太多太多，一言难尽，因此暂不讲它，只要把握住这个观念就行了。这等于乡下人经常说："我命苦，只好这样。"命就是一个确定不移的观念，不需一大堆道理来解释，只要从实际生活便可体会。中国过去家庭，也只抓住一个观念——孝，其中道理，天经地义不需多说。

那么，把这些绝圣弃智的观念，归纳到怎样的生命理想呢？——"见素抱朴，少私寡欲"。社会人类真能以此为生活的态度，天下自然太平。乃至个人拥有这种修养，一辈子便是最大的幸福。其实，这正是大圣人超凡脱俗的生命情操。"见素"，"见"指见地，观念、思想谓之见；"素"乃纯洁、干净。孔子在《论语》上亦讨论到此问题。"素"如一张白纸，毫不染上任何颜色。人的思想观念要随时保持纯净无杂。也就是佛家禅宗的两句话："不思善，不思恶"，善恶两边皆不沾，清明透彻。而"抱朴"，"朴"是未经雕刻、质地优良的原始木头。有些书用"璞"字，"璞"与"朴"通用，没有经过雕琢的玉石外壳为璞。"朴"与"璞"，表面看来粗糙不显眼，其实佳质深藏，光华内敛，一切本自天成，没有后天人工的刻意造作。我们的心地胸襟，应该随时怀抱这种原始天然的朴素，以此态度来待人接物，处理事务。如此，思想纯洁无瑕，不落主观的偏见。平常做事，老老实实，当笑即笑，当哭即哭。哭不是为了某个目的，哭给别人看；笑不是因为他讲一句笑话，我不笑对不起他，只好矫揉造作裂开嘴巴，露出牙齿装笑。这就不是"见素抱朴"的生命境界。

再来，"少私寡欲"这一点要特别注意。儒道两家，并没有叫人做到绝对的"无欲",彻底无欲,简直不可能,假使做到了,那就超凡入圣了。只有佛家修行,先要无欲,因此被儒家批评为陈义太高,难以企及。儒道二家认为"少私寡欲",已经是了不起之事。"少私寡欲"可以近乎道,但尚未完全合于道。

老子主张"绝圣弃智",不以圣人为标榜,不以修行为口号,只要老老实实、规规矩矩做人,那便是真修道。"绝仁弃义",要废除那些假仁假义,伤天害理的做法。有时候,我们看到历史上的故事,很多是口头上大吹仁义道德,要帮忙人家、救助人家,结果对方倒了大楣。这种仁义其名、侵略其实的勾当,非常要不得。至于"绝巧弃利",那是针对人类喜欢耍自己的聪明才智,自认高明而言。东西方宗教皆认为使巧用计,想办法耍手段,一般都是为了图利自己,那是强盗心理,是不道德的。因此,老子提出"见素抱朴,少私寡欲",作为我们生活修养的中心原则。随着,下面再告诉我们学道的榜样,做人做事的涵养,继续沿着他一贯的理路发挥。

第二十章

老子他说

绝学无忧,唯之与阿,相去几何?善之与恶,相去若何?人之所畏,不可不畏。荒兮其未央哉!众人熙熙,如享太牢,如登春台。我独泊兮其未兆,如婴儿之未孩,儽儽兮若无所归。众人皆有余,而我独若遗。我愚人之心也哉!沌沌兮。俗人昭昭,我独昏昏,俗人察察,我独闷闷。澹兮其若海,飂兮若无止。众人皆有以,而我独顽且鄙。我独异于人,而贵食母。

知识是烦恼的根源

"绝学无忧"这四个字,有些人重新整理《老子》,将它归于前面一章,成为"见素抱朴,少私寡欲,绝学无忧"。

"绝学无忧"做起来很难。绝学就是不要一切学问,什么知识都不执著,人生只凭自然。汉朝以后,佛学从印度传入中国,佛学称成了道的大阿罗汉,为"无学位"的圣人,意思是已经到了家,不需再有所学了。其实,严格而言,不管是四果罗汉,或者菩萨,都还在有学有修的阶段,真正"无学",那已经是至高无上的境界了。

古人有言:"东方有圣人,西方有圣人,此心同,此理同。"就是说真理只有一个,东西方表达的方式不同。佛学未进入中国,"无学"的观念尚未在中国弘扬,老子就有"绝学"这个观念了。后来用佛家的"无学",来诠释老子的"绝学",颇有相得益彰之效。

修道成功,到达最高境界,任何名相、任何疑难都解决了、看透了，"绝学无忧"，无忧无虑，没有什么牵挂。这种心情，一般人很难感觉得到。尤其我们这一些喜欢寻章摘句、舞文弄墨的人，看到老子这一句话，也算是吃了一服药。爱看书、爱写作，常常搞到三更半夜，弄得自己头昏脑涨，才想到老子真高明，要我们"绝学"，丢开书本，不要钻牛角尖，那的确很痛快。可是一认为自己是知识分子，这就难了，"绝学"做不到，"无忧"更免谈。"读历史而落泪，替古人担忧"，有时看到历史上许多事情，硬是会生气，硬是伤心落下泪来，这是读书人的痛苦毛病。其实，"绝学无忧"真做到了，反能以一种清明客观的态度，深刻独到的见解，服务社会，利益社会。

接着，老子便谈道德最高修养的标准。他说："唯之与阿，相去几何？善之与恶，相去若何？人之所畏，不可不畏。""唯"与"阿"两字，是指我们讲话对人的态度，将二者译成白话，在语言的表达上都是"是的"。但同样"是的"一句话，"唯"是诚诚恳恳的接受，"阿"是拍马屁的应对，不管事实对或不对，一味迎合对方的意见，这便是"唯之与阿，相去几何"之处。许多青年朋友和我们谈话时，每说："你的看法很好，不过我……"这就是"阿"。"不过""但是"这类转语，往往隐含着低声下气，不敢得罪人的顺从心理。然而，真理是没有讨价还价的余地，不能随便将就别人，做顺水人情的。

尤其是做学问，汉儒辕固生就骂过汉武帝的丞相公孙弘说："公孙子，务正学以言，无曲学以阿世。"一个读书人，不可在学问上、思想上、文化上将就别人，附和别人，为了某种私利拐弯抹角，那就不对了，儒家非常重视读书人这一点的基本人格。"唯"与"阿"实质内容并不一样，但是表面上不易分别。

老子说这些道理，并非教我们带着尖刻的眼光，专门去分析他的言行举止，是"阿"是"唯"；而是提醒我们自己，学习真诚不伪的"唯",避免虚伪造作的"阿"。千万别读了老子这句话,结果处处挑剔别人,不知一切道德修养,应从反求诸己开始。

另外,"善之与恶,相去若何?"善与恶若是往深一层去观察,那也许是划分不出距离的。善恶之间,很难分辨。往往做了一件好事,反而得到恶果。据我个人的人生经验,以为以前救过的人,现在想想,倒觉得是件坏事。因为他们以后继续活下去的那种方式,反而是伤害到其他更多的人。所以,善与恶的分际,简直难以捉摸。而且,所谓善恶、是非、好坏,若真以哲学的立场彻底研究,那更无法确定出一个绝对的标准。

虽然绝对的道德标准难求,但是一个社会因时因地所产生的相对道德标准,一个修道人也应该遵守,这是"人之所畏,不可不畏"。即使你超越了相对的窠臼,到达了绝对的境界,在这个世界上,你仍有必要陪大家遵守这个世界的种种规则,避免举止怪异,惊世骇俗。此即老子的另一句话:"和其光,同其尘。"不可不畏,不得不畏,不能不畏,在文字上虽只一字之差,但是其意义相去甚多。不可不畏乃发自于自己内心的认识与选择,为了利益众生而随顺众生,不是受外在环境的制约,执著一般相对的价值标准。比如有个东西,大家都认为是黑色,这只是一种约定俗成的语言称呼,你也就跟别人说是黑的,不必硬说是白的,否则将有麻烦,无法彼此沟通。

我发现我们一些老朋友,天天翻报章杂志,天天大作文章,相劝省点力气,少写一点,可是都自认为没有办法,因为他有一副忧世忧国的心肠,总想对社会贡献出一点力量。像有好几位老教授,我也经常互相劝勉,你少教一点书吧,多保养自己一点,同样也做不到,因为他们对国家民族的前途,还是担忧挂虑得不得了。因此,要"绝学无忧",逍遥自在,除非得了道。未得成道之先，忧世之心，或者挂虑个人的安危，是免不了的。

老子素描修道者的人生

接着，下面一段，可以说是老子的"劝世文"。"荒兮其未央哉"，"荒"是形容词，像荒原大沙漠一样，面积广大无边，永远没有尽头。这句话放在这一段里，应作什么解呢？——《易经》最后一卦"未济"。我们看看历史，看看人生，一切事物都是无穷无尽，相生相克，没有了结之时。

时末崇祯年间，有个人画了一幅画，上面立着一棵松树，松树下面一块大石，大石之上，摆着一个棋盘，棋盘上面几颗疏疏落落的棋子，除此之外，别无他物，意境深远。后来有个人拿着这幅画，来请当时的高僧苍雪大师题字。苍雪大师一看，马上提起笔来写道：

> 松下无人一局残，空山松子落棋盘。
> 神仙更有神仙着，毕竟输赢下不完。

这一首诗，以一个方外之人超然的心境，将所有人生哲学、历史哲学，一切的生命现象，都包括尽了。人生如同一局残棋，你争我夺，一来一往。就算是传说中的神仙，也有他们的执著，也有他们一个比一个高明之处。这样一代一代，世世相传，输赢二字永远也没有定论的时候。苍雪大师这首名诗，相当能够表达老子"荒兮其未央哉"的意思。

那么，在这一个永远向前推进的时空中，一个修道人该如何自处呢？"众人熙熙，如享太牢，如登春台，我独泊兮其未兆，如婴儿之未孩。""熙熙"二字，并不见得是好事，单就文字解释，是很太平、自然、舒适、自在，看起来很好的样子。所以许多人的名字都取个"熙"字,如清朝皇帝"康熙"。

然而,"熙"字是好而不好,吉中有凶。司马迁《史记》上提到:"天下熙熙,皆为利来;天下攘攘,皆为利往。"我们看这个世上,每个人外表看来好像没怎样,平平安安活着,其实内心却有诸多痛苦,一生忙忙碌碌,为了生活争名夺利,一天混过一天,莫名其妙地活下去,这真的很快乐、很满足吗?老子指出一般人这样生活,自认"如享太牢,如登春台。"好像人活着,天天都上舞厅,天天都坐在观光饭店顶楼的旋转厅里,高高兴兴地吃牛排大餐;又好像春天到了,到郊外登高,到处游山玩水,颇为惬意。牢是牛,古代祭礼以牛作大祭的牺牲。

老子对人生的看法,不像其他宗教的态度,认为全是苦的;人生也有快乐的一面,但是这快乐的一面,却暗藏隐忧,并不那么单纯。因此,老子提醒修道者,别于众人,应该"我独泊兮其未兆",要如一潭清水,微波不兴,澄澈到底。应该"如婴儿之未孩",平常心境,保持得像初生婴儿般的纯洁天真。老子一再提到,我们人修道至相当程度后,不但是返老还童,甚至整个人的筋骨、肌肉、观念、态度等等,都恢复到"奶娃儿"的状态(大陆的湖北、四川地区,称呼还在吃奶的婴儿为"奶娃儿")。一个人若能时时拥有这种心境,那就对了。这和上面讲过"专气致柔,能婴儿乎"的道理是一样的。

还有,下面一句话也是修道人的写照。"儽儽兮若无所归,众人皆有余,而我独若遗。""儽儽",如同孔子在《易经》上说的"确然而不可拔",自己站在那里,顶天立地,如一座高山,不可动摇。"无所归",也就是孔子所言,"君子不器",不自归于任何典型。你说他是个道人,却又什么都不像,无法将他归于某一种范围,加以界定。而"众人皆有余",世上的人,都认为自己了不起,拼命追求,什么都想占有;而我什么都不要,"遗世而独立"，好像世界上的人，都忘了我一样。

这种风范，做起来还真不易。辛稼轩有两句词说："此身忘世浑容易，使世相忘却自难。"自己要将这个社会遗忘，还算容易，但要社会把你轻易地忘掉，那可不简单。"人怕出名，猪怕肥"，尤其在社会上有了一点名气的人，更难做到。到时你想远离这个社会，归隐山林，不再过问世事，这倒好办，因为只要你真看得开，放得下便可。但是，你一躲到深山野地去，有许多人还是会千方百计找你出来，说你有道啊，要你干这干那，绝不放过你。这就是"使世相忘却自难"了。所以老子最后只好骑着那头青牛，悄悄逃出函谷关去了。

《老子》这第二十章，实际上全部在阐述前面他所说"和其光，同其尘"的道理。我们研究古文典籍，大可不必另外从别处引经据典，大作文章，只要以原书各节内容互相对照诠释，便可寻出其原本含意。老子亦是如此，他的每一个观念，在本文中自有他的注解。

只是同流不下流

因此，老子又说："我愚人之心也哉，沌沌兮。""愚"，并非真笨，而是故意示现的。"沌沌"，不是糊涂，而是如水汇流，随世而转，但自己内心清清楚楚。有些人学道家学坏了，故意装糊涂，却走了样，弄巧成拙，反而坏事。所以，这种外昏内明的功夫，不是随便装疯卖傻便是有道的。一个修道有相当体悟的人，他可以不出差错地做到："俗人昭昭，我独昏昏，俗人察察，我独闷闷，澹兮其若海，飂兮若无止。""昭昭"，就是高明得很，什么事都很灵光的样子。一般俗人都想这么高人一等。相对地，"我独昏昏"，修道人不以为聪明才智高人一等，给人看起来，反是平凡庸陋,毫无出奇之处。"我独昏昏",同时也说明了修道人的行为虽是入世,但心境是出世的,不斤斤计较个人利益,因此给别人看成傻子。

并且,"俗人察察,我独闷闷",普通人对任何小事都很精明,事事精打细算,但是我倒是"闷闷"笨笨的,外表"和光同尘",混混沌沌,而内心清明洒脱,遗世独立。你们要聪明,就让你们去聪明,你们到处吹毛求疵,斤斤计较,但我倒是无所谓,视而不见。

再者,一个修道人的胸襟也要"澹兮其若海",像大海一样,宽阔无际,容纳一切细流,容纳一切尘垢。儒道两家都一样,要人胸襟宽大,包容一切。这就得学习"淡泊明志,宁静致远"的修养,然后自己的精神思想才能从种种拘限中超越出来。

"飂兮若无止",这种境界,要自己住在高山上,方能有所体会。"飂",不是台风,而是高雅的清风,如空中大气清远徐吹。这很难用其他字眼来形容,"天风朗朗",或者堪作相似的形容。尤其身处高山夜静时分,一点风都没有,但听起来又有风的声音,像金石之声;尤其在极其宁静的心境中听来,在那高远的太空里,好像有无比美妙的音乐,虚无缥缈,人间乐曲所不能及。此即庄子所讲的"天籁"之音,没有到达这个境界,是体会不出的。

如此,俗人有俗人的生活目的,道人有道人的生命情调。"众人皆有以,而我独顽且鄙"。一般人对人生都"有以",都有目的,或求升官发财,或求长命百岁。而以道家来讲,人生是没有目的的,亦就是佛家所说"随缘而遇";以及儒家所说"随遇而安"的看法。但是老子更进一步,随缘而遇还不够,还要"顽且鄙"。"顽",是非常有个性,永远坚持不变。"鄙",就更难做到了,所有的言行举止,非常给人看不起,糟糕透了。譬如,民间流传已久的《济公传》，其中主角济公和尚，他时常弄些狗肉吃吃，找点烧酒喝喝，疯疯癫癫，冥顽不灵，人们都瞧他不起。你说他是疯子吗？他又好像清楚得很，你说他十三点，有些事却又正经八百。一下由这庙趱过来，一下被那庙趱过去，个个庙子都不欢迎他住。"鄙"到这等地步，他却是最解脱、最不受限制的人。这一点，一般凡夫是难以理解的。

如此"我独异于人，而贵食母"这种处世态度，虽然和众人不同，却不是标新立异，惊世骇俗。这乃因为自己"贵食母"，"母"字代表生我者，也就是后世禅宗说的"生从哪里来，死向何处去"的生命本来。"贵食母"意即死守善道，而还我本来面目，永远回归到生母的怀抱——道的境界中去。

本章老子所提出来的处世态度，我们假使拿来和《论语》的《乡党》篇比较研究，相当有趣。《乡党》篇是孔子的弟子们记载孔子生活的艺术，孔子在办公室是个什么态度，对朋友又是个什么态度，穿衣如何穿法，吃饭如何吃法。孔子吃饭很讲究卫生，并且一定要点葱蒜摆在前面才吃。这些都是他的弟子形容孔子平常生活的习惯。老子形容修道人入世而又出世的处世态度，恰与孔子大有不同，刚才已作了相当的介绍。真要做到这样，那是相当难的。

老子处世哲学的人证

老子所说的这种处世哲学，人生态度，除了我们传统文化中真实笃信道家的神仙们，用之在一般社会的人群，是不可能的。如果要找出这种榜样，当然，在历代道家《神仙传》里，却多得很。不过，都像是离经叛道，古里古怪，不足为法。其次，只有近似道家的隐士、高士们，介于出世入世之间的，却可在《高士传》里找出典型。

现在我们只就一般所熟悉的,由乱离时期到治平时代的两位中间人物,作为近似老子所说的修道者的风格。在西汉与东汉转型期中,便有严光。在唐末五代末期到赵宋建国之间,便有陈抟。

严光,字子陵。他在少年时代,与汉光武刘秀是同学。别的学问不说,单从文学词章的角度来讲,严子陵高到什么程度,已无可靠的资料可寻。但是,看刘秀——汉光武的少数文章词藻,的确很不错。刘秀做了皇帝以后,唯独怀念这位同学,到处查访,希望他来一见,就可想见严光的深度,并不简单。也许他也是一个在当时局势中,不作第二人想的人物。但是他也深知刘秀不简单,这个位置已属于刘秀的,他就悠游方外,再也不想钻进圈套了。因此他就反披羊裘,垂钓在浙江桐庐的富春江上。这种作风,大有近似老子所说的:"众人熙熙,如享太牢,如登春台。我独泊兮其未兆,如婴儿之未孩,儽儽兮若无所归,众人皆有余,而我独若遗。"后来,他虽然也和当皇帝的老同学刘秀见了面,而且还在皇宫里如少年时代一样,同榻而眠,过了一夜,还故意装出睡相不好,把脚搁在刘秀的肚子上睡觉,似乎又目无天子。总算刘秀确有大度,没有强迫他作官,终于放他还山,仍然让他过着悠游自在,乐于江上垂钓的生涯。

因此相传后世有一位上京考功名的秀才,路过严子陵的钓台,便题一首诗说:"君为名利隐,我为名利来。羞见先生面,夜半过钓台。"这真是:"有人辞官归故里,有人漏夜赶科场"的对比写照。但是相反的,后人有对他作极其求全的批评说:"一着羊裘不蔽身,虚名传诵到如今。当时若着蓑衣去,烟水茫茫何处寻。"这又是何等严格的要求,好像专为老子的哲学作人事考核似的。他是说,严子陵反披羊裘去钓鱼,分明是故意沽名钓誉，要等汉光武来找他，用此为求成名的手段。如果真想逃名避世，当时只着一般渔人所穿的蓑衣斗笠去钓鱼，谁又知道富春江上多了一位渔人便是严子陵呢！那么，当皇帝的同学刘秀，岂不是永远也无法找到你吗？因此他批评严光是有意弄噱头，求虚名，而非真隐的诚意人物。

如照这种严格的要求隐士、高士、处士的标准来讲，凡是被历史文献所记载，为人世所知的人物，乃至神仙传记或佛门中的高僧，也都是一无是处的。宋代的大诗人陆放翁便说过："志士栖山恨不深，人知已自负初心。不须更说严光辈，直自巢由错到今。"平庸一生，名不见于乡里，终与草木同腐的，或者庶乎近焉！

陈抟，道号希夷。当然，他早已被道家推为神仙的祖师。一般民间通称，都叫他陈抟老祖。他生当唐末五代的末世，一生高卧华山，似乎一点也不关心世事。等到宋太祖赵匡胤在陈桥兵变，黄袍加身，当起皇帝来了，他正好下山，骑驴代步，一听到这个消息，高兴得从驴背跌下来说，从此天下可以太平！因为他对赵宋的创业立国，有这样的好感，所以赵氏兄弟都很尊重他。当弟弟赵匡义继哥哥之后，当上皇帝——宋太宗，还特别召见过他。在《神仙传》上的记载，宋太宗还特别派人送去几位宫女侍候他。结果他作了一首诗，把宫女全数退回。"冰肌为骨玉为腮，多谢君王送到来。处士不生巫峡梦，空劳云雨下阳台。"这个故事和诗也记在唐末处士诗人魏野的账上，唐人诗中也收入魏野的著作。也许道家仍然好名，又把他栽在陈抟身上，未免有锦上添花、画蛇添足的嫌疑。

其实，希夷先生，生当乱离的时代，在他的少年或壮年时期，何尝无用世之心。只是看得透彻，观察周到，终于高隐华山，以待其时，以待其人而已。我们且看他的一首名诗，便知究竟了。

> 十年踪迹走红尘，回首青山入梦频。
> 紫绶纵荣争及睡，朱门虽富不如贫。
> 愁看剑戟扶危主，闷听笙歌聒醉人。
> 携取旧书归旧隐，野花啼鸟一般春。

从这首七言律诗中，很明显地表露希夷先生当年的感慨和观感，都在"愁看剑戟扶危主，闷听笙歌聒醉人"两句之中。这两句，也是全诗的画龙点睛之处。因为他生在唐末到五代的乱世中，几十年间，这一个称王，那一个称帝，都是乱七八糟，一无是处。但也都是昙花一现，每个都忙忙乱乱，扰乱苍生几年或十多年就完了，都不能成为器局，所以他才有"愁看剑戟扶危主"的看法。同时又感慨一般生存在乱世中的社会人士，不知忧患，不知死活，只管醉生梦死，歌舞升平，过着假象的太平生活，那是非常可悲的一代。因此便有"闷听笙歌聒醉人"的叹息。因此，他必须有自处之道，"携取旧书归旧隐"，高卧华山去了。

这也正如唐末另一位道士的诗说："为买丹砂下白云，鹿裘又惹九衢尘。不如将耳入山去，万是千非愁煞人。"他们所遭遇的境况和心情，都是一样的痛苦，为世道而忧悲。但在无可奈何中，只有如老子一样，走那"我愚人之心也哉！沌沌兮，俗人昭昭，我独昏昏。俗人察察，我独闷闷。澹兮其若海，飂兮若无止，众人皆有以，而我独顽且鄙。"看来虽然高不可攀，其实，正是悲天悯人，在无可奈何中，故作旷达而已吧！

第二十一章

老子他说

> 孔德之容，惟道是从。道之为物，惟恍惟惚。惚兮恍兮，其中有象；恍兮惚兮，其中有物；窈兮冥兮，其中有精。其精甚真，其中有信。自古及今，其名不去，以阅众甫。吾何以知众甫之状哉？以此。

老子的物是什么东西

"孔德"是大德之意。依佛教习惯，写信给老前辈之尊称为某某"大德"。古代佛学从梵文翻译成中文的同义字，本来是有"孔德"，但因孔子姓孔，后来才将"孔德"改成"大德"，孔是大，德代表真正有道者的行为。"容"，则指内涵的包容作用。一个真正有道德修养的人，他的内涵，只有一个东西——"道"。"惟道是从"，二六时中，随时随地，每分每秒，都在要求自己合于道的原则，起心动念，一言一行，无有稍微违反道业。"澹兮其若海"，永远包容一切，容纳细流，会归于一，没有离谱走样的情况出现。这是本章开头提出做人的大原则，也是说明修道人出世的态度，以及道是如何修法。

这一章需要一口气念下来，不可间断，这样味道才够。古人读书的时候，总是摇晃着脑袋念，有时一口气念得接不上，不得已切断文气，那不行。学古人文章，当那文气一路顺下来时，管它中间句子对不对，总要先把握住一气呵成，如果中途停顿，再接下来就差多了。写毛笔字也一样，即使笔上墨已不够，字未写完，也不想再蘸一下，因为再停下来蘸墨，那股淋漓尽致的气势便中断了，划不来。那硬是像打球一样，手用力一挥，球嗖的一声，形成一个强劲有力的曲线，就过去了。好的文章，好的诗词，同样讲究气势，气势不足，或者不连贯，必然影响它的美感，这之间的微妙之处，很难阐述清楚。

"道之为物，惟恍惟惚。"我们后世许多研究老子哲学的人中，有一派说老子是唯物的，不是唯心的。因为在老子的书中有好多处，提到"物"字。这一点确须特别注意，在春秋时代，并没有所谓唯心、唯物的理论。那个时候所说的"物"，等于我们现在讲"这个东西"。这在古书诸子百家中可以引出很多证据。我们现在的常用语"你这个东西"或"是什么东西"，假使五百年或一千年后的人，来考证这一句话，也许会觉得十九世纪到二十世纪的中国人，语言真麻烦。"东西"是什么？东是东边，西是西边，两个方向怎么能合拢成一个名词呢？

例如，我们现在有些人，喜欢骂别人"你是什么东西！"我觉得这话骂得很好，因为我自己再怎么找，也找不出自己是个什么东西。我是个人，并不是什么东西。然而，这一代的语言"东西"二字，合拢来就是一个观念。这个观念很难下注解，"物"可以叫东西，"人"也可以叫东西。古人讲"物"，也同样是这种意思，并不限制确定只是表示物质。

事隔两千多年的后人，不明此理，糊里糊涂把"物"当成"唯物"之物，硬以现代人的文字观念诠释古人的文字观念，这不是很严重的拿着鸡毛当令箭吗？比如，庄子说他的话，十之八九为"寓言"，"寓言"一词最先出自庄子。近代日本翻译西方文化，将那些幻想假托的故事，便借用"寓言"一词做代表。结果现在年轻人不懂，以为寓言就是文学家凭空幻想、所创作出来的东西，如《伊索寓言》一样，反而视庄子所说的寓言都虚假靠不住。这岂不是颠倒是非、阴错阳差了吗？

老子讲"物"，千万不能当"唯物"的物解。老子所说的物，用现代名称来说,便是"这个东西"的意思。东西就是东西,是勉强指陈某一种事物,再进一步讲不出一个所以然的代名词。这等于佛家说,有一个不可思议的"自性光明",西方人崇高无比的"上帝",这些形容绝对性的宗教词句,一到了禅宗祖师们手中,就把所有宗教的外衣都剥光了,而以"这个"来代替。"这个"是"那个"?"那个"是"这个"!"这个"又是什么东西?东西便是东西,无法注解,只有自己亲身见到证到才知道。我们了解了"物"在当时的文字概念,自然不会随便给古人栽赃,说他是唯物思想,否则那太离谱、太莫名其妙了。不过,有人还会误认孔明就是孔子的弟弟,这也是令人啼笑皆非,无可奈何的自由心证,只好由他去认定属实吧!

至于说,"道之为物,惟恍惟惚"。这其中牵涉到中国文字问题,更是复杂。我们现在一听"恍惚"一词,就解释为精神散乱,昏头昏脑,类似现在流行吃"强力胶",注射"速死坑"者的精神迷幻状态。因此,有些年轻人拼命吃强力胶,以为是享受,结果把身心搞砸了。其实,"恍惚"是指心性光明的境界,我们姑且不用繁琐的训诂学来解释这两个字,单就字形,便可看出"恍"是竖心旁加一个"光"字;"惚"是竖心旁加一个"忽"字,意谓心地光明,飘然自在,活活泼泼,根本不是颠三倒四,昏头昏脑。如果修道的结果,像喝醉酒一样,迷迷糊糊,东倒西歪,需要好几个人扶着,才叫做"恍兮惚兮",那还算修道吗?

老子是说,"道"这个东西,它是"惟恍惟惚"的。勉强来描述,是说它有这么一个不可思议的光明洒脱境界。所谓"惚兮恍兮,其中有象"。"兮"字,源自古代南方楚国语助词的用法。楚国文化,遍布长江南北,自成一个系统,就历史而言,当时的楚国,乃祝融氏之后,也与神农的文化有关。孔子的文章章法,是属齐鲁文化的传承,具有北方朴实敦厚的气质。老子的文章，潇洒而有韵律，具有南方文学的风格。而在老子之后，代表南方楚国的文学，便有屈原楚辞《离骚》的出现。"兮"字，古时是否念做"西"的音，是个问题，只是我们现在一直把它读做"西"字的音罢了。严格而言，古代"兮"字，不念"西"音，其性质类似现在唱歌时常用的"啊"字，或"哑"字，讲不出一个具体的含意来。有人主张，此字应以闽南音或客家音的"唉"或"哎"，拉长声调而唱。如果它构成一个词，该是两个字以上连在一起，而形成一个独立形容词，并非完全无意义的填入文章之中。

春秋时代南北文学的境界

研究历史文化，需要了解当时不同地区的文字风格的趋势。楚辞，以及词赋等华贵美丽的文学作品，出于南方。后代思想的发展，老庄、禅宗皆在南方，尤其长江流域一带最为盛行。这一点，年轻一代的后起之秀，在研究中国文化，重新整理中国文学、哲学时，有必要加以特别注意。一般来说，北方民风，温柔敦厚，朴实无华。方方正正，顶天立地的仁道文化，往往由北向南发展。而思想高明、空灵优雅的文化，则诞生于南方之地。这几乎成了一个定律。我常以此观念，研究欧洲历史，美国历史也一样。欧美方面，北部出来的人物，或文化思想，就与南方不同，北部的人们，行为笃厚，气质浑厚。南方出来的人物，像卡特就很有问题。这很奇怪，只由于东、南、西、北地区方向的差别，冥冥中影响山川人物以及文化的异同问题，和《易经》象数的法则又大有关系。

老子又说，在"惚兮恍兮，其中有象"。换言之，在毫无边际、活活泼泼的一片光明境里，就有这么一个境界。"象"者，境界也。"恍兮惚兮，其中有物"。而且在这个光明的境界里，似乎确有这么一个东西。等于佛家所说："即空即有，即有即空。"在空空洞洞里边，又非真的空空洞洞。这个"其中有物"，既非唯心，亦非唯物，而是心物一元的那个东西。修道人可以到达这种莫可名状，光明无际，"荒兮其未央哉"的灵活自在，若虚若实的境界。但是这个境界，这个东西，老子不想再加上一个名词去解释，恐怕以词害意，只好简单地用"象"、用"物"来表达它。在佛学中，也常说"不可思议"，或"不可说"来结束其词，个中况味，只好说"如人饮水，冷暖自知"了。

此精不是那精

接下来，老子又搞出一个大问题。"窈兮冥兮，其中有精"，"窈"是形容其深远，"冥"是形容其高大。如果当时用齐鲁文化的文笔写来，或者使用"巍巍乎"三字来形容。"窈""冥"可以用太空的现象作比喻。如"飞入清冥"，代表远远到达无穷高、无穷尽的太空中去，甚至还遗忘了太空的观念。一个人的修养如果达到这种程度，便可了解这中间确是"其中有精"。但是提到"精"，便须千万注意，不可以物质观念来解释这个精。当然，不是如后世的旁门左道所指的精虫卵子之精，它是包含"精灵""精华"之意，不可测量、不可捉摸的精神之精。

但后世道家所讲的"炼精化气，炼气化神，炼神还虚"，究竟有没有这回事呢？——有这回事。但千万别误认所指是人体生理周期所产生的精虫卵子。如果这样认定，就有毫厘之差，千里之失。有一位在美国研究心理学的同学，回来跟我讲：真糟糕，现在美国心理学家，提倡老人可以结婚，享受充分的性生活，并不承认中国道家"十滴血一滴精"的说法，而且不反对多交、杂交,这不是要把老人玩死了吗!这位同学毕竟是知识分子,不能做到"绝学无忧",一直担心得不得了。

于是,我问他:你知不知道所谓"十滴血一滴精"的说法,是怎么传到美国去的?他说:道书上都这么讲。我告诉他:这不是正统的道书,这种书把"精"认作男性精子及女性卵子,根本大错特错,事实上精子卵子也不是单靠血液变出来的。美国这些心理学家、生理学家,拼命攻击这种观念,是有其道理的。人家有科学上的根据,岂会随随便便相信你的说法,怪只怪我们自己贩卖中国文化的人搞错了。

所谓"精",很难加以明确的界说。如果在人身上而言,可以包括各种荷尔蒙——内分泌等等,但不仅止于此,很难细说。至于"气""神"二者,更有待于另做专题讨论。如果根据《黄帝内经》所载,在医学方面,所指的"精",也不是精虫卵子,早已有了特别的说明。比如,我们听人说:"这个人精神很好!"你总不会认为说他精神好,就是他体内的精虫特别多吧!当然没有这种道理。精神是无法以言词作具体形容的。然而真没有这个东西吗?却毫无疑问可感觉到人身确具有这股活力的作用。精神好或精神萎靡,与人体的生理机能和心理状况,有相互作用的关系。

一个学道者,倘若经年累月地打坐,结果一日一日,越坐越没精神,越修越昏头昏脑,那就错了。这可不是"窈兮冥兮"。真正到达"窈兮冥兮"的空灵境界,只要你眼神稍稍凝定几分钟,就等于常人几小时的睡眠,这是"其中有精",由此才谈得上"炼精化气"的功夫。像这老子、庄子书中,谈修道功夫境界的文字,非常多,不是一般哲学观念或文人的艺术想象所能理解诠释的。那硬要实修实证,方能体会个中真相。

然后,老子又形容精神之重要,"其精甚真,其中有信"。此处之"精",在用法上,几乎已到达佛家所说"不生不灭"的境界。佛经名典《楞严经》亦云:"心精圆明,含裹十方。"修心养性到此等地步,可以盖天盖地,包容整个宇宙。因此,老子说:"其精甚真",它是个绝对真实的东西,无始无终,不生不灭的。"其中有信",确是实有其事,确有这个消息,只要你从身心上,真修实证,到时便自然有一步一步的征信效验。

孟子的证道

讲到这里,且让我们借用《孟子·尽心章》的话来注解老子的"其中有信",却很恰当。孟子说:"可欲之谓善,有诸己之谓信,充实之谓美,充实而有光辉之谓大,大而化之之谓圣,圣而不可知之之谓神。"如果大家要谈修养功夫,只是一时兴来,随便搞搞打坐,认为好玩,没有将它当作人生第一件事,那么也只是混混日子,没有什么好结果的。假如真把它当作人生第一件事,朝暮念兹在兹,没有须臾荒废,如此便是到达"可欲之谓善",随时随地有如抽鸦片烟上瘾一样,到时间不上座,就显得无精打采,非坐一下不可。所谓抽鸦片一样有了瘾,这是比喻之辞而已,不可误会。

这么用功上路,渐渐就会到达"有诸己之谓信"。那是说,火候到了,必然会有它的境界呈现,可以征信无疑。孟子这一段话,一路下来,讲的都是修持功夫的层次经验,不只是"比量"的理论而已。老子对精、气、神三样东西,是分开提出的,"其精甚真,其中有信",只要锲而不舍,不退失道心,久而久之,精神气息的妙用象征,一步一步呈现,一层一层往上提升,终至契入形而上的"道"妙。

因此便说,形而上的"道","自古及今,其名不去。"它是参天地的造化之机，不生不灭，永恒存在。从古至今，真理只有一个，无二亦无三。但是世界上表达"不二法门"的道之名称，可有千差万别，不只一个而已。叫它是"道"，是"神"，是"心"，是"物"，是"天"，是"帝"，是"如来"，都同是代表这个不二之道的别名。这个东西永远不会改变，永远不可磨灭，横竖三际，遍弥十方。我们的传统文化，便名它是道。

如实悟了大道之后，"以阅众甫，吾何以知众甫之状哉？以此。"这是说，等到证得了真理，那么你便能无所障碍地观察一切众生相，了知一切众生的根性。"众甫"就是众人，"甫"也作"父"解，代表男性。古代社会，处处以男性为重。读古人文章，假如有一个人名张大，替别人写一篇序，下面落款是："某朝某年某月某日张大甫序。"后世人看了，不明就里，以为这篇文章是"张大甫"作的。有时候名字外又加号，比如他号"小仙"，于是落款写成："张大小仙甫序。"这么，就会有人误认此人名"张大小"，号"仙甫"。实际上，作者真名叫"张大"，号"小仙"，"甫"乃表示他是男人。古时代有许多文章署有此字，究竟从哪个时代开始发生此一现象，有待查证。其实，作者是道道地地的男人，谁又会把你当成女人看？一个"甫"字加在其中，实在容易混淆不清，引起误解。像我们的大诗人杜甫，这么一来，不就要被看成"杜男人"了吗？这些地方，便是中国文化中，过分玩弄文字常有的流弊，的确需要改革简化明白才好。

"众甫"同于后世佛家所说的"众生"，当你得了真理大道之后，芸芸众生的种种习性、种种因缘，千差万别的生命状态，皆可一目了然，看得透彻。所以老子说："吾何以知众甫之状哉？以此。"我为什么能够了解一切人的根性，一切人的心理思想呢？就是"以此"而来。因为得了道，由这个至高无上、恍恍惚惚的道，通达变化无穷的宇宙万有，照见无涯无际的生命现象，所以才能无所不知。

说到这里,据我所了解,目前有一些年轻人,喜欢学打坐,各式各样的方式都去试试看,却不懂得真正静坐的身心原理,盲修瞎炼,坐得头昏昏,脑钝钝,有时前面稍一有光,便以为是"惟恍惟惚""其中有信",是有道的现象,这是要不得的。像这样的"现象",你若刻意执著,自以为是,它便是得道的信,那么,就可以警告你快要到精神病医院去了。于此,你必须参看佛典《金刚经》的"凡所有相,皆是虚妄"的道理,以免玩弄精神,走上歧途。

一般打坐,那点些微之光的"恍恍",并不是道。我看很多青年人,智力不够,慧学不通,一下便误入其中,认为自己不得了,确实令人叹息。老子讲"惚兮恍兮,其中有象",或者"其精甚真,其中有信"等话,百分之百没错,但那是指心光广大,漫天盖地,类似佛典《楞严经》所说的"心精圆明,含裹十方"的道理。况且,这些词句还只是对"言语道断,心行处灭"的勉强形容而已,千万不要看到一点小亮光,就在那里大惊小怪,如痴如狂。

还有,中国的道书,流传下来有八千多卷,书中常常形容"道"那样东西为"圆陀陀,光灼灼"。于是许多热衷此道的人,便落在这个语言文字的窠臼中,只要闭上眼睛,看到意识中有个圆光出现,就把它当作"圆陀陀,光灼灼",一时便已得道了似的。香港有一位修道的朋友,写信来说,他已得到那个"圆陀陀,光灼灼"的灵光,可是最近不知怎么掉了,希望我能告诉他,如何再把那个境界找回来。我看了信,啼笑皆非,真想买几颗发亮的玻璃珠寄给他玩玩。

"圆陀陀,光灼灼",这只是道家对于修道某一种境界的形容词而已,有同于老子所说的"恍惚"之处。然而,为何会有诸如此类的境界出现呢？因为你在静坐中，虽然妄想减少，但是身上血液、气脉还在运转流行，身心气血，二者相互摩擦生电，形成这种现象。如果你认清楚了这个还不是道，只是静坐过程中必然的阶段而已，那么很恭喜你，你再一切放下，不执不著，顺其自然，慢慢身心会一步一步变化，一层一层提升，这就是某种程度的"其中有信"。

同时，也不要认为"圆陀陀，光灼灼"，和老子所讲的"精"是一回事，那也不对。这个"精"是什么？它包括了整个身心良性的转化。你说你已得到"圆陀陀，光灼灼"，那好，我问你，你身心健康变化了没有？如果有变化，又变化到什么程度？真正学佛修道，只要到某一阶段，必然变化气质，心境开朗，即使没有返老还童，至少也能祛病消灾，身体健康。若不如此，那就很有问题。

所以，老子特别强调"恍兮惚兮，其中有物"，这个光明灿烂的境界里，有这么个东西，大家不要把这个东西，视为实际具体的事物，否则便是自我作践，自己为难自己，为了求道，适得其反，那就很罪过了。这一点一定要认识清楚。

第二十二章

老子他说

> 曲则全，枉则直，洼则盈，敝则新，少则得，多则惑，是以圣人抱一为天下式。不自见故明，不自是故彰，不自伐故有功，不自矜故长。夫唯不争，故天下莫能与之争，古之所谓曲则全者，岂虚言哉！诚全而归之。

曲直分明转一圈

讲到这里，《老子》一书的文章编排又不同了，由讲"道体"而一转到由体起"用"的因应。大家须知，道家的思想在可以出世亦能入世之间，有"体"有"用"。只主道体，光修道，而鄙弃用，那是不对的。只出世而不能入世，固然不对。只讲用，而不讲体，亦落在另外一边，亦是错误。

老庄与孔孟之道，都从《易经》的同一渊源而来，老子每举事例，即正反两面都说到，这就是"一阴一阳之谓道"的作用。所以我们说，老祖宗留下来的《易经》，是哲学中的哲学，经典中的经典。它认为一体都含两面，两两分化，便成多面。有人说，《易经》真是了不起啊！与黑格尔的辩证法一样啊！这种论调真是笑话！我经常有一个比喻：你看到一个祖父与孙子走在一道，你硬要说，你这个祖父了不起，你长得与你孙子一样啊！讲《易经》与黑格尔的辩证法一样，等于说，你的祖父了不起，居然和孙子一模一样。哪有这个道理。黑格尔的辩证法，只是正、反、合三段论法，而《易经》不只是三段论法，《易经》的辩证是八段乃至十段现象。因为，大家没有学过"卦"的道理，每一个卦的错综复杂，真是八面玲珑，都有八面的看法，最深点来讲,且有十面的看法。假若任何理论只是正、反、合,肯定、否定,矛盾统一,那么,也可说永远只有否定,也可以说永远都是肯定啰!此其所以一变再变,而形成"误尽苍生是此言"了!由这个道理,我们一再说明老庄的思想与孔孟的学说,都是由《易》理而来,以便明白中国文化源远流长的所自来。

例如:"曲则全"这一原则,也不是老子所独创的,《易经》中早就有了。尤其在孔子《系辞传》中述说《易》理,对这个原则说得更彻底,孔子在《系辞传》上也说"曲成万物而不遗"。因为我们老祖宗早就晓得这个宇宙都是曲线的,是圆周形的,圆周便非直线所构成。在这物理世界,没有一样事物是直线的,都是圆的,圆即是直的。所谓直,是我们把圆切断拉开,硬叫它直,所以说宇宙万物,都是曲线的,故曰"曲成万物"。譬如我们人的生命——身体,道家形容它是一个小天地,人体与天地宇宙的变化法则是一样的,气象的变化和太阳月亮互相变化的关联,完全一样。例如道家有一本书,叫做《太上阴符经》。有人说它是老子的老子所著,老子的老子的妈妈那个老太太叫做"太上",这当然是说笑话。《阴符经》上说:"观天之道,执天之行,尽矣!"你要深切观察到这个天地的自然法则,把握住天地运行的原理,那么,修道的功夫方法,都可信手得来,完全清楚不过了。上古文化,就用那么简单的两句话,包括说明人身便是一个小天地。

现在,为了了解"曲则全"这句话,把问题扯开了。

老子把我们老祖宗传统文化的原则抓住,指出做人处世与自利利人之道——"曲则全"。为人处事,善于运用巧妙的曲线只此一转,便事事大吉了。换言之,做人要讲艺术,便要讲究曲线的美。骂人当然是坏事。例如说:"你这个混蛋!"对方一定受不了,但你能一转而运用艺术,你我都同此一骂,改改口气说:"不可以乱搞,做错了我们都变成豆腐渣的脑袋,都会被人骂成混蛋!"那么他虽然不高兴,但心里还是接受了你的警告。若说:"你这个混蛋,非如此才对。"这就不懂"曲则全"的道理了,所以,善于言词的人,讲话只要有此一转就圆满了,既可达到目的,又能彼此无事。若直来直往,有时是行不通的。不过曲线当中,当然也须具有直道而行的原则,老是转弯,便会滑倒而成为大滑头了。所以,我们固有的民俗文学中,便有:"莫信直中直,须防仁不仁"的格言。总之,曲直之间的"运用之妙,存乎一心"。

"枉则直。"枉是纠正,歪的东西把它矫正过来,就是枉。我们老祖宗早就知道宇宙间的物理法则,没有一样东西是直的,直是人为的、勉强的,因此,便形成"矫枉过正"的成语,矫正太过又变成弯曲了。一件东西太弯左了,稍加纠正一下即可。如果矫正太过,又弯到右边去了,偏左、偏右,都有差错。这中间的逻辑哲学,发挥起来就太多,如果把老子在这里所说的每一句话拉开来讲,就扯得很远了。总之,"枉则直",究竟是对或不对,还是问题。直,虽然是人为的、勉强的,但是它能合乎大众的要求,也就不能不承认"枉则直"了!

本章由讲"曲则全,枉则直,洼则盈,敝则新,少则得,多则惑",一气呵成的几句话,看来在文字的气势上,非常有力,容易懂。可是它所包含的哲学道理,可以启发我们灵智的地方,内涵却非常的多,可以从各个方面、每个不同的角度来看,此所谓老庄哲学的本身,自有一个原则。比如孔孟之道,讲仁义的观念,多方运用起来,也能启发思想与灵智,亦同样是有多角性的。上次我们提过,宇宙的法则是圆的,走曲线的,绝对没有直的,人世间有直的路,是人为把它加工切断拉直的。因此美学与艺术,大多注重自然的、曲线的美。现在为了说明在人事应用上曲线的艺术，由记忆所及，临时找出一些资料，作一说明。但是，这点资料并不足以用来完全解释老子"曲则全"的原意，也只是在做人处世上，大概是有用的。虽不足为常经常法，但可以作为变通的参考。所以只是举出历史的事实，来说明这个原则，对大家或许有所帮助，但也很容易产生流弊，苟非其人，即易着魔。希望要切实记住，要基于最高的道德，偶一为之，不可用作为人处世的手段。此外，还可用很多的资料来说明，那有待于各人自己的启发。例如前面已经说过骂人的艺术，"曲则全"的原则，转一个弯，大家心平气和，彼此相安无事。莫名其妙地骂人，那是属于粗暴的行为，反而会偾事。

尧的儿子，汉武帝的奶妈

历史上"曲则全"的例子很多，比如尧舜传位。尧的儿子叫丹朱（他虽是皇帝的儿子，那时候还没有太子的名称），所谓丹朱不肖，大不如他的父亲，其实也没有大坏处，只是顽皮。尧用尽了种种办法教导他，始终不太成材。一个世家公子，有钱、有地位、有势力，在教育立场上看，有他先天性的优越，同时也有先天性的难以受教的缺失。据说，尧为这个儿子，发明了围棋（我们现在玩的围棋，便是尧所发明的），以此来教他的儿子，训练他的心性能够缜密宁静下来，但是，丹朱在下棋方面，也没有达到国手的境界，到底还是无效。因此，尧把帝位传给了舜，历史上称谓"公天下"。在后来历史学家，认为帝尧真是高明，因此而有政治上最高尚的道德，同时也是保全自己后代子孙的最高办法。如果当时由丹朱即位做了皇帝的话，也许可能是作威作福，反而变成非常坏、非常残暴，那么尧的后代子孙，也可能会"死无噍类"了。他把天下传给了舜，反而保全了他的后代，这便是"曲则全"最高运用的道理。

现在,再举三则历史实例:

> 汉武帝乳母,尝于外犯事。帝欲申宪,乳母求东方朔。朔曰:此非唇舌所争,而必望济者,将去时,但当屡顾帝,慎勿言此,或可万一冀耳。乳母既至,朔亦侍侧,固谓曰:汝痴耳!帝今已长,岂复赖汝哺活耶!帝凄然,即敕免罪。

《史记》载救乳母者,为郭舍人,现在据刘向《说苑》等记,说是东方朔。余姑且认为是东方朔,较有趣味。

在历史的记载上的汉武帝,有人说他是"穷兵黩武",与秦始皇并称,同时也是历史上的明主。汉武帝有个奶妈,他自小是由她带大的。历史上皇帝的奶妈经常出毛病,问题大得很,因为皇帝是她的干儿子,这奶妈的无形权势,当然很高,因此,"尝于外犯事",常常在外面做些犯法的事情。"帝欲申宪",汉武帝也知道了,准备把她依法严办。皇帝真发脾气了,就是奶妈也无可奈何,只好求救于东方朔,东方朔在汉武帝面前,是有名的可以调皮耍赖的人。汉武帝与秦始皇不同,至少有两个人他很喜欢,一个是东方朔,经常与他幽默——滑稽、说笑话,把汉武帝弄得啼笑皆非。但是汉武帝很喜欢他,因为他说的做的都很有道理。另一个是汲黯,他人品道德好,经常在汉武帝面前顶撞他,他讲直话,使汉武帝下不了台。由此看来,这位皇帝独对这两个人能够容纳重用,虽然官做得并不很大,但非常亲近,对他自己经常有中和的作用。所以,东方朔在汉武帝面前,有这么大关系。奶妈想了半天,不能不求人家。皇帝要依法办理,实在不能通融,只好来求他想办法。他听了奶妈的话后,说道,此非唇舌所争——奶妈:注意啊!这件事情,只凭嘴巴来讲,是没有用的。因此,他教导奶妈说:"而必望济者,将去时,但当屡顾帝,慎勿言此，或可万一冀耳！"你要我真帮忙你，又有希望帮得上忙的话，等皇帝下命令要办你的时候，一定叫把你拉下去，你被牵走的时候，什么都不要说，皇帝要你滚只好滚了，但你走两步，便回头看看皇帝，走两步，又回头看看皇帝。千万不可要求说："皇帝！我是你的奶妈，请原谅我吧！"否则，你的头将会落地。你什么都不要讲，喂皇帝吃奶的事更不要提。"或可万一冀耳！"或者还有万分之一的希望，可以保全你。

东方朔对奶妈这样吩咐好了，等到汉武帝叫奶妈来问："你在外面做了这许多坏事，太可恶了！"叫左右拉下去法办。奶妈听了，就照着东方朔的吩咐，走一两步，就回头看看皇帝，鼻涕眼泪直流。东方朔站在旁边说：你这个老太婆神经嘛！皇帝已经长大了，还要靠你喂奶吃吗？你就快滚吧！东方朔这么一讲，汉武帝听了很难过，心想自己自小在她的手中长大，现在要把她绑去砍头，或者坐牢，心里也着实难过，又听到东方朔这样一骂，便说算了，免了你这一次的罪吧！以后可不要再犯错了。"帝凄然，即敕免罪。"暂且交付看管起来，也就好了。

像这一类的事，看起来，是历史上的一件小事，但由小可以概大。此所以东方朔的滑稽，不是乱来的。他是以滑稽的方式，运用了"曲则全"的艺术，救了汉武帝奶妈的命，也免了汉武帝后来的内疚于心。

假如东方朔跑去跟汉武帝说："皇帝！她好或不好，总是你的奶妈，免了她的罪吧！"那皇帝就更会火大了。也许说："奶妈又怎么样，奶妈就有三个头吗？""而且关你什么事，你为什么为她说情？""可能她犯罪，都是你的坏主意吧！"同时把你的讲话家伙也一齐砍下来，那就吃不消了。他这样一来，一方面替皇帝发了脾气，你老太婆神经病，十三点！如此一骂，皇帝难过了，也不需要再替她求情，皇帝自己后悔了，也不能怪东方朔，因为东方朔并没有请皇帝放她,是皇帝自己放了她,恩惠还是出在皇帝身上,这就是"曲则全"。

刘备的淫具,齐景公的刽子手

(先主)刘备在蜀,时天旱,禁私酿,吏于人家,索得酿具,欲论罚。简雍与先主游,见男女行道,谓先主曰:彼欲行淫,何以不缚?先主曰:何以知之?对曰:彼有其具。先主大笑而止。

三国时代,刘备在四川当皇帝,碰当天旱——夏天长久不下雨,为了求雨,乃下令不准私人家里酿酒,就如现在政府命令不准屠宰相类同。因为酿酒,也会浪费米粮和水,就下令不准酿酒。命令下达,执行命令的官吏,在执法上就发生了偏差,有的在老百姓家中搜出做酒的器具来,也要处罚。老百姓虽然没有酿酒,而且只搜出以前用过的一些做酒工具,怎么可算是犯法呢?但是执行的坏官吏,一得机会,便"乘时而驾",花样百出,不但可以邀功求赏,而且可以借故向老百姓勒索、敲诈,报上去说,某人家中,搜到酿酒的工具,必须要加处罚,轻则罚金,重则坐牢。虽然刘备的命令,并没有说搜到酿酒的工具要处罚,可是天高皇帝远,老百姓有苦无处诉,弄得民怨处处,可能会酝酿出乱子来。简雍是刘备的妻舅,有一天,简雍与刘备两郎舅一起出游,顺便视察,两人同坐在一辆车子上,正向前走,简雍一眼看到前面有一个男人与一个女人在一起走路,机会来了,他就对刘备说:"这两个人,准备奸淫,应该把他俩捉起来,按奸淫罪法办。"刘备说:"你怎么知道他们两人欲行奸淫?又没有证据,怎可乱办呢?"简雍说:"他们两人身上,都有奸淫的工具啊!"

248

刘备听了哈哈大笑说:"我懂了,快把那些有酿酒器具的人放了吧。"这又是"曲则全"的一幕闹剧。

当一个人发怒的时候,所谓"怒不可遏,恶不可长"。尤其是古代帝王专制政体的时代,皇上一发了脾气,要想把他的脾气堵住,那就糟了,他的脾气反而发得更大,不能堵的,只能顺其势——"曲则全"——转个弯,把他化掉就好了。这是说身为大臣,做人家的干部,尤其是做高级干部,必须要善于运用道理。历史上这些故事多得很,我们再看第三个:

> 齐有得罪于景公者,公大怒。缚至殿下,召左右肢解之,敢谏者诛,晏子左手持头,右手磨刀,仰而问曰:古者明王圣主肢解人,不知从何处始。公离席曰:纵之,罪在寡人。

周朝,春秋时代的齐景公,在齐桓公之后,也是历史上的一位明主。他拥有历史上第一流政治家晏子——晏婴当宰相。当时有一个人得罪了齐景公,齐景公乃大发脾气,抓来绑在殿下,要把这人一节节地砍掉。古代的"肢解",是手脚四肢、头脑胴体,一节节地分开,非常残酷。同时齐景公还下命令,谁都不可以谏阻这件事,如果有人要谏阻,便要同样地肢解。皇帝所讲的话,就是法律。晏子听了以后,把袖子一卷,装得很凶的样子,拿起刀来,把那人的头发揪住,一边在鞋底下磨刀,做出一副要亲自动手杀掉此人,为皇帝泄怒的样子。然后慢慢地仰起头来,向坐在上面发脾气的景公问道:"报告皇上,我看了半天,很难下手,好像历史上记载尧、舜、禹、汤、文王等这些明王圣主,要肢解杀人时,没有说明应该先砍哪一部分才对?请问皇上,对此人应该先从哪里砍起?才能做到像尧舜一样地杀得好?"齐景公听了晏子的话,立刻警觉,自己如果要做一个明王圣主,又怎么可以用此残酷的方法杀人呢!所以对晏子说:"好了!放掉他,我错了!"这又是"曲则全"的另一章。

晏子当时为什么不跪下来求情说:"皇上!这个人做的事对君国大计没有关系,只是犯了一点小罪,使你万岁爷生气,这不是公罪,私罪只打二百下屁股就好了,何必杀他呢!"如果晏子是这样地为他求情,那就糟了,可能火上加油,此人非死不可。他为什么抢先拿刀,要亲自充当刽子手的样子?因为怕景公左右有些莫名其妙的人,听到主上要杀人,拿起刀来就砍,这个人就没命了。他身为大臣,抢先一步,把刀拿着,头发揪着,表演了半天,然后回头问老板,从前那些圣明皇帝要杀人,先向哪一个部位下手?我不知道,请主上指教是否是一刀刀地砍?意思就是说,你怎么会是这样的君主,会下这样的命令呢?但他当时不能那么直谏,直话直说,反使景公下不了台阶,弄得更糟。所以他便用上"曲则全"的谏劝艺术了!

大概把这些历史故事了解以后,可作人生做人处事的参考。世间有很多事情都是如此,即使家庭骨肉之间朋友之道,也是一样。人非修学不可,读了书要学以致用,但有时候书虽读得多,碰到事情的现场,脾气一来,把所读的书都丢掉了,那就没有办法的事。

枉则直的教育法

其次,我们再用历史故事说明"枉则直"的道理。汉文帝是研究老子的好学生,所以,我们讲老庄的思想学术,引用他的故事亦蛮多的,现在又要借用他的一则历史故事:

> 汉文帝初即位,立太子母窦氏为皇后。后兄长君。弟广国,字少君。初为人略卖,传十余家。闻皇后立,乃上书自

陈。厚赐田宅，家于长安。周勃、灌婴等曰：吾属不死，命且悬此两人。两人所出微，不可不为择师傅宾客，恐又复效吕氏也。乃选士有节行者为居。两人由此为退让君子，不敢以尊贵骄人。

过去宗法社会，重视长子，大儿子可以继承皇帝位子，这是古代传统的习俗。汉文帝的大儿子的妈妈姓窦，儿子当了太子，母亲便顺理成章当上皇后（过去皇帝的妻子很多，看哪一个生儿子生得快，做太子的希望就大）。可是，窦家这位皇后，家庭履历并不太高明，她是贫贱出身。皇后的哥哥名字叫做"长君"，有个弟弟名叫"广国"，又名"少君"。窦家这个小兄弟更惨，年轻的时候，被骗子骗走，把他卖掉，这家买来，卖给那家，辗转卖了十多次。到了二十几岁时，听到姊姊当了皇后，他便写信给皇后，说明彼此之间同胞姊弟的关系。窦皇后接到信以后，既惊喜，又怀疑，写信的人究竟是不是被人骗走卖掉的兄弟呢？可是他再向皇后说明小时候同胞手足间，如何共同生活，姊弟如何相亲相爱，列举事实证明，皇后才相信这真是他的兄弟了，因为报告中所说的事，只有他们姊弟之间才晓得。从此归宗认亲，一步登天，"厚赐田宅"，赏赐田宅很多；"家于长安"，住到国都所在地来，以便姊弟间可以时常相聚，享受天伦之乐。

可是我们晓得汉朝的历史，一起手，便有外戚之祸。汉文帝之所以能当上皇帝，就是因为汉朝刘家的老太太吕后造反出了问题，才有机会轮到他当皇帝。汉高祖死后，吕后当权，想要把刘家——汉高祖后代都弄光，给自己娘家吕氏后代当皇帝。这件政变的大祸事，全靠跟刘邦同时起义的老干部周勃与陈平他们设计平息了。周勃与灌婴，都是追随汉高祖刘邦一同起来打天下的、立有汗马功劳的将领。他两人看到窦皇后姊弟之间这个情形，便联想到刚刚过去吕后与吕家的故事,就商量说,我们这些人,与汉高祖一起出来打天下,出生入死,总算留下一条老命,现在业已过了退休高龄,将来要想保全身家性命不死,可是照现在情形看来,我们的命运,还须掌握在窦家姊弟的手里,而且这两姊弟出身贫贱,知识、道德、修养都很低。像这种人,一旦进入政治舞台,手上有了权势,如果残暴起来,比知识分子出身的人,还要残暴得多。周勃与灌婴,在几千年前,虽然出身行伍,但凭人生经验,就早已看出没有受过良好教育、没有正确中心思想和深厚学术修养的人,一旦出来当政,后果是不堪设想的。有此远见,的确高人一等,无怪能做开国功臣之一。商量结果,唯一办法,只有首先教育他们读书明理,"不可不为择师傅宾客"。唯一的补救办法,为了他们好,为了窦家好,为了我们全体高级老干部,将来不再受冤枉的迫害,只有教育他。因此审慎选择一批好的老师和一班好的青年子弟,和他做朋友,来辅导他步入正途。周勃他们认为,如果不这样做的话,不从教育着手,"恐又复效吕氏也",这两个人将来当权了,恐怕要学吕家的模子,那就太危险了。"乃选士有节行者为居",于是选拔有学问、有道德、有节行的人(有学问的人,不一定品行好,因此必须要加一项有节行)与他做朋友,并教他读书。窦家兄弟两人,受了良好教育造就,从此便变成谦虚退让的君子,与世无争,这有多好啊!皇亲国戚之间,还有谁敢欺负他,他也不欺负人。身为皇亲国戚的人,只有如此,不以尊贵骄人,自然更为高贵了!这两兄弟后来学问成就,不像其他皇帝的亲属,他们是非常讲学问、讲道德,绝对不以自己的尊贵,去欺负人家,傲视人家,不要法律的约束,都能自尊自重。他自己有了这样的学问、这样的修养,因此而终前汉世代,窦氏世泽绵长,成为世家大族。这就是"枉则直"的道理。

实际上，周勃、灌婴对窦皇后姊弟之间这样处理，也很不公平，可以说是别有私心的。他们是为了自己将来不受冤枉的迫害，怕自己会被陷害，所以也非圣人之道。圣人之道，是不考虑自己的利益，应为大众着想。倘认为像窦少君兄弟这样的人，到了第一等高位，便应该加以教育而造就他为国家所用的人才，并非只顾私人的利害，那就是仁人的用心了。孔孟之道，固然应当如此，老庄之道，也不例外。历史上记载得很明显，他们两个人的动机，不是为别人着想，也不是为国家天下着想，而只为自己的身家性命着想，而有此一动机的，所以只能说是一种权术手段。但是这个手段，已经够高明，够美好，事实上也合乎老子《道德经》"枉则直"的原则了！

下面晏子这一个"枉则直"的故事，是道德的"枉则直"的道理：

> 晏子（婴）谓曾子曰：今夫车轮，山之直木也。良匠揉之，其圜中规，虽有槁暴，不复嬴矣。故君子慎隐揉。和氏之璧，井里之困也。良工修之，则为存国之宝也，故君子慎所修。

晏子是曾子的前辈，字平仲，他是孔子相交最好的朋友，孔子也很佩服他这个人（大概曾子那时年纪很少，该叫他世叔吧）。有一次，晏子对曾子说："今夫车轮，山之直木也。"古代的车轮，是用木头做的，不像现代是橡皮的。车轮是圆的，可是山上的木头是直的，没有弯曲的，"良匠揉之，其圜中规"。好的木工，把直的木头拿来加工，变成弯的圈圈，一经雕凿过，这个圆圈刚好中规中矩，刚刚是一个圆圈，没有一点偏差。

"虽有槁暴，不复嬴矣！"木头的本身，虽有枯槁的地方，或者是有暴节的凸出来，或者是木头有一个地方凹下去，这两种情形,都是木头的缺点,可是经过木工的雕凿,"不复赢矣!"这个木头,如有缺点做成车轮,要载很重的东西,那怎么行呢!但是经过木工的整理,它没缺点了,便可发出坚强的作用来。

"故君子慎隐揉"。什么叫"隐揉"呢?慢慢地、渐渐地。所以说,要学会做一个君子,便要谨慎小心,致力学问修养,一天一天慢慢地琢磨成器,如同木工做车轮子一样,慢慢地雕凿,平常看不出效果,等到东西做成功了,效果就出来了,到这时候,才看出成绩。所谓"慎隐揉",就是慢慢地、渐渐地、静静地、不急躁地去做。这就是告诉曾子,人生的学问道德修养,不是一下做得好的。

第二个观念,"和氏之璧"。在中国历史上,是一块大的宝石——玉,就是蔺相如见秦昭王"完璧归赵"的那块玉。原是楚国的玉工卞和,观察到荆山有一块大石头,断定它里面蕴藏有一方美玉。最初还没有人相信,指他说谎话骗人,卞和因此还受了刑罚,两腿被锯断了。后来事实证明,的确其中有玉,一跃而成为价值连城的宝玉。卞和好冤枉啊!但这块宝玉,当它还没有开凿出来,只不过是一块璞石而已。如同乡巴佬,生活没得办法,到山上弄块石头——去找玉石——如果一下看准了,凿开了里面有玉,就会发财。这和穷人到沙滩上淘金是一样的。可是,石头固然找对了,但必须经过良工加以切磋、雕琢,制作成为上好的珍品,那么,这块石头才能成为"存国之宝",象征保全一个故国的大宝了。它本来不过是山里一块没有人要的石头,连牛羊都可以在上面大便,等到挖出来后,经过人工雕琢整理,就变成"存国之宝"。引用这个故事来比喻,"故君子慎所修"。一个普通的人,要想变成一个圣人,或者是要开创一番事业,处处需要学问、道德、知识、技能,但须看你自己平常所学、所修养、所注意的是什么?这就是说明了"枉则直"的一则作用。

狐狸、豹皮的吸引力

再说"洼则盈"的故事：

> 晋文公时，翟人有献封狐、文豹之皮者。文公喟然叹曰：封狐、文豹何罪哉？其皮之罪也，大夫栾枝曰：地广而不平，财聚而不散，独非狐豹之罪乎？文公曰：善哉说之。栾枝曰：地广而不平，人将平之。财聚而不散，人将争之。于是列地以分民，散财以赈贫。

"洼则盈。"水性下流，凡是低洼的地方，流水积聚必多，最容易盈满。春秋时代，齐桓公、晋文公都是五霸之一。但春秋所谓的霸主，并非后来项羽自称为"西楚霸王"的霸王。后世所谓的"霸王"，应该等于现在世界上的发达国家，在国际间有它了不起的武力和特殊的政治声望威力。尤其晋文公是春秋时候第二个霸主，而且他更与齐桓公遭遇家庭问题所发生的变故类似而又不同。他因为后娘的争权而发生变故，逃亡在外，历尽艰危险阻，吃尽苦头，饿过饭，几乎把命都丢掉，流亡了十九年，获得了丰富的人生经验，最后复国，所以晋国在他手里成为一个霸主。当他当了霸主的时候，翟这个地方（在今山东），有一个老百姓，来献"封狐文豹之皮者"，向晋文公贡献一件长得很大的——起码是有七八百年的道行、成了精灵的狐狸，结果也难免有此一劫，被人抓到杀了，得了一张大皮。在过去以狐皮制成的衣服叫狐裘，是第一等衣料，非常名贵，普通老百姓是穿不起的，没有这种资格和本钱，因此得到这样好的一张特等狐皮，自然要献给君主。另外一张豹的皮，也是有特别花纹的皮色，都是上等皮货。晋文公收到老百姓所献上这样的珍品，因为自己在外流亡多年,什么苦头都吃过,所以看了以后,不免引起感慨,大叫一声说道:"封狐、文豹何罪哉,其皮之罪也。"狐狸长大了也不犯法,豹子毛长得漂亮,也不犯法,动物有什么罪呢?可是这两个家伙,硬是被人打杀了,只是因为它的皮毛长得太过漂亮,所以才免不了祸害的降临!

这时,曾经跟他流亡多年的一位功臣,名叫栾枝的大夫,听了晋文公的感叹,就接着说:"地广而不平,财聚而不散,独非狐豹之罪乎?"这几句话是很妙的双关语,他说:"一个国家拥有广大的土地(春秋时候,人口很少,没有开发的地方很多),君主内府(宫廷)的财帛又那么多,但是老百姓仍然没有饭吃。那岂不是如这两头被杀害的狐狸、豹子一样的可怕吗?"栾枝这话说得很幽默,换句话说,他当时所讲的话与后世禅宗祖师们的话头一样,都具有面面观的价值,要有高度理解力,能听别人吹牛的天才,才可听得懂。像齐桓公、晋文公、汉高祖这些人,专门会听别人吹大牛的,自然心里有数。栾枝的话也可以解释为:我们国家的土地那么广大,而你私人皇宫的财产又那么多,"福者祸之所倚",说不定有一天也像这狐豹的皮件一样,落到别人的手里啊!这几句话很难解释,很难作明白的表达,直译成白话,就没有含蓄的美了,此之所以为古文,则自成为一套文学逻辑。古文为什么不明讲呢?如果用现在的白话文的体裁语气,讲完了以后,等于在洗澡堂里看裸体,一览无余,一点味道也没有。而且在说话的艺术上,变成太直,等于顶撞,绝对是不行的,不合乎"曲则全"的原则。同样的语意,经过语言文字的修饰,便可以当作指责,也可以当作比喻。不要认为文章只是文章而已,古人讲话未必真会那么讲。在我的经验中,晓得前辈说话,真的那么讲,因为我小时候听到前辈先生们讲话,他们嘴里讲出来的话就是文质彬彬的。自己读书没有读好,听他们讲话往往会听错了,不像现在一般讲话,一点韵味也没有。例如:好的!好的!偏要说成"善哉!善哉!"这又为了什么?因为古人认为语意如不经修饰,就不足以表示有学问的修养。现在如果用这种语汇,说委婉的话,却反遭人讥诮为"咬文嚼字"了。

晋文公是何等聪明的人,他因看到狐豹的皮而引出内心的感慨,再经过跟在他身边的亲信接上这么一句"独非狐豹之罪乎?"晋文公便说:"善哉说之!"意思是说:好!你的道理说得对,你就把你要说的道理直接讲个彻底吧!不要含含糊糊,有所顾忌了!

栾枝说:"地广而不平,人将平之;财聚而不散,人将争之。"你没有平均地权,把没有开发的地区分配给人民耕种,将来就会引起老百姓的反感,别人就会起来分配。你宫廷中财产那么多,没有替社会谋福利,将来就会有人将你皇宫的宝藏拿走了。晋文公说:你说的全对!因此马上就实施政治改革,"于是列地以分民,散财以赈贫。"这就是"洼则盈"的道理。

我们再说一个"洼则盈"的故事:

> 晋文公问政于咎犯。咎犯对曰:分熟不如分腥,分腥不如分地,地割以分民而益其爵禄,是以上得地而民知富,上失地而民知贫,古之所谓致师而战者,其斯之谓乎?

"咎犯"是一个人名,不要认为"咎"是过错,"犯"是犯了罪,这样解释那就糟了(一笑)。咎犯和栾枝,都是晋文公身边的高级干部,而且都是跟晋文公流亡在外十九年吃尽苦头的人。有一天晋文公与他讨论政治的道理,咎犯对曰:"分熟不如分腥,分腥不如分地,地割以分民而益其爵禄,是以上得地而民知富,上失地而民知贫。"咎犯答复说:你要在经济上、财政上,做平均的分配,合理的分配。比如我们分配一块肉,煮熟了来分配，还不如分腥的好。拿一块生的猪肉分给人家，五斤也好，十斤也好，分到猪肉的人，也许红烧，也许清炖，比较方便，一定要煮熟切片再分送给人家，那么，人家就固定非吃白切肉而不可了！这样，就有点强迫别人的意志了！这是分熟的不如分腥的含义，是用譬喻的逻辑。再说，分食物给人家，不如分地给人家自己去耕地好。也就是说，最好是把王室的私有财产——土地，平均地权，分配给老百姓以后，"而益其爵禄"，不但分配给他土地，使其生活安适，而且给他适当的职务，使他有事情可做。这样一来，自己的财产虽然分配给了老百姓，在形态上好像是把财产分掉了，其实老百姓富有了，也就是王室国家的富有。"是以上得地而民知富，上失地而民知贫。"这两句又是什么内涵呢？因为万一有敌人来侵犯，全国老百姓不要你下达命令，自然会起来作战，如果我们共有的国土被敌人占据了，那大家也完了。何谓"致师而战者"？"致师"，是不等到下达命令，老百姓自动地都来动员，因为国家的灾难，就是人民自己的灾难，这是"致师而战"的内涵，同时也说明了"洼则盈"的原理。

我们现在费了很多时间力气，说明了这几句话的道理，下面再讲一则历史故事，来说明"敝则新"。

> 赵简子谓左右车席泰美，夫冠虽贱，头必戴之。履虽贵，足必履之，今车席如此泰美，吾将何以履之。夫美下而轻上，妨义之本也。

赵简子也是战国时代的大政治家之一，"谓左右车席泰美"。他看到左右的人，如一般官吏或侍随官等人，都把他的车子里铺的席子，做得太讲究了，拿现在比喻，地毯太好了，所以，他很不高兴，向左右的人说：为什么把我车子里面布置得那么漂亮，那么名贵呢！帽子再坏，还是戴在头上。鞋再名贵，还是穿在脚底下，踏在地面。现在你们把车子铺上那么好的地毯，那么我要穿上什么鞋子，才能踏在这地毯上面，以便名贵中更加名贵呢！即使换了一双更名贵的鞋子，我可无法再到我妈妈那里换一双漂亮的脚来穿这双好的鞋子呢！那怎么办！"夫美下而轻上，妨义之本也。"这句话，就同参禅一样是话头，人只顾眼前，不顾将来，所以"美上而轻下"，同样是不合理的，这不是道德的根本。他吩咐把漂亮的地毯拿掉，保留原来的朴实，那才是永远常新的。

我们引用历史的故事，来说明老子这几句话的作用，使大家了解在行为上做人处事的原则。一个人做人做事，无论大事小事，一定要把握住道家的精神——"曲全""枉直""洼盈""敝新"这几个原则才好。这是人生的艺术，自己要把这一生的生活，个人的事业前途，处理得平安而有韵味，就应该把握这一些原则。而这四个原则，归纳起来，统属于"曲则全"的延伸而已。

有了富贵，失去欢乐

接着，更加引申"曲全"之道的正面告诫，便说出"少则得，多则惑"的名言。当清末民初的时期，有一山西商人，生意做得很大，财产很多，可是这人一天到晚，必须自己打算盘，亲自管理会计。虽然请有账房先生，但总账还是靠自己计算，每天打算盘打到深夜，睡又睡不着，年纪又大，当然很烦恼痛苦。挨着他的高墙外面，却住了一户很穷的人家，两夫妻做豆腐维生，每天凌晨一早起来磨豆子、煮豆浆、做豆腐，一对活宝穷开心，有说有笑，快快活活。可是这位富商，还睡不着，还在算账，搅得头晕眼花。这位富商的太太说："老爷！看来我们太没意思！

还不如隔壁卖豆腐这两口子,他们尽管穷,却活得很快乐。"这位富商听了太太这样讲,便说:"那有什么难,我明天就叫他们笑不出来。"于是他就开了抽屉拿了一锭十两重的金元宝,从墙上丢了过去。那两夫妻正在做豆腐,又唱歌,又说笑,听到门前"扑通"一声,掌灯来看,发现地上平白地放着一个金元宝,认为是天赐横财,悄悄地捡了回来,既不敢欢笑,更不想歌唱了,心情为之大变。心里想,天上掉下黄金,这怎么办!这是上天赐给我们的,不能泄露出去给人家知道,可是又没有好地方储藏——那时候当然没有使用保险柜——放在枕头底下不好睡觉,放在米缸里也不放心,直到天亮豆腐也没有磨好,金元宝也没有藏好。第二天,两夫妻小组会议,这下发财了,不想再卖豆腐了,打算到哪里买一幢房子,可是一下子发的财,又容易被人家误以为是偷来的,如此商量了三天三夜,这也不好,那也不对,还是得不到最好的方法,夜里睡觉也不安稳,当然再也听不到他两口子的欢笑声和歌唱声了!到了第三天,这位富商告诉他的太太说:"你看!他们不说笑、不唱歌了吧!办法就是这么简单。"

穷人没有见过很多的钱,也没有经历过财富的日子,以为财富很好,认为财富多了,就会快乐和幸福。过去的时代,住在海边的穷人家就很可怜,一年到头,只吃一点番薯干,掺了一些糙米做稀饭,除此之外,一点腌得发臭的咸鱼,算是佐餐的副食。偶然吃到一点青菜、豆腐,那是一种大享受。曾经有一个穷人,发了一个大愿,他说,如果我某人将来有钱的时候,天天要吃青菜豆腐,才够意思,这就是他一生的最高欲望了!他可不知道,有钱的人吃青菜豆腐,并不算一回事,他以为青菜豆腐便是世上最好的菜肴。但是,谁又真能了解,知识愈多,烦恼愈大。财富越大,痛苦越深呢!所以佛经里把烦恼叫做"烦惑",愈有烦恼,思想就愈迷惑不清。

"是以圣人抱一为天下式。"老子说：自古以来，有道的人——圣人，必是"抱一为天下式"，确然而不可拔，固守一个原则以自处。但是，什么叫"一"？"一"者，道也。下面会有解释，这里暂时保留。总之，他是说人生于世，做人做事，要有一个准则，例如现在很多青年同学，并不如此。问到他们的人生观是什么？他们都茫然不知所对。许多读到大专毕业的同学，甚至拿到硕士、博士的人，谈到他的人生观，总是说还没有确定。你作木匠就作木匠，做泥水工就做泥水工，当皇帝与作泥水工，只是职业上的不同，人格则仍然是一样的。人要认定一个人生的目标，确定自己要做什么。要做一个学者，就准备穷一辈子，如果又怕穷，又想当学者，几乎是不可兼得，无法两全的事。但是人生观总是要有个确定的目标才对。所以"圣人抱一而为天下式"是为至要。

四不的领导学

接着一式以后，便讲："不自见故明，不自是故彰，不自伐故有功，不自矜故长。"道家的老庄，与佛家、儒家，三家教人的道理，几乎都是一样的。不过佛家、儒家是从正面上讲，老庄道家是从反面上说的。反面说的意义深刻，不但深刻，而且更具有启发性的作用。因为佛家与儒家是从正面上说的，往往变成了教条式的告诫，反而使人产生抗拒性的意识。至于老庄道家的说法，却合乎"曲则全"的作用，比较使人容易接受。

"不自见故明。"人本来要随时反省，使自己看见自己才好，为什么在这里却说要"不自见故明"呢？这是说，要人不可固执自己主观的成见，执著了自己的主观成见，便同佛家所说的"所知障"，反为自障了！因为自有主观成见，就无法吸收客观的东西,因此而说"不自见故明"。尤其对一个当领导的人来讲,千万不要轻易犯了这个错误,即如一个公司的老板、董事长,一旦事业成就,便不可得意忘形,须有"不自见",才能更加明白事理。有人说,老庄是帝王学,是伟大的领导术,也许重点就在这些至理名言中。当一个领导群众的人,千万不可有"自见",需要多听听别人的意见,把所有的智慧,集中为你自己的智慧,你的智慧就更大了。那就合乎"不自见故明"的道理了。

"不自是故彰。""自是"与"自见"差不多是同一个道理,但同中有异。"自是"是主动的认为我一定都对的,我的绝对没有错。譬如现在的人,喜欢引用拿破仑说的:"拿破仑的字典里没有难字"。乍听很有气魄似的,其实,拿破仑就太"自是",所以变成拿破了轮,结果还是要失败。只引用拿破仑的话,没有看到拿破仑的一生,他不过是像项羽一样的人物,并没有真正成功的内涵。他的字典里面没有难字,那是"自是",所以,成功果然很难,人不自是,才能开彰大业。

"不自伐故有功。""自伐",是自我表扬的代名词。有了功劳的人爱表功,差不多是人们的常态。尤其许多青年同学们,很容易犯这个毛病,虽然只做了一点事情,就想人家表扬一下,要鼓励鼓励。常常以此来作为课题,考察青年同学,看他能稳得住多久时间。有些人稳几天可以稳得住,多过几天,心里就稳不住了,我做的事这么久了,好像老板都不知道一样,就要想办法表现出来。真正有修养的人要不自伐,有功等于无功,儒家的人常以尧舜来做标榜,"功在天下","功在国家",而他自己好像一点都没有做一样,而且更加谦虚,觉得自己没有什么贡献似的,那才是不自伐的最高竿,当然不会埋没了你真正功高望重的知名度的,因为天下明眼人毕竟很多。

"不自矜故长。""自矜",也就是现在所讲的自尊心,说好听点叫自尊心,说不好听就叫做傲慢,自尊心与傲慢,几乎是同一心态,但用处不同,效果也不一样。比如,走在街上,看到别人的钞票掉了,很想把他捡起来,但又不敢去捡,为什么?因为有自尊心。那你就干脆捡起来等人来认领,或是送到警察派出所招领,这也没有什么不对,所以自尊与傲慢,看是用在什么地方,用得不对了,就是傲慢,用得好就是自尊。傲慢的人不能成功,所以要不自矜才能成长。"不自见故明,不自是故彰,不自伐故有功,不自矜故长"。这四不的名句,是告诉我们,为人立身处世必然要记住的道理,岂止要把它作为"座右铭",应当要把它作为"额头铭",要贴在额头上,记在脑子里,则终身受用不尽。

"夫唯不争,故天下莫能与之争,古之所谓曲则全者,岂虚言哉,诚全而归之。"讲到这里,全篇还是一句老话——"曲则全"。

刚才是分开作解说,现在老子他说:因为人能够真做到无争才行。要怎样才能做到无争呢?好处都属于别人的。例如佛家所说,就要菩萨发心,慈悲爱人,爱一切世人,一切牺牲都是为别人,自己不想得到任何一点报酬。因此,"天下莫能与之争"。纵然要争,也没有用,我既什么都不要,本来便是空,与"空"争个什么!人之所以有祸害、有痛苦、有烦恼,就是因为想抓住点什么,既然一切都不要、都舍出去了,那自然无争,自然争不起来。综合上面这些道理,也都是为了"曲则全"原则的发挥,看来都是反面文章,同现实一般的人生,都是相反。其实,相反地,正是为了正面可保全自己,成就自己的道德,完美自己的人格,所以,老子加重语气说:"岂虚言哉"!这不是空话啊,不是空理论啊!

"诚全而归之。"这句话可以作两种解释。一种是说:"曲则全"最重要,人生最伟大的作为,不必要求成功在我,无论在道德学问上的成功,或是事业上的成功。如果"功成、身退而不居",一切付之全归,这赤裸裸的坦诚,就是"曲则全"的大道,这才是人生的最高艺术。"诚"字,可以把它作动词用,说明实在要走"曲则全"的道理,才能够得上为天下之所归,众望之所属。另外的一种解释是:"诚"字下面加一标点,构成"诚,全而归之"。这样一来,便是说明如何做到"曲则全"的真正条件,那只有一个"诚"字才可。绝对不能把"曲则全"当做手段,要把它当做道德,要真正诚诚恳恳地去做。如果知道"曲则全"的名言,却把它当成手段去做,那就"不诚无物",完全不对了。所以,也可以读成"诚,全而归之"。这种解释,也不是我的发明,看了很多古人的注解,果然早已有这一见解。所以,书读多了,常常发现自己不能"自见""自是",好像有很了不起的见解,以为前无古人,但过了几年以后,忽然看到另一本书,就脸红了,原来你的见解,古人早已说过,所以人不能"自是"。固然我并非偷袭古人的见地,但古人也绝不是偷去你的。

这是《老子》第二十二章,他在讲"曲则全"之后,下面再给我们申述了很多。也由此可以发现《老子》这本书的编排,有很多章第一句话是最重要,下面即是这个纲要的申述,等于现在写文章一样,先标出一个纲要,纲要下面就说出很多重要的道理。

第二十三章

老子他说

> 希言自然。故飘风不终朝，骤雨不终日。孰为此者？天地。天地尚不能久，而况于人乎？故从事于道者，道者同于道，德者同于德，失者同于失。同于道者，道亦乐得之。同于德者，德亦乐得之。同于失者，失亦乐得之。信不足焉，有不信焉。

这自然不是那自然

什么叫"希言"呢？我们都晓得在长江一带，很久未见面的朋友，偶然来访，每称"稀客"，意思是说少见的尊客。"希言"，亦即平常较少用的名言。再进一层来讲，便是"无言之言，不说之说"的意思。例如佛典所说的"不可说"之说，最高的道理，最高的境界，不是文字语言所能表达的。同样地，形而上最高的道理，也没有极其妥当的文字来表达的，这就是"希言"的内涵。

什么叫"自然"呢？这里所说的自然，不是自然科学的自然。"希言自然"，并不是很少说到自然科学的理论。"自然"一词，在这里不可作为物质世界和自然，而是哲学的名词，勉强解释，也可说是"原来如是"的表诠，犹如佛家的"法尔如是"一词相同。"法尔如是"，也便是表示本来原是这样的意思。

"故飘风不终朝，骤雨不终日。"飘风，即飓风，又叫台风，台风在夜里比较大，所以在夜里来的台风最可怕。但台风过境不会超过二十四小时以上的，最大的风速中心不过几个小时就过去了，不会整天吹的。无论如何强大的台风，到了中午，都会减弱缓慢一点。故说任何飘风，都不会终朝不变的，就是说正午十二点左右就会变弱了。骤雨，是夏热季节的大雷雨，大概一两个小时就过去了。最多三小时，超过三小时就不得了，就可能涨大水。所以夏天的大雷雨，只是一阵，不会下一整天的。而且雷雨一来，一定是连续三阵——今天、明天、后天——大多是三天连着的，但每天雷雨的时辰，都会渐渐向后延，慢慢减小。"孰为此者？"这是什么道理，谁在主宰其事呢！这是天地间自然的法则。老子没有讲神或天帝在作主，也没有讲菩萨在使神通，只是讲"天地"自然规律，如此而已。等于说，冥冥中自有一个能力，但它的功能，不像其他宗教所说的，把它变成人格化，或者是神格化。也不把它变成民俗观念中的一个如来佛祖，或是雷公、风神、雨师等菩萨。只是自然而然，有那么一个能力的存在，它就是"道"。

但需再重复一遍，老子所讲这个"自然"不是佛家所说的那个"自然"。前面已经说过，道家这个"自然"，与佛家的"法尔"相同——法尔如是。因为印度有一学派，称为自然学派，佛学名之为"自然外道"。印度的自然外道，绝不可相同于中国老子所讲的自然外道相提并论。当年玄奘法师，固然把梵文的佛经翻成中文，同时也把中国的《老子》翻成了梵文传译到印度去。因此唐朝以后的许多佛学与密宗的道理，掺杂有中国道家的成分。不过当时玄奘法师翻译过去的《老子》，可惜在印度已经湮没不彰，再也找不到了。所以，中国道家老子的自然，不和佛说印度外道学派的那个自然相同，这一点需要特别了解清楚。但在正统的佛经里面，"自然"这个名词，从来未曾用过，因此一般就误认为老子所说的自然，与印度的一派哲学相同，那么，老子也牵连而打入"自然外道"。

非人力所及的因果变灭律

老子说:"飘风不终朝,骤雨不终日。孰为此者?天地。天地尚不能久,而况于人乎?"在中国的固有文化中,无论道家或儒家以及后来的佛家,早就知道,宇宙之所以成为宇宙,以及这个地球世界,有始有终,终会归于泯灭。有开天辟地的时候,也有天翻地覆,终归结束的时候。佛家所说的"成、住、坏、空","诸法无常"。老子也说:"天地尚不能久"。白居易《长恨歌》:"天长地久有时尽,此恨绵绵无绝期。"因此,有人说:"天若有情天亦老。"天地也不能永远无尽而长生不老的!不管是经过多少年代,即使是几百千万亿年,终归要有结束的一瞬。"天地尚不能久,而况于人乎?"那么,人生更不能希求长久的永存了。

我曾经做过研究,不过还没有时间坐下来完成,但统计资料已搜集好几年了。我发现这个鸡蛋一样椭圆形的地球世界,以世纪为标准,东方的中国,诞生了哲学家的老子、孔子。印度也诞生了释迦牟尼,西洋也诞生了苏格拉底,事实上,都是同在一个世纪之中。太阳轮转到的地区,某一个世纪出了些什么人物,都有同样的类型。某一个世纪结束了,而这一个世纪某些关键性事情也都结束了。例如在某一世纪中,东方出来一个了不起的人物,在同一时代的相近差距中,地球的另一半,也会有同样的了不起的人物出现。曾费了很多年时间,把这些资料搜集、整理、统计、分析。但是,这个研究,还需要找出它的根本理由来。那么,这个地球和人类时空的命运,当然就可以推算出来。不过最好不要彻底研究清楚,所谓"察见渊鱼者不祥",人何必需要前知呢?万事还是不要前知,人生才富于追求的意味。

可是,由于老子这几句话的道理,说明了他早已了解这个宇宙是有生有灭的。因此，人生的规律，逃不过的一个法则，必然也是有生有灭的。只是人类却有一个愚不可及的呆劲，总希望什么事情，都要永久地把握在自己的手里，事实上，是绝对把握不住的。"天地尚不能久，而况于人乎！"这是原则。这个原则的归结，便是那所希言的自然之道了。"希言"，也等于佛曰"不可说"。道固不可说，因此而"希言"其故。可是自然的法则，它却有必然性的因果规律可循，佛学重视因果定律，其实老、庄、孔、孟诸家，也都是讲究说明"因果必然"的道理，只是表达的说法不同而已。

因此，老子又告诉我们："故从事于道者，道者同于道，德者同于德，失者同于失。同于道者，道亦乐得之。同于德者，德亦乐得之。同于失者，失亦乐得之。"这几句话，从文字上看，自说自话，好像在玩嘴皮，并不重要。其实，他是说人事物理的同类相从的道理。比如一个从事于修道的人，"道者同于道"，修道的人，自然会与修道的人结合在一起，这是很简单的原则。一个喜欢讲道的人，自然喜欢与讲道的人结合在一起，来做朋友，志同道合，切磋学问。一个喜欢吹牛的人，结交的朋友，一定也会吹牛，否则两个人就吹不起来了。今天，有一位朋友告诉我一个形容词的新意义，就是现在社会上颇为流行的一句话，所谓"手忙脚乱"。手忙者，打麻将也。脚乱者，跳舞也。喜欢打牌跳舞的人，总会合在一起。这也就是"道者同于道"的反证。换句话来说明"道者同于道，德者同于德"的内涵，也可以说一个人真为道德而努力修养自己，那么，你就会天天发现自己在道德上的进境了。

德，就是用，秦汉以上的思想、学术，道与德两个字，往往是各自分开的。道、德两个字合起来做一个名词用，是秦汉以后的事。道，是形而上的"道"，它与形而下的"德"字对称。德，是代表用,德者,得也。所以我们可以解释,德是良好行为的成果。我们懂得了这个字义,在文句上就容易了解了。"失者同于失",你要是走倒霉路线的人,自然碰到的都是倒霉鬼挤在一起。你要向失败方向走,失败的因素都会来凑合你。这就同西方的谚语所说:上帝要毁灭一个人,先要使他发疯。发疯与毁灭当然差不多了。所以,一个人倒楣了,他所交往的人和事,也都不对了,都是随倒楣而来的。况且你还偏要和那个倒楣的方向去凑合。

"同于道者,道亦乐得之",也就是如孔子所说的话"德不孤,必有邻",恰好相同。真正为道德而努力,不要怕寂寞、怕凄凉,纵然不得之于一时,也得之于万古,这一点先要认识清楚。有许多年轻人说:"我一辈子要做学问,修持道德。"我说:不容易啊!那你必须先要准备寂寞一辈子才行。要甘愿寂寞一辈子还不够,还要更进一步,懂得如何来享受寂寞。例如学道成佛,那都是千秋事业,不是一时侥幸的成功,乃至也不求千秋之得失,证无所证,得无所得,那就差不多了。

所以,谈学问、道德,不要表面上做功夫,好像什么都不要,只要学问,只要道德,不在乎其他。功夫做到胃出血的时候,看你在乎不在乎?那真在乎啦!但是,真要为道德的人,真要有这个精神,寂寞、穷苦、疾病所不能移其节操,才能说到出世入世,志在利他之心。没有这个观念,平日吹牛没有用的。所以说:"同于道者,道亦乐得之。同于德者,德亦乐得之。同于失者,失亦乐得之。"这些话,都是正反两面,各尽其词,要自己去细心体会,不要轻忽视之。

本章由"飘风不终朝,骤雨不终日,孰为此者,天地!天地尚不能久,而况于人乎"?开始,把自然现象的因果律,用比喻来反复说明,告诉我们一切都在无常变化中,需要认识人间世事的现象,以及人与事,没有一分一秒不在变。它是随时随地都在变,既不是你的力量可以把握住它,而且也无须要去把握它。只有一个超越现实,是我们生命所本有的,就是那个自然本有的东西。那一功能,能变、所变、受变的,却是天人合一,变而不变的那个东西。但那个东西又怎么可以体会它呢?只有从"道者同于道,德者同于德,失者同于失"去体认它,才能自然证得。但是有的人虽然相信这个道理,并不能真肯实信,所以便又说:"信不足焉!"此外,大多数人,就根本不相信形而上者有一个自然之道的存在,同时也不相信现象界中的自然因果定律。所以说:"有不信焉!"真是无可奈何!

总之,读《老子》不要把它一句句地读,你如果分开来一句句地读,倒不如干脆把它写成书笺,当格言看好了。你要完全了解它的宗旨,以原书原文来理解它本身,就可融通无碍。当然,这是很难的,等于我们欣赏一首诗,有些人会作诗,确有诗的天才,语出惊人。但是只有好句,却不能构成一篇好诗,有好句无好诗,便非好文章。好的文章是全面的,绝不能拿一句来代表全体。我们读古书同样容易犯此毛病,往往断章取义,抓住一句好句子,忘记了全篇的大义所在,所以不能透彻了解,不能融会贯通,那就太可惜了!这样说,也许便是"希言",或者可以说,那才是"自然"的呢!欲知后文如何?且听下回分解。

第二十四章

老子他说

企者不立，跨者不行，自见者不明，自是者不彰，自伐者无功，自矜者不长，其在道也，曰：余食赘行，物或恶之，故有道者不处。

企鹅的步伐，猩猩的醉舞

　　由第二十二章开始，接连到二十五章为止，反复地申明，道体自然，切莫乱加造作，因此，当起用因应在万事万物时，亦须效法天地自然的规律，"曲全"而成事。本章衔接上两章内涵，再提出反证，作为正面的告诫。因此开始便由"企者不立"讲起。什么叫"企者不立"呢？且看我们现在有许多公司，取名叫企业公司。什么叫"企"呢？把脚尖踮起来，不断向前开展叫"企"。这样踮起脚尖来，能站多久呢？其实，是难以长久立足的，练过功夫的人，也不过站一短暂的时间。平常时，人们很少要那么踮起脚来站立，也许是个矮子，为了与人比高，才这样做，或者，偶然远望，才那么踮起脚来。但是，到底是站不久的。这便是"企者不立"的道理。

　　"跨者不行"是说跨开大步在走路，只能暂时偶然的动作，却不能永久如此。如果你要故意跨大自己的步伐去行远路，那是自取颠沛之道，不信，且试跨大步走一二十里路看看。大步走，跨大步是走不远的。因此，老子用这两个人生行动的现象来说明有些人的好高骛远，便是自犯最大的错误。"企者"，就是好高，"跨者"，就是骛远。如果把最浅近的、基础的都没有做好，偏要向高远的方面去求，不是自找苦吃，就是甘愿自毁。由这两个原则的说明，就可明白"自见者不明，自是者不彰，自伐者无功，自矜者不长"四不的道理。

"自见""自是""自伐""自矜"，是人类的通病，一般人的心理，大多具有这些根本病态。举一个现在社会上常见的例子，当我们经常到一家名餐厅宴会，这家会做菜的名厨师，在我们吃饭当中，出来打一照面，招呼贵宾的时候，我们就要向他恭维几句，或者敬他一杯酒，表示他做的菜真是高明，不然，他就很扫兴，"嗒然若丧其耦"了！如果说，你的菜做得天下第一好，那么，虽然他这时还挂着一脸的油烟，累得要死，可是心里的滋味，却舒服得很，这是一般的常理。所以，老子在这里再三说明，一个人有了"自见""自是""自伐""自矜"的心病，一定要能反省，知道自加改正才好。但从道理法则上讲，这些心理的行为，却是"余食赘行"。"余食"是多余吃的。等于一个人饭已吃饱了，再吞一口都吞不下去，但还要再吃一个大面包，这一下非得胃病不可，甚至还要去看医生，或者是要开刀呢！赘就是瘤子，等于甲状腺肿大，脖子就会长粗了。我们正常的身体，在任何部位，长出一个瘤子，那当然是多余的。像我们合掌的时候，五指就够用了，有的人长出六个指头，这就是"赘指"。多一个指头就麻烦，手套还要另做。"物或恶之"，任何一样东西，都有自然的定型，变体都是不正常的，即使是植物，过分地长出来一个多余的附件，不但自己增加负担，而且令人讨厌。何况一个平常的人呢！假使你这个人已经很高明，高明就高明，又何必一定要别人加说一句你太高明。你是不是高明，别人慢慢自会看清楚的。假如自己天天喊我很高明，除了做广告以外，那还有什么用呢？所以有道之士，自处绝不如此，绝对没有这种心理行为，才算合于道行。

投鞭断流的苻坚

但是,所谓"有道者不处"的"有道者",难道是专指"入山唯恐不深,避世唯恐不远"的山林修道之士吗?当然不是如此,综合老子所谓的"道",既不如佛家一样的绝对出世的,也不是如儒家一样的必然入世的,它是介于两者之间,可以出世,亦可以入世的。换言之,有体有用,道体在形而上的自然,道用却在万物万事,平常日用之间。因此,他的道,也正如孔子的门人曾参所著《大学》一书中所说的"自天子以至于庶人",都不能离开此道。

因此,老子前后所说的知四不——不自见、不自是、不自伐、不自矜,在体而言,有同于佛说的离四相——我相、人相、众生相、寿者相;在用而言,又同于孔子所说的戒四毋——毋意、毋必、毋固、毋我,恰如其分。所以,它不但只限于个人自我的修养,仅是修道者的道德指标,同时,也是所谓帝王学——领导哲学最重要的信守,最基本的修养。我们现在随便举出古今历史上两个事例,说明凡是要立大功、建大业的人,只要一犯此四个原则,绝对没有不彻底失败的。

第一个例子,就是东晋时期,史称"五胡十六国乱华"的时代,前秦国君苻坚的故事。

苻坚弑其君——苻生,自立为王,正当东晋穆帝——司马聃升平元年(公元三五七年),他起用了那个在野的名士、平时扪虱而谈天下事的王猛为政,不过十三四年之间,北灭燕云,南胁东晋,大有不可一世的气势。再过不了几年,王猛得病将死(王猛当政也只十六七年),苻坚不但为他百计祈祷,并且还亲自到病榻访问后事。王猛对他说:

"善作者不必善成（成功不必在我之意），善始者不必善终（也就是《易经》坤卦无成有终的意思）。古先哲王，知功业之不易，战战兢兢，如临深谷。伏惟陛下，追踪前圣，天下幸甚。"

又说：

"晋虽僻处江南，然正朔相承，上下安和。臣没之后，愿勿以晋为图（告诉他，切莫轻易南下用兵图谋东晋）。鲜卑、西羌，我之仇敌，终为大患，宜渐除之，以安社稷。"

王猛一死，苻坚三次亲临哭丧。而且对他的儿子（太子）苻宏说："天不欲使吾平一六合耶？何夺我景略（王猛字）之速也。"过不了七八年，苻坚一反常态，不顾王猛的遗嘱，便欲将百万之众，南下攻击东晋。

当他聚集高级臣僚开军事会议时，左仆射（相当辅相的权位）权翼持不同的意见说："晋虽微弱，未有大恶，谢安、桓冲，皆江表伟人，君臣揖睦，未可图也。"

太子左卫率（相当于侍卫长官，警备总司令）石越曰："今岁镇（天文星象的岁月，镇星）守斗（自南斗十二度数起，到须女星的七度，属星纪，正在吴越分野之处）。福德在吴（古代抽象天文学，认为太岁所在，其国有福），伐之必有天殃。且彼据长江之险，民为之用，殆未可伐也。"

苻坚却坚持自己的意见说："天道幽远，未易可知，以吾之众，投鞭于江，足断其流，又何险之足恃乎？"这便是苻坚的最大自伐、自矜之处。

会议席上，文官武将，各人就利害关系，正反面的意见都有，始终无法决议。苻坚便说："此所谓筑室道旁，无时可成。吾当内断于心耳！"

当时这个时候，再也没有一个人，如王猛一样，教他先求修明内政，建立最高的文化政治以巩固基础的建议了！

散会以后,苻坚特别留下亲王的阳平公——苻融商量,苻融说:"今伐晋有三难,于道不顺,晋国无衅。我数战兵疲,民有畏敌之心。群臣言晋不可伐者,皆忠臣也。愿陛下听之。"

苻坚听了他的意见,便正色地说:"汝亦如此,吾复何望"。苻融听到他的坚持自见与自是,愈觉不对劲,便哭着说:"晋未可灭,昭然甚明。且臣之所忧,不止于此。陛下宠鲜卑、羌羯,布满畿甸。太子独与弱卒,留守京师。臣惧变生肘腋,不可悔也。臣之顽愚诚不足采。王景略一时英杰,陛下尝比之诸葛武侯,独不记其临没之言乎?"

苻坚仍然不听他的意见。等到回到后宫,他最宠爱的妃子张夫人,也苦苦来劝谏他勿出兵侵略东晋。苻坚便说:"军旅之事,非妇人所当预。"换言之,军事的事,不是你们女性所应该参与意见的。

他最喜欢的小儿子苻铣也来劝谏。苻坚便训斥他说:"天下大事,孺子安知。"换言之,你这个小孩子,哪里懂得天下国家的大事。

大家没有办法阻止苻坚的主观成见,便来找他最相信的和尚道安法师,请他设法劝阻。道安婉转劝说,也不成功。弄得太子苻宏没有办法,只好再拿天象来劝谏说:"今岁在吴分。又晋君无罪。若大举不捷,恐威名外挫,财力内竭耳!"

苻坚还是不听,转对儿子说:"昔吾灭燕,亦犯岁而捷。秦灭六国,岂皆暴虐乎?"

这样一来,只有一个人在冷眼旁观,待时而动,乘机而起的燕人慕容垂,独对苻坚说:"陛下断自圣心足矣!晋武(晋武帝司马炎)平吴,所仗者张杜二三臣而已。若从众言,岂有混一之功乎?"

这一下,正好投合苻坚的心意,因此,便大喜说:"与吾共定天下者，独卿而已。"谁知不到一个月之后，秦王苻坚，自统六十余万骑兵南下，一战而败于淝水，比起曹操的兵败赤壁，还要悲惨。慕容垂不但不能与他共天下，正好趁机讨好，溜回河北，不但复兴后燕，而且还是促成苻坚迅速败亡最有力的敌人。

我们读历史，看到历史上以往的经验，便可了解古人所推崇的古圣先贤的名言学理是多么的重要，多么的可贵。譬如苻坚的暴起暴亡，抵触老子所说的四不戒条，无一不犯，哪有不败之理。苻坚虽有豪语，所谓"投鞭足以断流"，其实，正是他投鞭以断众见之流，因此而铸成大错、特错。所以老子说"故有道者不处"，正是为此再三郑重其言也。

山泉绕屋知深浅

第二个例子，也是现代史上众所周知的国民革命成功后，国父孙中山先生"推位让国"，由袁世凯来当中华民国第一任大总统。结果，他却走火入魔，硬要作皇帝，改元"洪宪"。一年还不到，袁大头就身败名裂，寿终正寝，所留下的，只有一笔千秋罪过的笑料而已。袁世凯个人的历史，大家都知道，他的为人处事，素来便犯老子的四不——自见、自是、自伐、自矜，原不足道。《红楼梦》上有两句话，大可用作他一生的总评："负父母养育之恩，违师友规训之德。"

袁的两个儿子，大的克定，既拐脚，又志在做太子，继皇位，怂恿最力。老二克文，却是文采风流，名士气息，当时的人，都比袁世凯是曹操，老二袁克文是曹植。我非常欣赏他反对其父老袁当皇帝的两首诗，诗好，又深明事理，而且充满老庄之学的情操。想不到民国初年，还有像袁克文这样的诗才文笔，颇不容易。袁克文是前辈许地山先生的学生，就因为他反对父亲当皇帝,作了两首极其合乎老子四不戒条的诗,据说惹得老袁大骂许地山一帮人,教坏了儿子,因此,把老二软禁起来。我们现在且来谈谈袁克文的两首诗的好处。

乍著吴棉强自胜,古台荒槛一凭陵。
波飞太液心无住,云起魔崖梦欲腾。
偶向远林闻怨笛,独临灵室转明灯。
剧怜高处多风雨,莫到琼楼最上层。

起首两句便好:"乍著吴棉强自胜,古台荒槛一凭陵。"吴棉,是指用南方苏杭一带的丝绵所做的秋装。强自胜,是指在秋凉的天气中,穿上南方丝棉做外衣,刚刚觉得身上暖和一点,勉强可说好多了!这是譬喻他父亲袁世凯靠南方革命成功的力量,刚刚有点得意之秋的景况,因此他们住进了北京皇城。但是,由元、明、清三代所经营建筑成功的北京皇宫,景物依稀,人事全非,那些历代的帝王又到哪里去了!所以到此登临览胜,便有古台荒槛之叹。看了这些历史的陈迹,人又何必把浮世的虚荣看得那么重要!

"波飞太液心无住,云起魔崖梦欲腾。"华池太液,是道家所说的神仙境界中的清凉池水。修炼家们,又别名它为华池神水,服之可以祛病延年,长生不老。袁克文却用它来比一个人的清静心脑中,忽然动了贪心不足的大妄想,犹如华池神水,鼎沸扬波,使平静的心田永不安稳了。

跟着便说一个人如动心不正,歪念头一起,便如云腾雾暗,蒙住了灵智而不自知。一旦着了魔,就会梦想颠倒,心比天高,妄求飞升上界而登仙了。

"偶向远林闻怨笛,独临灵室转明灯。"这是指当时时局的实际实景,他的父兄一心只想当皇帝,哪里知道外界的舆论纷纷,众怨沸腾。但诗人的笔法，往往是"属词比事"，寄托深远，显见诗词文学含蓄的妙处，所以只当自己还正在古台荒槛的园中，登临凭吊之际，耳中听到远处的怨笛哀鸣，不胜凄凉难受。因此回到自己的室内，转动一盏明灯，排遣烦恼。灵室、明灯，是道佛两家有时用来譬喻心室中一点灵明不昧的良知。但他在这句上用字之妙，就妙在一个转字。"转明灯"，是希望他父兄的觉悟，要想平息众怨，不如从自己内心中真正的反省，"闲邪存正"。

"剧怜高处多风雨，莫到琼楼最上层。"最后变化引用苏东坡的名句："琼楼玉宇，高处不胜寒。"劝他父亲要知足常乐，切莫想当皇帝。袁世凯看了儿子的诗，赫然震怒，立刻把他软禁起来，也就是这两句使他看了最头痛，最不能忍受的。

另一首：

> 小院西风向晚晴，嚣嚣恩怨未分明。
> 南回孤雁掩寒月，东去骄风动九城。
> 驹隙去留争一瞬，蛩声吹梦欲三更。
> 山泉绕屋知深浅，微念沧波感不平。

这起首两句，"小院西风向晚晴，嚣嚣恩怨未分明。"全神贯注，在当时民国成立之初，袁世凯虽然当了第一任大总统，但是各方议论纷纷，并没有天下归心。所以便有"嚣嚣恩怨未分明"的直说。所谓向晚晴，是暗示他父亲年纪已经老大，辛苦一生，到晚年才有此成就，应当珍惜，再也不可随便乱来。

"南回孤雁掩寒月，东去骄风动九城。"南回孤雁，是譬喻南方的国民党的影响力量，虽然并不当政，但正义所在，奋斗孤飞，也足以遮掩寒月的光明。东去骄风，是指当时日本人的骄横霸道，包藏祸心，应当特别注意。

"驹隙去留争一瞬，蛩声吹梦欲三更。"古人说，人生百岁，也不过是白驹过隙,转眼之间而已。隙,是指门缝的孔阙。白驹,是太阳光线投射过门窗空阙处的幻影,好比小马跑得那样快速。这是劝他父亲年纪大了,人生生命的短暂,与千秋功罪的定论,只争在一念之间,必须要作明智的抉择。蛩声吹梦,是秋虫促织的鸣声。欲三更,是形容人老了,好比夜已深,"好梦由来最易醒",到底还有多少时间能做清秋好梦呢?

"山泉绕屋知深浅,微念沧波感不平。""在山泉水清,出山泉水浊。"人要有自知之明,必须自知才德能力的深浅才好。但是,他的父兄的心志,却不是如此思想,因此,总使他念念在心,不能平息,不能心安。

这是多么好的两首诗。所以引用它,也是为了说明历史的经验,证明老子四不的告诫,是多么的正确。袁克文的诗文才调,果然很美。但毕竟是世家出身的公子,民国初年以后,寄居上海,捧捧戏子,玩玩古董,所谓"民初四大公子"之一。无论学术思想,德业事功,都一无所成,一无可取之处。现在我们因诗论诗,不论其人。我常有这种经验,有的人,只可读其文,不必识其人。有的人,大可识其人,不必论其学。人才到底是难两全的。至于像我这种人,诗文学术,都一无可取之处。人,也未做好。只好以"蓬门陋巷,教几个小小蒙童"勉强混混而已。

第二十五章

老子他说

> 有物混成,先天地生。寂兮!寥兮!独立而不改,周行而不殆,可以为天下母,吾不知其名,字之曰道,强为之名曰大。大曰逝,逝曰远,远曰反。故道大,天大,地大,王亦大。域中有四大,而王居其一焉。人法地,地法天,天法道,道法自然。

天下大老母

在前面几章我们连续谈到道的妙用,是在日常生活中,就在种种为人应事的行为上。现在《老子》本书,又回转来而进一步说明"体用合一"的道理。然而,究竟"道"是什么?什么是"道"呢? 这是最根本的哲学问题。但在《老子》本书中,已处处以各式各样别出心裁的语言文字,要人们从各个不同的角度去认识它,并且它已用或显或隐的文字言语来表达,透露了个中消息,本不需要后人画蛇添足,多加注解。

《老子》五千言,洋洋洒洒,信手拈来,道的真相,答案自在其中。第一章一开头便直截了当地说:"道可道,非常道。"颇有拨云见日之势,一笔扫开所有相对名言的障碍。现在本章又说:"有物混成,先天地生。寂兮!寥兮!独立而不改,周行而不殆,可以为天下母,吾不知其名,字之曰道。"

自古以来,很多人研究《老子》,竟有不少认为老子是偏重于物的"唯物思想者",现代一般人,受到西洋哲学的影响比较深刻,有更多认定,向唯物思想方向作注解。这种错用现代意识或西方观念,附会中国古文的文义,因此而使人认识不清,个人实在不敢苟同。老子在书上从头至尾所表达的理念，是在说明宇宙与生命的存在是"心物一元"的，殊无可疑。

"有物混成"，这个"物"字，并不同于现代人所了解的"物质"观念的物字，这一关键，前面已曾提过，古代"物"字的含义，等于现在一般口语中的"有一个东西"，这个"东西"，可指非物质的存在状况，例如精神、心理或者"力""能"等等，也可代表物质之"物"。此处"有物混成"的物，是"道"的同义字，这个道的内涵，包括了物质与非物质，是"心物一元"混合而成的。

这种"心物一元"的思想观念，源自《易经》。《易经》是中国几千年历史文化的根本，哲学中的哲学，经典中的经典。中国的文化思想，始终是讲"阴""阳"两个符号，以二者彼此之间的相互变化、相生相克，从中去建立它的宇宙观、伦理观。如果我们以"阳"为精神的代号，那么"阴"则为物质的代号，阴阳配合，心物互融，便创化衍生了从极微到至大，应有尽有、无穷无尽的有情世界与无情世界。

然而，心物还只是一体所现的两面，这个浑然一体的道，它是"先天地而生"，宇宙万有的形成与消灭，全是它的功能所起的作用。在南北朝时代，南朝梁武帝时，有一位禅宗大师傅大士（傅翕），他的悟道偈就说："有物先天地，无形本寂寥，能为万象主，不逐四时凋。"此一偈颂中所表达的思想，乃是中国道家老子思想与佛学合流的典型。

"有物先天地"，它本无形象，先于天地的存在，宇宙万有的本来就是它。一切万象的种种变化，生起与消灭，那只是两种不同的现象而已，虽然与这超越一切事物的"道"有密不可分的关系，但却无法影响它的本质。等于我们日常所熟悉的光明与黑暗一样，明来暗去，暗来明去，明暗二者的交互转换，只是两种不同现象的轮替,那个能作明作暗的本身,并不随着明暗的变化而生灭;但是它的功能妙用,就表现在日夜明暗的来来往往之间。所谓形而上的道、本体,其实已经彻底地、无所隐藏地显现在它所创造的万象万境中,本体与现象的关系是一而二,二而一的。而佛家所讲的"缘起性空,性空缘起",可以说是这个道理进一步的诠释与发挥。

那么,"有物混成,先天地生",究竟是怎么的一种情况呢?老子形容说:"寂兮!寥兮!独立而不改,周行而不殆。"老子的思想与印度的佛学对形而上道的表达有所不同,佛学到最后只以一个"空"字代表,而老子则用"寂"用"寥"。寂是绝对的清虚,清静到极点,毫无一点声色形象。"寥"是形容广大,类同佛学的"无量无边"。

佛家专用的名词"空",是从道体的原则上说;而道家所用的"寂""寥",则是形容其境界与现象,在表达上各有各的好处,也各有各的缺点。谈"空",难免有人会误认为是断灭思想;说"寂"说"寥",又易使人执著一个现象,落在境界的窠臼中。

老子说这个道,"寂兮!寥兮!"清虚寂静,广阔无边,没有形象声色可寻,永远看不见、摸不着;"独立而不改",超越于一切万有之外,悄然自立,不动声色,不因现象界的物理变化而变化,不因物理世界的生灭而生灭。但我们在这里要注意,老子说的是"独立而不改",他并没有说"独立而常住"。"常住",让人感觉是指具备形象的实有,但道并不适合以实有称之。因为它"非心非物",可是也不能说不是实有,因为它"即心即物"。"周行而不殆",它无所不在,在在处处都有道。不论"物"也好,"心"也好,都有它的存在,永远无穷无尽,遍一切处。"可以为天下母,吾不知其名,字之曰道。"这个东西是一切宇宙万有的根本,具足一切的可能性,实在很难用一般世间的语言文字来形容,所以我们中国古代的老祖宗们,不得已,姑且叫它做"道",以"道"来统括所有万法的究竟归处。

万道不离王道与人道

道之为名,在原始的中国文化,是超然于宗教性质的代名词,西方哲学称之为"第一因",但在内涵上彼此仍有差别之处。以宗教性的名词来说,基督教、天主教叫它"上帝""主宰""神",伊斯兰教叫它"阿拉",佛教则以"如来""佛"称之。像这一类的宗教性字眼,一般人很容易根据自己的知识、习惯以及下意识观念,在自己的心理意识上,构成另一种偏离原意的想象概念,混淆不清,甚至往往蒙上一层浓得化不开的神秘色彩。譬如我们一提到"上帝",差不多都把它想成一个能控制一切,主宰一切,拥有宇宙最大威权的神明。而一提到"如来",大部分人的观念马上想到坐在寺庙大殿上,低眉垂目、不食人间烟火的塑像。这种单凭一己的好恶与想象所形成对形而上真理的认识,其中牵涉的问题是相当严重的。

早期的中国文化思想,对于"道"这个东西,并未附以它任何宗教形态,或者将它专属于某一种哲学派别。道的名称之外,尚有几个与它同义的名词,老子又提出来说:"强为之名曰大",因为它实在无量无边,太大了,所以也可叫做"大";"大曰逝",大也就是"逝","逝"是永远的向内外四面八方延伸发展,等于说宇宙是无限的扩张。谈到这里,我们看到这个"逝"字觉得很有趣。引申陆九渊的话来说,便是:"东方有圣人出焉,西方有圣人出焉,此心同,此理同。"老子认为道的本身,大到无量无边,无有涯际,因此名之为"逝"。同样的意义,佛经上"佛"亦有十个名号,"善逝"是其中之一。这个"善逝"的

"逝",除了具有"无常"的含义外,同样代表无尽无限,形容难以言喻之大,与老子所说的"大曰逝",有不谋而合之处。但是我们知道,佛经翻译到中国来,距离老子时代之后,已经有相当一段的时间,然而老子在中国上古文化,早已有相同的看法和用词了。

既然"大曰逝",那么"逝曰远",无远弗届,四通八达,"放之四海而皆准",没有不及的地方,也是无量无边,无穷无尽的意思。然而,就是因为"道"太大太远了,它遍一切处,通于古今,尽未来际,我们若求大、求远地去追求它,反而难以企及,搞不好还会迷失在五花八门、千奇百怪的现象界里,不能自拔。其实"道"就在每个人的自身上,须臾不离,若能反求诸己,回头自省,见"道"才有希望。所以"逝曰远,远曰反"。最远的就是最近的,最后的就是最初的,只要神志清醒清醒,好好张眼一看,天边就在目前。

我们晓得中国过去的观念,称宇宙万有的本体为"道",另外还有"大""逝""远""反"等名称,甚至于儒家所讲的"天",或者"帝",也都是"道"的代号,总共算起来,至少也有十来个"道"的别名。后来印度文化传播到中国来,其中佛教对于形上本体的说法,也有佛的十个代号,与中国原有的那些"道"的称呼相互比较,颇得异曲同工之妙,几乎是同样的道理,雷同的说法,这不知是否当时双方曾开过联席会议,互相对此问题详加协调过,否则又怎能如此巧合、遥相呼应呢?(一笑)其实这正是"东方有圣人出焉,西方有圣人出焉,此心同,此理同"的道理。世界上真理只有一个,无二亦无三,只是东西方在表达方式上有些不同罢了。

接着,老子说"故道大,天大,地大,王亦大"。这一段谈"天"说"地",却又忽然钻出一个"王"来,王是代表人。依中国传统文化,始终将"天、地、人"三者并排共列,而人在其中。为什么呢? 因为中国文化最讲究"人道",人文的精神最为浓厚,人道的价值最被看重。假定我们现在出个考试题目,"人生的价值是什么?"或者"人生的目的是什么?"若以中国文化思想的观点来作答,答案只有一个——"参赞天地之化育"(《周易·系辞传》)。

"参赞天地之化育",正是人道价值之所在。人生于天地之间,忽而数十年的生命,仿如过客,晃眼即逝,到底它的意义何在? 我们这个天地,佛学叫做娑婆世界,意思是"堪忍",人类生活其上,还勉勉强强过得去。这个天地并不完备,有很多的缺陷,很多的问题,但是人类的智慧与能力,只要它能合情合理地运用,便能创造一个圆满和谐的人生,弥补天地的缺憾。

譬如,假若天上永远有一个太阳挂着,没有夜晚的话,人类也就不会去发明电灯,创造黑暗中的光明。如果不是地球有四季气候的变化,时而下雨,时而刮风,人类也不会筑屋而居,或者发明雨衣、雨伞等防御用具。这种人类因天地间种种现象变化所作的因应与开创,就叫做"参赞"。此等人类的智慧与能力太伟大了,所以中国文化将他和天地并举,称为"天、地、人"三才。这是旧有的解释。

那么,"道大,天大,地大,王亦大。域中有四大,而王居其一焉"。"域"是代表广大的宇宙领域。此处道家的四大,与佛家所谓的四大不同。佛家四大,专指物质世界的四种组成元素——地、水、火、风。而道家所讲的四大,是"道、天、地、人"。这个"四大"的代号由老子首先提出,并非如佛家的四大。老子说,在这一无穷无尽的宇宙中,有四种东西是最主要,是关键性的,而人的价值占了其中之一。四大中人的代表是"王",中国上古文化解释"王"者,旺也,用也。算命看相有所谓的

"旺相日",在古代文字中,也有称"王相日"的。每个人依据自己的八字选择对自己有利的旺相日那一天去做某一件事,认为便可大吉。宇宙中何以人能与"道大、天大、地大"同列为四大之一呢?这是因为人类的聪明才智,能够"参赞天地之化育",克服宇宙自然界对人存在不利的因素,在天地间开演一套源远流长的历史文化。

好不容易自然

既然人的地位有这么的重要,这么的特殊,下面老子便接着告诉我们做人做事的法则,如何修道,如何行道。"人法地,地法天,天法道,道法自然。"这是老子千古不易的密语,为老子思想的精华所在,懂了这番话的道理,也就差不多掌握了修道、行道的关键了,在这里这个"法"字是动词,是效法、学习的意思。人要效法大地,大地则依法于天,这里的"天",是指有形的太阳系的自然物理的天,也就是天文学上的天体之天,它不是抽象的概念。地依法于天,天则要效法道,以道为其运行的依归。那么,道又以什么为效法的对象呢?"道法自然。"

现在首先要解释"自然"的问题。目前新兴的"比较宗教学"或称"宗教哲学",把世界上各地的宗教,如佛教、道教、伊斯兰教、基督教、天主教等等,每一宗教的哲学理论与实况综合起来研究,相互比较,寻求其中异同和彼此间的关系,已经发现了不少有趣的问题,值得更进一步去深入探讨。我们若以比较宗教的态度,抛开那些粗浅的宗教情绪心理,把眼光放在一般宗教教人如何行善做好事的普通伦理层面上,那也个个蛮好,满合于同一的水平。至于再进一步,要透彻各个宗教实际内涵程度的深浅,则问题重重,就不能颟顸笼统,值得仔细研究、体会。

长期以来，有不少佛家的著作，批评道家是"自然外道"。因为他们看到老子讲"道法自然"，便自然而然地将二者联想在一起。其实，印度释迦牟尼佛在世时，与佛教对立的几十种哲学思想，尤其当时同释迦牟尼佛影响一样大的几个大学派之一，专讲"唯物思想"的"自然外道"，和中国老子所说"道法自然"的自然，并不相关。二者并未结为姊妹道，或者兄弟道什么的，并无彼此互通声气之嫌。

印度当时的自然外道，属自然学派，其所谓的"自然"，完全从物理观点而说。但是老子的思想绝非如此。近代中国翻译西方典籍，把物理、化学等学科，统称为自然科学，这是借用老子的名词，我们不能因此便认为老子说的"自然"，就等同物理范畴的自然。将老子的思想硬往上套，这是指鹿为马，栽赃前人，非常没有道理的。

虽然老子并未给予直接的定义，但老子的"自然"究竟是什么意思？我们却也不可以如法庭上的法官们，审判一个案件，可以采用了"自由心证"，随便判决学术思想的归化，乱下断语，硬是认定老子所说的"自然"也就是印度的"自然外道"；不分青红皂白地将老子一竿打入"唯物哲学"的窠臼，这是千错万错、大错特错的误解。这种情况，如借用佛学名称来说，就是"众生颠倒"，"颠倒众生"，这所谓"颠倒"，是指我们在见地观念上和思想上的错误，因此而形成见惑、思惑。由于我们一直被这见惑、思惑两种认识上的不清所障碍，因此不能成道，无法彻见宇宙天地间的真谛。

那么老子说："人法地，地法天，天法道，道法自然。"这个"自然"的确实含义又是如何呢？答案很简单，"自然"二字，从中国文字学的组合来解释，便要分开来讲，"自"便是自在的本身，"然"是当然如此。老子所说的"自然"，是指道的本身就是绝对性的,道是"自然"如此,"自然"便是道,它根本不需要效法谁,道是本来如是,原来如此,所以谓之"自然"。

我们如果将大乘佛学彻底贯通了,必然不会对于宇宙本体和现象的哲学问题,感到左右为难。佛家有一个名词"法尔如是",它是说明诸法本身本来就是这个样子。人生来怎么会成那个样子? 人就是那个样子。你怎么会是这个样子? 我就是这个样子。一切本来就是如此,一切法便是一切法的理由,更没有什么其他原因不原因的,这样就叫"法尔如是"。从"法尔如是"来看"道法自然",最清楚不过了。"道法自然",而"自然"自己本身原来就是如此这般,没有别的规范可寻,再也找不到一个东西可以另为之主,"道"就是"自然","自然而然",就是"法尔如是",古人翻译佛经,怕与老子的"自然"混合了名词,只好另创一词,便叫"法尔如是"。

讲到这里,我曾经一再强调,我们后世之人读古人的著作,常常拿着自己当代的思想观念,或者现代语言文字的习惯,一知半解地对古人下了偏差的注解,诬蔑了古人,这是何等的罪过。读什么时代的书,首先自己要能退回到原来那个时代的实际状况里去,体会当时社会的文物风俗,了解当时朝野各阶层的生活心态,以及当时的语言习惯,如此掌握了一个时代文化思想创造的动源,看清这个历史文化的背景所在,这才能避免曲解当时的哲学思想和文艺创作,并给予正确合理的评价。

比如,我们研究释迦牟尼佛的经典,也要退回到两千多年前的古印度的农业社会,设身处地替当时的人民想一想。那时的印度是一个贫富差距极大,极不平等,到处充满愚昧和痛苦的世界。假若你读历史,真能"人溺己溺,人饥己饥"地将自己整个投入,身历其境,于那种痛苦如同亲尝,那么方能真切地了解到释迦牟尼佛何以会提倡"众生平等",何以会呼吁人人要有济度一切众生的行愿，才能体会到当时的佛陀真正伟大之处。如果天下太平，世界本来就好好的，大家生活无忧无虑，什么都不虞缺乏，汽车、洋房、冷暖气，样样俱足，日子过得蛮舒服的；即使比这种情况差一点，那也还甘之如饴，又何必期待你去救度个什么？帮助个什么呢？

念天地之悠悠

话说回来，老子说"人法地"。人如何效法地呢？人要跟大地学习很难。且看大地驮载万物，替我们承担了一切，我们生命的成长，全赖大地来维持，吃的是大地长的，穿的是大地生的，所有一切日用所需，无一不得之于大地。于是，我们回报它的是什么？只不过是死后一把又脏又臭的腐烂掉的脓血和败坏了的朽骨头罢了。

人活着时，不管三七二十一，将所有不要的东西，大便、小便、口水等等乱七八糟地丢给大地，而大地竟无怨言，不但生生不息滋长了万物，而且还承载了一切万物的罪过。我们人生在世，岂不应当效法大地这种大公无私、无所不包的伟大精神吗？其实中国传统文化，一直非常强调此一精神。《易经》的"坤卦"，形容大地的伟大为"直"、为"方"、为"大"，指出大地永远顺道而行、直道而行。包容一切，不改其德。佛家对此的看法也是一样，后来翻译《华严经》，冠以"大方广佛"为经题，也可以说是受"坤卦"卦辞影响的关系。

再者，我们效法大地，除了上述的道理之外，同时还要了解大地自久远以来运动不止的意义。地球永远在转动。地球一天不转动，甚至只消一分一秒停止，我们人类和其他万有的生命，都要完结。

地球的转动,人们以为是近代科学知识,其实中国上古早已知之,只是我们自己不加详察而已。又有人根据中国若干书籍上说的"天圆地方",便一口咬定古人的观念认为地球是方的。这种不明就里人云亦云的说法,非常错误,孔子的弟子曾子,就曾讲过地球是圆的,不是方的,而且一直在旋转,所谓:"天道左转,地道右旋"的观念,早已由来悠久。我们人欲效法大地,就应该如《易经》卦辞所言:"天行健,君子以自强不息。""行健",是天地的运行转动,永远是健在地前进,所以人要效法它的勇往直前的精神,一分一秒绝不偷懒,时时刻刻向前开创,永远生机蓬勃,永远灵明活泼,这才是合乎大地所具有的"德行"。

但是,宇宙间日月星辰与地球,究竟是谁使它在转动呢?由哪个作主呢?是上帝吗?是神吗?是佛吗?老子却不采用这些具有人神造作化的名词,他只是根据上古传统文化中固有的名称,无以名之,仍然称之为"道",称为"自然",最恰当不过了。所以便说"天法道,道法自然"。抽象而言,道是自然地具备无穷尽的功能,拥有不可思议的"生灭"力量。这股力量,在佛学而言,便叫它做"业力",业力并不一定不好,有好有坏,坏的叫"恶业",好的叫"善业"。其实,天地本身这股力量在运转,本无善恶,所谓善恶,都是人类自己附加上去的价值判断而已。

道的力量,生生不息,源源而来,生天生地,神鬼神帝,都是由道的自然功能所分化。但是,它又为什么要生长了这些万有的存在呢? 有时我们不得意时,实在很埋怨这个道,为什么它要生生不已,而又转化不已呢? 道不转化便不会生成你和我,不生你和我,又何来这些纠扯不清的恩恩怨怨、痛苦烦恼!这个道,何必跟我们如此过不去呢? 生了大地,又生了我们的爸爸妈妈,再生下我们,以及后代的子子孙孙,然后为了一个小问题，都痛苦得不得了，一下成功，一下失败，时而悲伤，时而喜乐，究竟这个道、这个上帝、这个主宰，在开我们什么玩笑呢？如果亘古"不生不灭"，我们能够平平静静、安安详详地休息，那该多好啊！

像这一类的疑问，不消说我们一般的凡夫俗子弄不清答案的真相，就是千古以来，许多人穷尽毕生精力，追究这个问题的哲学家、思想家，也都困在这个穷求"第一因"的谜题里，东奔西窜，寻不着出路，愈陷愈深，不能自拔。现在的科学家们，也正为这些问题向前直冲。

老子呢？他说道就是道，自然就是自然，此外再也没有一个由来，既没有为什么，也不是为了什么，本来就是这样，原封未动；无始无终，无前无后，不生不灭；而由这个不生不灭中，本然而创造了宇宙天地和万有生命的生生灭灭的现象，产生了时间、空间前前后后的无意识的意识。我们研究道家思想，"自然"这个名词，是一大关键。而佛家的终究处也是"法尔如是"，这两者值得相互参究。一般修炼道术的学道者，若无法直识本来，看透这层"法尔如是"的事实，即便是在静坐禅定的功夫上如何了得，那还似依旧仆仆风尘，流浪生死，有家归不得的游子，前途一片茫茫。不信，你去问老子试试看。

自然神仙

再说，道的本身即是自然生生不息，但很多人修道，偏要打坐求静，认静是道都不对吗？你在静坐，真能静吗？其实，内心里面，妄想纷飞，动得乱七八糟，并无片刻安闲休息。真正的静坐入定，也只是进到另一个大运动的境界而已，因为大动，反而不觉其动，便说是静。或者可说是接近于那个大自然运动的核心,好像静止而已。譬如一个旋转中的圆形,越接近圆周的地方,运动的路线越大,而接近圆心的地方,运动的路线越小,而圆心所在,在旋转的时候,则完全不离原地,根本不动,其实它是整个圆转得最起劲之处,原来不静,所以说,真的能静止似的,那是到达于一个更雄浑无迹的运动境界,只是你自己未察觉到它的究竟而已。静坐之所以能使人健康长生不老,正是由于这个静中的大动似乎不动的效果。这个动,实是自然法则的功能。

人们学道,学些什么呢?如果只知守窍练气,吐故纳新,那是小道。大道无为,什么都不需守,没有那些啰哩啰嗦的名堂。"道法自然",自自然然就是道,若不如此,便不合道。普通的人,照修炼神仙家的看法,都是凡夫俗子。然而凡夫俗子只要能做到在日常生活中,一切任运自然,便不离于道了。

中国道家有句名言:"人身是一小天地",认清这个观念,打坐修道就容易上路,你只须让自己的身心自然:"人法地,地法天,天法道,道法自然"那般自然,岂不真得自在。传统的道家,认为我们人身便是一个小天地,胃就像大地,地球上有长江、黄河,和胃连带关系的,在前面管道便是长江,在后面的管道便是黄河;其他别种器官,有的代表月亮,有的代表太阳,都在不停地运动。人打起坐来,心理上让它自然地清静,不去干扰身体各个器官的运作与血液循环,使之自自然然地合乎天地运转的法则,身体就会自然越来越健康。平常我们身体所以四大不调,疾病丛生,都是脑子里的意识、思想太多太乱,扰乱了体能原本合于自然的运行法则,因此才产生了疾病的现象,才有苦乐的感受。

至于佛家的修道路线也很多,通常所知的都教人要空、放下,不要妄想,它和道家的清静、无为有相通之处。清静、无为,就是什么都不去想,但是如果你静坐,心里想:"我绝不乱想"，那你早就又落入那"想不要想"的想里去了。"道"，本来自然生生不息在动，而你硬要千方百计不让它动，那岂不是道法太不自然了吗？不自然行吗？其实修道打坐，甚至在日常生活中，你只须让一切自然地任运流行，它就是自然的静，不假造作，自由自在，那就对了，又何必头上安头，作茧自缚呢？

自老子之后，到了东汉时期，道家出现了魏伯阳真人作的《参同契》这部名著，素来被称为是千古丹经的鼻祖，学道家神仙长生不老之术的，非要仔细研究这部书不可，但其中所阐述的修道原理和方法，重点仍然在于老子的"道法自然"。那么，怎么又叫做《参同契》呢？因为修炼神仙长生不老的方法，与老庄、《周易》、丹法，三样的原理完全相同的。所以必须参合研究，而将其中的道理相互贯通、彼此发明，故叫《参同契》。"契"是指书契一样，可以核对得丝毫都无差错。中国古代订契约，是在一块竹简刻上一式二份的标记和约定的条文，然后剖析成两片，中间分际接合处，彼此丝丝入扣，可为日后印证真假之辨的，便名曰"契"。《参同契》所论述的修道原理和过程，相当复杂、奥妙，但其根本所在，仍然不外乎"道法自然"的大法则。

我们人体是个小宇宙、小天地，在这个宇宙天地里，气机如何运行，血液如何流通，一切均有固定不易的法则，分秒不能勉强，不可勉强，不必勉强，假使真懂了这种道理，自己便会明白怎么来修道摄生养命，但是总归结的道理，不外老子的"人法地，地法天，天法道，道法自然"。

第二十六章

老子他说

> 重为轻根，静为躁君。是以圣人终日行而不离辎重，虽有荣观，燕处超然。奈何万乘之主，而以身轻天下？轻则失本，躁则失君。

一肩挑尽古今愁

由上章的四大——道大，天大，地大，王亦大，和四法——人法地，地法天，天法道，道法自然，跟着而来，就有本章人法地的引申说明，即所谓"重为轻根，静为躁君，是以圣人终日行而不离辎重"。

重和轻，静和躁，都是相对两种现象。重和轻，是物理现象的相对。静和躁，是生态现象的相对。但从原文文字上看来，老子侧重"重"和"静"的重要，只偏向一头，而舍置它相互影响的关系。

正如我们现代，有了科学知识以后，知道物质的重量，是受万有引力——地心吸力的作用而来。倘使物质脱离了地心吸力，在太空中，便会失去重心的作用，都是飘浮自在，轻便悠游的。我们人生的肉体生命，也是如此。所以心思高飞远举，但肉体的生命，脱离不了万有引力的作用，仍在原地不动，即使尽量锻炼体能，也只有相当的限度，不能达到想象的自由。道家的学术，也早已知道这个原则，因此，才产生对生命功能超越物质世界的方术，所谓神仙丹道之学。

修炼丹道的方法，首先是从习静着手，久久习静而舍离后天躁动的习性，也正是从《老子》第十六章所说："致虚极，守静笃，万物并作，吾以观复。夫物芸芸，各复归其根，归根曰静，是谓复命"的原理而来。如此习静修炼，锻炼精神和肉体，互相合一而归于至静之极的不动之动，便可达到神仙"冲举"的成果。这便是中国神仙方伎学术的根据。老子，当然与神仙丹道不能脱离关系。"冲举"，便是后世学仙者所期望能修到"白日飞升"的古文辞之简称。当然，其中修炼习静的法则与修炼过程中的变化，却并不是三言两语可以概括它的大要。

那么，为什么在本章中，又似乎特别注重"重"和"静"的关系有如此的重要呢？难道说，重到极点，才能"轻举"吗？其实，从道家仙道修养的理论来讲，对于这里所用的"重"字，可以牵强作为重厚沉静的意义来解释，如第三章所谓"虚其心，实其腹。弱其志，强其骨"的理论配合。后世有合儒道两家的修养原理，概括其扼要，而以"沉潜静定"作为修道的根基的，也可以说，是完全相合的。

但如连合本章的上下文句来说，那便须脱离神仙丹道的修养方术，专从人生日用的道用上立论了。虽然是偏向一面倒的理念，但是可以强调地说它没有错。因为"重为轻根，静为躁君"，才能作为下一句"圣人终日行而不离辎重"的基准。

重是轻的根源。静是躁的主宰。"辎"字的内涵，是车上装载着行李或物件的意思。辎重，便是车子装载重量行李的统称。那么，为什么圣人要终日行而不离辎重呢？在这里，不妨让我先说一个笑话。我在年轻的时候，出门走路，总喜欢手上抓一样东西，才觉得合适。如果两手空空，甩来甩去，自己觉得好像毫无把握，很怪很怪似的。有时不带书包或公文袋，也要抓一本书或刊物，卷在手里拿着。再不然，拿一根手杖，才觉得稳实。有人笑问我这是为了什么，说也说不明白，只好对他说，这是学了老子的"圣人终日行而不离辎重"。我非圣人，但姑妄学学，听者讲者，彼此都哈哈一笑了事。

其实，是不是这样呢？ 谁又知道。如果做圣人真的要终日行不离辎重，那好辛苦，不如不作圣人的好。而且，整天都不离负担重物的劳工朋友们，他们早已成圣成贤了！难道，老子自己西出函谷关的时候，骑在青牛背上，还要挑负一肩行李，或背着一个包袱吗？ 如果不是这样，老子何以扯谎教人要"终日行而不离辎重"呢？

谁肯放下自私的包袱

笑话说过了，再来正经的。读本章这一节原文的深意，以我个人的浅见来说，已如上面讲过，正是老子指明"人法地"的准则。我们生命立足点的大地，负载万物和一切，生生不已，终日运行不息而毫无怨言，也不索取人们和万物付予任何代价。它总是默默无言地，静静前进，不断地轮转，而给予所有生物生命的滋养。所以生而为人，也应静静地效法大地，要有负重载物的精神。尤其是要学圣人之道的人，更应该有为世人与众生，挑负起一切痛苦重担的心愿，不可一日或离了这种负重致远的责任心。这便是"圣人终日行而不离辎重"的本意。尤其是告诫身负国家社会人民所期望者的君主——领导人和官吏们，更当有如此这般的存心，才是合道的明君或良臣。因此，在下文，便有"虽有荣观，燕处超然"的名言。

"终日行而不离辎重"是说志在圣贤的人们，始终要戒慎恐惧，随时随地存着济世救人的责任感。如在颠沛流离中的大舜，始终以大孝于天下存心。如大禹的治平洪水，九年在外栉风沐雨，腓无胈、胫无毛，三过其门而不入。但古人又说：大德者，必得其名，必得其位，必得其寿。这是善有善报的必然因果律。

倘使你能做到功在天下国家，万民载德的地位，当然会得到最光荣的酬庸，正如隋炀帝杨广所说的："我本无心求富贵，谁知富贵迫人来。"如果真正有道之士，到了这种地位，虽然处在"荣观"之中，仍然恬淡虚无，不改本来的素朴；虽然燕然安处在荣华富贵之中，依然有超然物外，不受功成名遂、富贵荣华而自累其心，这才是有道者的自处之道。这里的"荣观"的"观"字，是破音字，应作古代建筑物的"观"字读，不可作观看的"观"字来读。"燕"字，通作"晏"，便是安静的意思。

然而，在老子当时所见闻中的各国诸侯君主们，当然都不能明白传统文化中君道和臣道的这种原则。因此，他才有深深感叹说："奈何万乘之主，而以身轻天下。轻则失本，躁则失君。"所谓"身轻天下"的语意，是说他们不能自知修身涵养的重要，犯了不知自重的错误，不择手段，只图眼前攫取功利，不顾丧生失命的后果。因此，不但轻轻易易失去了天下，同时也戕杀了自己，这就是触犯"轻则失本，躁则失君"的大病。

两臂重于天下

讲到身轻天下的说明，我们且看善于承继老子之学的庄子的发挥，最为清楚。《庄子·杂篇》中的《让王篇》提到：

> 韩、魏相与争侵地，子华子见（韩）昭僖侯。昭僖侯有忧色。子华子曰：今使天下书铭于君之前。书之言曰：左手攫之则右手废。右手攫之则左手废。然而攫之者必有天下，君能攫之乎？
>
> 昭僖侯曰：寡人不攫也。子华子曰：甚善。自是观之，两臂重于天下也。身亦重于两臂。韩之轻于天下亦远矣。今之所

争者轻于韩又远,君固愁伤生以忧戚不得也。僖侯曰:善哉!教寡人者众矣,未尝得闻此言也。子华子可谓知轻重矣。

人的生命之价值,在于我有一个完整无瑕的现实身体的存在。志在天下国家,成大功、立大业者,正为我有身存,老子所谓:"及吾无身,吾有何患。"现在正因为还有此身的存在,应该戒慎恐惧,燕然自处而游心于物欲以外,然后不以一己的个人自私而谋天下国家大众的大利,立大业于天下,才不负天赋所生生命的价值。可是,很可惜的,便是当时的君主们,以及后来的君相们,大多都只图眼前的私利而困于个人权势的欲望中,以身轻天下的安危而不能自拔,因此而引出老子有奈何!奈何!奈若何的一叹!

我们引用了《庄子·让王篇》"两臂重于天下"的说法,看来,似乎过于消极,太过于为个人自私了。但从人道的观点来看,立身爱己,正是大有为于天下的开始,所以儒家才有"孝子不立于危墙之下"的大戒。修身养身无道,又哪里能够担当起天下国家危难的大任呢? 同时须知,人无超然出世的修养,而贸然谈利益天下国家的大业,正是失其轻重权衡之处,所谓"轻则失本,躁则失君"。因此,使我临时想起明代栯堂禅师的一首诗,从表面看来,又似乎很消极,但细入深究,它正是人生积极的透彻观。

诗曰:

人生不满一百岁,今是昨非无定名。天下由来轻两臂(便是上面所讲庄子书中子华子说昭僖侯的故事),世间何故重连城(价值连城的璧玉,也就是赵相蔺相如夺秦惠王下和之璧的故事)。龙亡大泽群鳅舞(秦失其鹿,天下争逐的翻版),兔尽平原走狗烹(范蠡给文种书所说的"飞鸟尽,良弓藏。狡兔死，走狗烹"的名言。后来韩信临死时也引用过）。满目乱坡眠白石（古往今来的一切人等，最后都是如此），有时特地忆初平（道家神仙传称广成子名董初平。但这里所说的初平，是指企望天下初平的盛世而言）。

超然轻重的历史故事

老子的话，本来已如珠之走盘，周延涵盖，无所不通，仁者见之谓之仁，智者见之谓之智。何况又是以简朴的古文写成，难作明确的界说。因此，又被黠慧者用作专制时代的帝王权术，或为大臣者的自处箴言，当然亦是在所难免。如果根据历史的经验，从每一朝代帝王制度的政策来看，对于"重为轻根，静为躁君"的理解，也有完全偏向于另一角度了。

例如周朝建国的政策，重点放在中央集权，诸侯分治，开创一套完整的周代封建制度，适合于当时时代环境最好的一个策略。但天下事往往"重为轻根"，你所认为已经把握了的重点，将来发生弊病的，也往往出在这个重点上面，正如唐赵蕤《长短经》所谓：

> 天下大器也，群生重蓄也。器大不可以独理，蓄重不可以自守。故划野分疆，所以利建侯也。亲疏相镇，所以关盛衰也。
>
> 昔周监于二代，立爵五等，封国八百，同姓五十五，深根固本，为不可拔者也。故盛则周召相其治，衰则五霸扶其弱，所以夹辅王室，左右厥世，此三圣（周文王、武王、周公）制法之意。
>
> 然厚下之典，弊于尾大。自幽平以后，日以陵夷。爵禄

多出于陪臣,征伐不由于天子;吴并于越,晋分为三,郑兼于韩,鲁灭于楚,海内无主,四十余年而为战国矣。

这便是重为轻根的最好说明。到了秦始皇统一天下,看到周代封建后期的弊病,就废封建改为郡县,完全走中央集权的路线,自以为可以建万代帝王世系的基业。谁又知道过不了十多年,天下大乱,封疆无得力的防守,就易姓为王,成了刘邦的汉室天下。

汉初鉴于秦始皇中央集权的缺点,又仿照周代封建的办法,分封同姓子弟为王(非同姓者当然都不能为王),认为一旦天下有变,同胞血肉,必能拱卫帝系。谁知不到十多年,先乱于刘邦的老婆——吕后,杀戮刘氏宗室几乎殆尽。虽然由汉文帝刘恒的复兴,但过不了十多年,又有景帝刘启时代同室操戈的七王造反。因此,不敢再信外藩,变成宫室后族的外戚操权,和一班宦官太监们把持朝政,终有前汉的外戚王莽篡位,后汉的曹操逼宫等故事发生。

从此以后,中国帝王政治体制,造成变乱的弊病,不外是外藩、内戚、太监、女娲等几个基本的因素,互相消长。唐代开始乱于藩镇,宋代又鉴于唐朝的弊病,重用文人政治而采取中央集权,终至半壁江山,始终不能完成统一的局面。后来的元、明、清三朝,大致也难逃此例。

总之,无论任何政治体制,开创的时期,如何计虑周详,毕竟跳不出"重为轻根,静为躁君"大原则的演变。即使如西洋史上的规律,也逃不了老子——太上老君这个八卦炉。自法国路易十四以后直到现在,君主固然不好,民主法治也未见得是完美的政体。将来的天下,正因为人类社会高估民主的可贵而终于毁灭在民主的变相。且看今日域中的英、美,其未来的祸根,早已埋伏在现在所谓假象幸福的社会福利和重量不重质、哗众取宠的民主自由的制度之中了！

道家老子的哲学，看透了"重为轻根，静为躁君"和"祸者福之所倚，福者祸之所伏"自然反复演变的法则，所以才提出"虽有荣观，燕处超然"的告诫。也正因为先有老子的这些告诫，后有人生的种种经验，造成历代的高明从政者，如范蠡等人，以及较为知机的张良，想要极力做到"功成，名遂，身退"。但很可惜，他始终不如正统道家的隐士们，干脆早自全身隐遁，不蹚混水。退而求其次，又不如范蠡的隐遁而去。至于如韩信一流的人物，李煜一流的角色，只是志在功名，或志在富贵的迷梦中，始终不知轻重根源的关键，更不知"虽有荣观，燕处超然"的妙用。尤其是李煜，更为可怜，在他当时那样的时代环境中，不知戒慎恐惧、奋发图强的自处之道，反而真的玩起"燕处"危巢的超然辞章文学，只知填些"蝶恋花"的"一片芳心千万绪，人间没个安排处"，写些缠绵悱恻的妙文。难怪后来赵匡胤对他的评语说：李煜如果把作诗词的功夫拿来专心搞政治，也未必会为我所擒。这也确是赵匡胤说的一句老实话。

至如韩信的开场与收场，基本上就犯了老子的"重为轻根，静为躁君，圣人终日行而不离辎重。虽有荣观，燕处超然"的错误，而且更缺乏这种学养。所以五代吴越王钱俶的侄子钱昆，有一首借题发挥论韩信的诗，说得最好，诗曰：

  登坛拜将恩虽重，蹑足封时虑已深。
  隆准由来同鸟喙，将军应起五湖心。

韩信，的确是很可爱的具有侠义人性的人物。他善于用兵，而缺乏政略和大谋略的修养。他重视恩情而不顾怨怼的爽朗胸襟，极可钦佩。他对刘邦当时的登坛拜将的作风，早已埋下"英雄生怕受恩深"的情怀。所以后来提出封假三齐王的要求，也是基于这种受恩的深情而讲的真话。刘邦被张良踢了一足，便立刻变盛怒为假惺惺，马上真的封他为三齐王的时候，早已埋下后来的结局。隆准，是汉高祖刘邦长相的特征，鼻子特别高又厚，相法所谓伏犀贯顶的通天鼻。长颈鸟喙，是范蠡对文种讲越王勾践长相的特征，头颈特别长，嘴巴很尖锐，所谓"长颈鸟喙，可以共患难，不可以共安乐"的评语。古今中外的君主领导人们，虽然各有不同的特别外形，但都有同一模式的猜忌心理。其实，这是人性的根本问题，除非圣贤，谁能遣此，最为可哀。

因此钱昆评论韩信，早已应该知道自己的收场结果，何以不学范蠡一样，功成，名遂，身退，泛舟五湖，飘然远引呢？其实，钱昆这首诗，正是针对他叔叔钱俶朝见赵匡胤的时候，赵匡胤封了一箱东西，叫他回去在路上拆看。他出了京城，打开一看，箱里所装的，都是大臣们的建议，要赵匡胤扣留或杀了钱俶的报告。但赵匡胤不杀钱俶，也不扣留他，叫他安心回去，正是要他老老实实自己奉献越国，乖乖归顺的手法。钱昆懂得很深，也很清楚当时的情势，因此，借评韩信的诗来发挥自己胸中的块垒。钱俶奉表称臣，正是学范蠡的泛舟五湖的最好自处，恰又合了老子的"燕处超然"，不以身轻天下的法则。杭州保俶塔的建立，应该是钱俶朝见赵匡胤的时候，他的亲信人们，为他祈福消灾所建的纪念物。后来杭州人对保俶塔有各种不同的传说，似乎都是歪曲事实了。当然，这是顺便一提，或可判为事出有因，查无实据，而不足为凭。这是说为人臣立场的，必须具有"虽有荣观，燕处超然"，知机知时的自处之道。不然，便会有如清初名臣尹继善所自慨的名句"鸟入青云倦亦飞"欲罢不能之叹了！

但是老子的话，正如临济禅师所谓"一语中具三玄门，一玄门中具三要义"。它是随方逐圆，面面俱到的。历史的经验留给我们的殷鉴，有关类似"虽有荣观，燕处超然"而不以身轻天下的反面事实也很多。例如公子小白，与鲍叔同谋，身居莒地，正当公子纠当政，处于荣观得意的时候，他们把握成熟的时机，轻车简从，举手之间，就能复国正位，为齐桓公。"一匡天下，九合诸侯"，成为春秋五霸之首。

又如燕昭王重用乐毅，报复齐国的宿仇，五年之间，攻坚破锐，连下七十余城。但田单却看准燕王对乐毅存有猜忌的隐忧，同时也看准乐毅心里早已存有防止燕王的猜忌，似有意似无意地留下"即墨"及"莒"二城，作为观望的作用。因此田单反用不以身轻天下而振作自重，整经教武，一举而复国成功，名垂千古，便是反用乐毅的"虽有荣观，燕处超然"的人臣之道；而田单却不以身轻天下的自重与静观机变之智，成就他的不世功业。也就是老子所谓"同出而异名"的上智运用之妙，存乎一心的应变了。

乐毅是乐羊子的后人，他的家族，本来就有深通黄（帝）老（子）之道的，乐毅的成就，更是得力于黄老的学术精华。司马迁赞乐氏之说：

> 乐臣公学黄帝、老子，其本师号曰河上丈人，不知其所出。河上丈人教安期生。安期生教毛翕公。毛翕公教乐瑕公。乐瑕公教乐臣公。乐臣公教盖公。盖公教于齐高密胶西，为曹相国（参）师。

正因为乐毅善学老子，因此，他的《报燕（惠）王书》，有谓："夫免身立功以明先王之迹，臣之上计也。"汉魏之间的夏侯玄，有一篇论乐毅的专论，是比较有见地的史论，而且也正是发挥乐毅与黄老的学术修养有关的独到论文，如说：

观乐生遗燕惠王书,其殆庶几乎知几合道,以礼终始者与!又其喻昭王曰:伊尹放太甲而不疑,太甲受放而不怨,是存大业于至公,而以天下为心者也。

夫欲极道德之量,务以天下为心者,必致其主于盛隆,合其趣于先王。苟君臣同符,则大业定矣。于斯时也,乐生之志,千载一遇。夫千载一遇之世,亦将千载一道,岂其局迹当时,止于兼并而已哉!

夫兼并者,非乐生之所屑,强燕而非道,又非乐生之所求。不屑苟利,心无近事,不求小成,斯意兼天下者也。则毕齐之事,所以运其机而动四海也。夫讨齐以明燕王之义,此兵不兴于利矣。围城而害不加于百姓,此仁心著于遐迩矣。举国不谋其功,除暴不以威力,此至德全于天下矣。迈全德以率列国,则几于汤武之事矣。

乐生方恢大纲,以纵二城。收民明信,以待其弊。将使即墨莒人,顾仇其上,愿释干戈,赖我犹亲。善守之智,无所施之。然则求仁得仁,即墨大夫之义仕穷,则从微子适周之道。开弥广之路,以待田单之徒。长容善之风,以申齐士之志。使夫忠者遂节,勇者义著,昭之东海,属之华裔。我泽如春,民应如草。道光宇宙,贤智托心。邻国倾慕,四海延颈。思载燕主,仰望风声。二城必从,则王业隆矣。虽淹留于二邑,乃效速于天下也。

不幸之变,世所不图。败于垂成,时运固然。若乃逼之以威,劫之以兵,攻取之事,求欲速之功,使燕齐之士,流血于二城之下,奢杀伤之残,以示四海之人,是纵暴易乱,以成其私,邻国望之,其犹豺虎。既大堕称兵之义,而丧济弱之仁,且亏齐士之节,废兼善之风,掩宏通之度,弃王德之隆,虽二城几于可拔,霸王之事,逝其远矣。

然则，燕虽兼齐，其与世主何以殊哉！其与邻国何以相倾。乐生岂不知拔二城之速了哉！顾城拔而业乖也，岂不虑不速之致变哉，顾业乖与变同。由是观之，乐生之不屠二城，未可量也。

第二十六章

附录

老子他说

历代《老子》研究书目

有关《老子》之版本及研究《老子》之专书论述,几过千种有余,本篇所辑自两汉以迄明、清,仅止于各图书馆及藏书家目录中之较常见到而有登录者,是故遗漏之处颇多,尤其有关近代学者及日、英、德、法等诸国学者之著述,一概从略,或俟他日收集完全,另行增刊补足,敬请涵谅(此篇目录,大多选录自王有三先生编著《老子考》一书,欲求详审,请另参阅之)。

老子《道德经》

老子《道德经》载于《隋书·经籍志》。按:此书《汉志》不载,而载邻氏、傅氏、徐氏、刘向四家说。于《老子》邻氏经传下注云:"姓李名耳,邻氏传其学。"亦未著书名及卷数。《史记》老子传曰:"著书上下篇,言道德之意,五千余言。"以此最为先见。老子书古本甚多,有六朝唐人写本,有唐宋刻石本,有宋刊本,以及最近出土之马王堆帛书甲乙本。

《史记》老子本传:老子者,楚苦县厉乡曲仁里人也。姓李氏,名耳,字聃,周守藏室之史也。孔子适周,将问礼于老子,老子曰:"子所言者,其人与骨,皆已朽矣,独其言在耳!且君子,得其时则驾,不得其时,则蓬累而行。吾闻之:良贾深藏若虚,君子盛德,容貌若愚;去子之骄气与多欲,态色与淫志,是皆无益于子之身,吾所以告子,若是而已。"孔子去,谓弟子曰:"鸟吾知其能飞,鱼吾知其能游,兽吾知其能走;走者可以为罔,游者可以为纶,飞者可以为矰,至于龙吾不能知其乘风云而上天!吾今日见老子,其犹龙邪?"老子修道德,其学以自隐无名为务。居周久之,见周之衰,乃遂去。至关，关令尹喜曰："子将隐矣！强为我著书。"于是老子乃著书上下篇，言道德之意，五千余言，而去。莫知其所终。或曰：老莱子亦楚人也，著书十五篇，言道家之用，与孔子同时云。盖老子百有六十余岁，或言二百余岁，以其修道而养寿也。自孔子死之后百二十九年，而史记周太史儋见秦献公曰："始秦与周合，合五百岁而离；离七十岁而霸王者出焉。"或曰儋即老子，或曰非也，世莫知其然否。老子，隐君子也。老子之子名宗，宗为魏将，封于段干。宗子注，注子宫，宫玄孙假，假仕于汉孝文帝。而假之子解，为胶西王卬太傅，因家于齐焉。世之学老子者则绌儒学，儒学亦绌老子，道不同不相为谋，岂谓是邪？李耳无为自化，清静自正。

《汉书·扬雄传》赞引桓谭语：昔老聃著虚无之言两篇，薄仁义，非礼学，然后世好之者尚以为过于五经。自汉文景之君，及司马迁，皆有是言。

牟子《理惑论》：老子绝圣弃智，修身保真，万物不干其志，天下不易其乐，天子不得臣，诸侯不得友，故可贵也。又曰：夫转蓬漂而车轮成，窊木流而舟楫设，蜘蛛布而蔚罗陈，鸟迹见而文字作，故有法成易，无法成难。吾览佛经之要，有三十七品，老氏道经亦三十七篇，故法之焉。

阮籍《通老论》：道者法自然而为化，侯王能守之，万物将自化。《易》谓之"太极"，《春秋》谓之"元"，《老子》谓之"道"。见《太平御览》引。

陆德明《经典释文·叙录》：老子者姓李名耳，河上公云名重耳。字伯阳，陈国苦县厉乡人也。《史记》云，字聃，又云曲仁里人，一云陈国相人。生而皓首。刘向《列仙传》云，受学于容成，生于殷时。为周柱下史，《史记》云为周守藏史。或言是老莱子，盖百六十余岁，或言二百余岁，众家皆云先为柱下史，转为守藏史。葛洪云，文王时为主藏史，武王时为柱下史。或云老子在黄帝时为广成子，一云为天老，在尧时为务光子，在殷时为彭祖，在周为柱下史。睹周之衰，乃西出关，周敬王时。为关令尹喜说《道德》二篇。尚虚无无为。刘向云，西过流沙，莫知所终。班固云："道家者清虚以自守，卑弱以自持，此人君南面之术也。"汉文帝窦皇后好黄老言。有河上公者居河之湄，结草为庵，以《老子》教授。文帝徵之不至，自诣河上责之，河上公乃踊身空中，文帝改容谢之，于是作《老子章句》四篇，以授文帝，言治身治国之要。其后谈论者莫不宗尚玄言，唯王辅嗣妙得虚无之旨。今依王本，博采众家，以明同异。

宋濂《诸子辨》：《老子》二卷，《道经》《德经》各一，凡八十一章，五千七百四十八言，周柱下史，李耳撰。耳字伯阳，一字聃。"聃"，耳漫无轮也。或称周平王四十二年，以其书授关尹喜。今按平王四十九年，入春秋，实鲁隐公之元年；孔子则生于襄公二十二年，自入春秋下距孔子之生，已一百七十二年，老聃、孔子所尝问礼者，何其寿欤？岂《史记》所言"老子百有六十余岁"及"或言二百余岁者"果可信欤？聃书所言，大抵敛守退藏，不为物先，而一返于自然。由其所该者甚广，故后世多尊之行之。"视之不见名曰夷，听之不闻名曰希，搏之不得名曰微。"道家祖之。"谷神不死，是谓玄牝，玄牝之门，是谓天地根。"神仙家祖之。"吾不敢为主而为客，不敢进寸而退尺，是谓行无行，攘无臂，仍无敌，执无兵。祸莫大于轻敌，轻敌几丧吾宝，故抗兵相加，哀者胜矣。"兵家祖之。"道冲而用之，或不盈，渊乎似万物之宗。挫其锐，解其纷，和其光，同其尘，湛兮似若存，吾不知谁之子，象帝之先。"庄、列祖之。"将欲翕之，必固张之；将欲弱之，必固强之；将欲废之，必固兴之；将欲夺之，必固与之。"申、韩祖之。"以正治国，以奇用兵，以无事取天下。"张良祖之。"我无为而民自化，我好静而民自正，我无事而民自富，我无欲而民自朴。"曹参祖之。聃亦豪杰士哉！伤其本之未正，而末流之弊，至贻士君子有"虚玄长而晋室乱"之言，虽聃立言之时，亦不自知其祸若斯之惨也！呜呼！此姑置之。道家宗黄老，黄帝书已不传，而老聃亦仅有此五千言。为其徒者，乃弃而不习，反依仿释氏经教以成书。开元所列三洞琼纲，固多亡缺；而祥符《宝文统传》所记，若大洞真，若灵宝洞元，若太上洞神，若太真，若太平，若太清，若正一诸部，总四千三百五十九卷，又多杂以符咒、法箓、丹药、方技之属，皆老氏所不道。米巫祭酒之流，犹自号诸人曰："吾盖道家，吾盖道家"云。

河上公《老子章句》二卷

存。四库本，道藏本，知上，作四卷。四部丛刊本，四子本，纂图互注五子本六子本，十子本，二十子本，景龙碑本，广明经幢残本，古写本。见日本足利学校《贵重书目录》。

《隋志》：老子《道德经》二卷，周柱下史李耳撰，汉文帝时河上公注；《旧唐志》：《老子》二卷，河上公注；《新唐志》：《老子道德经》二卷，河上公注；《宋志》：河上公《老子道德经注》一卷；《释文·叙录》：《河上公章句》四卷。不详名氏。

王应麟《汉书艺文志考证》：《隋志》：梁有汉长陵三老毋丘望之《注老子》二卷，《汉志》不著录。晁氏公武曰："以周平王四十二年授关尹喜，凡五千七百四十有八言，八十一章，言道德之旨。其末云，使民复结绳而用之，盖三皇之道也。"东莱吕氏曰："孔子尝问礼焉，今载于曾子问者，与五千言殊不类；盖告孔子者其所职，著于书者自其所见也。"陆德明《叙录》云:"周敬王时西出关,为关令尹喜说《道德》二篇,尚虚无无为,汉文帝时河上公作《章句》四篇,以授帝,言治国治身之要。"《志》无河上公章句,邻氏傅氏徐氏刘向传说今皆亡。王禹玉曰,今资善堂所写御本,独无章名,章名疑非老氏之意。薛氏曰:"古文老子《道德》上下经,无八十一章之辨,今文有河上公注分八十一章。"《史记》:"乐臣公本师河上丈人,教安期生,再传至于臣公,其弟子盖公为曹相国师,修黄帝老子学。"则丈人者乃今所谓河上公也。自晋世已言其教汉文帝,叙述尤怪诞。景迂晁氏曰:"常善救人,故无弃人,常善救物,故无弃物,独得诸河上公,古本无有也,傅奕能辨之。王弼题曰《道德经》,不析道德而上下之,犹近古欤?"叶氏曰:老氏之书,其与孔子异者皆矫世之辞,而所同者皆合于《易》。

邻氏《老子经传》四篇

　　佚。见《汉书·艺文志》,班固自注云:"姓李名耳,邻氏传其学。"

傅氏《老子经说》三十七篇

　　佚。见《汉书·艺文志》,自注云:"述老子学。"

徐氏《老子经说》六篇

　　佚。见《汉书·艺文志》,自注云:"字少季,临淮人传《老子》。"

刘向《说老子》四篇

　　佚。见《汉书·艺文志》。

毋丘望之《老子注》二卷 《老子指趣》三卷

　　佚。《隋志》注:汉长陵三老毋丘望之《注老子》二卷;《隋志》:《老子指趣》三卷,毋丘望之撰;《旧唐志》:《老子章句》二卷,安丘望之撰,《老子道德经指趣》,四卷,安丘望之撰;《新唐志》:安丘望之《老子章句》二卷,又《道德经指趣》三卷;《释文·叙录》:毋丘望之《章句》二卷。字仲都,京兆人,汉长陵三老。

按:焦竑《国史经籍志》,载毋丘望之《老子注》二卷,《老子章句》二卷,《老子指趣》三卷,《注》与《章句》系一书,盖焦氏重收也。又《隋志》注,《释文》叙录。《隋志》皆只载一书而名不同,疑亦本一书,新旧《唐志》又重收也。谢守灏《老君实录》,谓"安丘望之本,魏太和中寇谦之得之。"又按《后汉书·耿弇传》:"父况,字侠游,以明经为郎,与王莽从弟伋,共学《老子》于安丘先生。"章怀注引皇甫谧《高士传》云:"望之著《老子章句》,故《老子》有安邱之学。扶风耿况王伋等皆师事之,从受《老子》。"则安邱望之固精于《老子》之学者也。

严遵《老子注》二卷

佚。《隋志》注:汉隐士严遵《注老子》二卷;《释文·叙录》:严遵《注》二卷。字君平,蜀都人,汉徵士。又作《老子指归》十四卷。

严遵《老子指归》十三卷

残。四库本,道藏本,能上中下。汲古阁本,津逮秘书本,秘册汇函本,学津讨源本,汉魏丛书九十六种本,唐宋丛书本。

《隋志》:《老子指归》十一卷,严遵注;《旧唐志》:《老子指归》十四卷,严遵注;《新唐志》:严遵《指归》十四卷;《宋志》:严遵《老子指归》十三卷。

晁公武《郡斋读书志》:《老子指归》十三卷。右汉严遵君平撰,谷神子注。其章句颇与诸本不同,如"以曲则全"章末十七字,为后章首之类。按《唐志》有严遵《指归》十四卷,冯廓《指归》十三卷,此本卷数与廓注同,其题谷神子而不显姓名,疑即廓也。

马融《老子注》

佚。见《后汉书》马融本传。

《后汉书》马融本传:马融字季长,扶风茂陵人也。才高博洽,为世通儒。施养诸生,常有千数。善鼓琴,好吹笛,达生任性,不拘儒者之节。尝欲训左氏《春秋》,及见贾逵郑玄注,乃曰贾君精而不博,郑君博而不精,既精既博,吾何加焉!但著《三传异同说》。注《孝经》《论语》《诗》《易》、三礼、《尚书》《列女传》《老子》《淮南子》《离骚》,所著赋颂、碑诔、书记、表奏、七言、琴歌、对策、遗令,凡二十一篇。

宋衷《老子注》

佚。见陆德明《老子音义》。

刘陶《匡老子》

佚。见《后汉书》刘陶本传。

《后汉书》本传:刘陶字子奇,一名伟,颍川定阴人。为人居简,不修小节。陶明《尚书》《春秋》,为之训诂,推三家《尚书》及古文,是正文字三百余事,名曰《古文尚书》。拜侍御史。灵帝素闻其名,数引纳之。后疑陶与贼通情,于是收陶下黄门北寺狱,掠按日急,陶自知必死,遂闭气而死。天下莫不痛之。陶著书数十万言,又作《七曜论》《匡老子》《反韩非》《复孟轲》,及上书言当世便事条教赋奏书记辩疑,凡百余篇。

想余《老子注》二卷

佚。见《经典释文·叙录》。

按:《释文·叙录》云:"不详何人。一云张鲁,或云刘表。鲁字公旗,沛国丰人,汉镇南将军关内侯。"杜光庭《道德经广圣义疏序》云:"《想尔》二卷,三天法师张道陵所注。"殆即指此书,杜氏恐系臆断,说详下。又《旧唐志》有湘《注老子》二卷,盖指此书。

张陵《老子注》

佚。见《弘明集》。

钟繇《老子训》

佚。见《世说新语·言语篇》注。

董遇《老子训注》

佚。见《三国志》注。

张揖《老子注》

佚。见《文选》注引用书目。

虞翻《老子注》二卷

佚。见《隋书·经籍志》注。按:侯姚《补志》所称《七录》者,即指《隋志注》也。

姚振宗《补三国艺文志》:《吴志》本传:"翻又为《老子》《论语》《国语》训注,皆传于世。"《释文·叙录》:老子虞翻《注》二卷。《隋书·经籍志》:梁有虞翻《注老子》二卷,亡。

王弼《老子注》二卷

存。四库本,道藏本,得上。古佚丛书仿唐卷子本,聚珍板丛书本,杭州小聚珍本,江苏小聚珍本,中立四子本六子本,二十二子本,百子本,孙矿老庄合刻本,四部备要本,浙江书局复刻华亭张氏本,浙江图书馆复刻浙局本,闵齐伋刊本,日本明和考订本,日本享保刊本。

《隋志》:《老子道德经》二卷,王弼注;《新唐志》:《老子道德经》二卷,王弼注;《宋志》:王弼《老子注》二卷;《释文》：王弼《注》二卷；《道藏目录》：《道德真经注》四卷，山阳王弼注。

陈振孙《直斋书录解题》：《老子注》二卷，魏王弼撰。魏晋之世，玄学盛行；弼之谈玄，冠于流辈。故其注《易》，亦多玄义。晁说之以道曰："弼本深于《老子》，而《易》则未也。其于《易》多假诸《老子》之旨，而《老子》无资于《易》，其有余不足之迹，可见矣。"世所行《老子》，分《道德经》为上下卷，此本《道德经》且无章目，当是古本。

王弼《老子略论》一卷

佚。见《郡斋读书志》。

晁公武《郡斋读书志》：《老子略论》一卷。右魏王弼撰。凡十有八章。景迂公："弼有得于《老子》，而无得于《易》；注《易》资于《老子》，而《老子论》无资于《易》，则其浅深之效可见矣。"

王弼《老子指例略》二卷

佚。见《经典释文·叙录》及两《唐志》。

姚振宗《补三国艺文志》：《魏志》钟会附传注：何劭为弼传曰：弼注《老子》，为之《指略》，致有理统。《释文·叙录》：弼又作《老子指略》一卷。《唐书·经籍志》：《老子指例略》二卷，不著撰人；《艺文志》：王弼《老子指例略》二卷。《宋艺文志》：王弼《道德略归》一卷。

何晏《老子道德论》二卷

佚。见《隋书·经籍志》注。

姚振宗《补三国艺文志》：《世说·文学篇》："何晏注《老子》未毕，见王弼，自说《注老子》旨，何意多所短，不复得作声，但应诺诺，遂不复注。因作《道德论》。"又曰："何平叔《注老子》始成，诣王辅嗣，见王注精奇，乃神伏曰：

若斯人可与论天人之际矣！因以所注为《道德》二论。"

何王等《老子杂论》一卷

　　佚。见《隋书·经籍志》注。

王肃《玄言新记道德》二卷

　　佚。见《新唐书·艺文志》。

钟会《老子道德经注》二卷

　　佚。严可均辑，四录堂类集本。按《铁桥漫稿·答徐星伯同
　年书》：钟会等《注老子》一卷，可均辑，未刻。

荀融《老子义》

　　佚。见《三国志》注。

范望《老子注训》二卷

　　佚。见《经典释文·叙录》。

葛仙公《老子序次》一卷

　　佚。见《隋书·经籍志》注。

　　侯康《补三国艺文志》：葛仙公《老子道德经序诀》二卷。
名玄，吴时学道得仙。玄事见《晋书·葛洪传》及《抱朴子》。
《初学记》卷二十三引《道德经序诀》曰："周时复托神李母剖
左腋而生，生即皓然，号曰老子。"《御览》卷六百六十七，引
《道德经序诀》曰："尹喜知紫气西迈，斋戒，想见道真，及老
子度关授二篇经义。"《玉海·艺文》引葛玄序："老子西游天
下，关令尹喜曰，大道将隐乎？愿为我著书；于是作《道德》
二篇，五千文，上下经。"《史记·老子传》索隐引葛玄曰：
"李氏女所生，因母姓也。"又云："生而指李树，因为姓焉。"

羊祜《老子道德经解释》二卷

　　佚。《隋志》注：《老子道德经》二卷，晋太傅羊祜解释；
《旧唐志》：《老子》二卷，羊祜注，《老子解释》四卷，羊祜
撰；《新唐志》：羊祜《注》二卷，又《解释》四卷；《释文》：

羊祜《解释》四卷。字叔子,泰山平阳人。晋太傅,卸平成侯。

王伦《老子例略》

　　佚。见《世说新语·排调篇》注。

阮籍《通老论》

　　佚。见《太平御览》引用书目。

郭璞《老子注》

　　佚。见《文选》注引用书目。

　　文廷式《补晋书艺文志》:《文选·上林赋》注:"张揖曰:此三字疑衍。郭璞《老子经注》曰,虚无寥廓,与元通灵,言其所乘气之高,故能出飞鸟之上,而与神俱者也。"按此条亦不似《注老子》,今姑存其目,俟考。

蜀才《老子道德经注》二卷

　　佚。《隋志》注:《老子道德经》二卷,蜀才注;《旧唐志》:《老子》二卷,蜀才注;《新唐志》:蜀才《注老子》二卷;《释文·叙录》:蜀才《注》二卷。

　　按:《释文·易类》:"蜀才《注》十卷。《七录》云,不详何人。《七志》云,是王弼后人。"案:蜀李书云:"姓范名长生,一名贤,隐青城山,自号蜀才。李雄以为丞相。"

佛图澄《老子注》二卷

　　佚。见杜光庭《道德经广圣义序》。

张凭《老子道德经注》二卷

　　佚。《隋志》注:《老子道德经》二卷,张凭注;《旧唐志》:《老子》二卷,张凭注;《新唐志》:张凭《注》二卷;《释文》:张凭《注》二卷。

李轨《老子音》一卷

　　佚。《隋志》注:《老子音》一卷,李轨撰;《新唐志》:李轨《老子音》一卷;《日本国见在书目》:《老子音》一卷,李轨撰。

邓粲《老子注》

佚。见《晋书》本传。

戴逵《老子音》一卷

佚。《隋志》注：晋散骑常侍戴逵选；《释文·叙录》：戴逵《音》一卷。字安道，谯国人，晋散骑常侍，太子中庶子，徵不就。

刘黄老《老子注》

佚。见《晋书》刘隗附传。

《晋书》刘隗附传：邵族子黄老，太元中为尚书郎。有义学，注《慎子》《老子》，并传于世。

鸠摩罗什《老子注》二卷

佚。《旧唐志》：《老子》二卷，鸠摩罗什注；《新唐志》：鸠摩罗什《注》二卷。

孙登《老子注》二卷

佚。《隋志》注：《老子道德经》二卷，晋尚书郎孙登注；《旧唐志》：《老子》二卷，孙登注；《新唐志》：孙登《注老子》二卷；《释文·叙录》：孙登《集注》二卷。字仲山，太原中都人，东晋尚书郎。

孙登《老子音》一卷

佚。见《隋书·经籍志》。

王尚《老子述》二卷

佚。《隋志》注：《老子经》二卷，东晋江州刺史王尚述注；《旧唐志》：《老子》二卷，王尚注；《新唐志》：王尚《注》二卷；《释文·叙录》：王尚《述》二卷。字君曾，琅邪人，东晋江州刺史，封杜忠侯。

程韶《老子集解》二卷

佚。《隋志》注：《老子》二卷，晋郎中程韶集解；《旧唐志》:《老子》二卷,程韶集注;《新唐志》:程韶《集注》二卷;《释文·叙录》:程韶《集解》二卷。钜鹿人,东晋郎中关内侯。

袁真《老子道德经注》二卷

佚。《隋志》注:《老子道德经》二卷,晋西中郎将袁真注;《旧唐志》:《老子》二卷,袁真注;《新唐志》:袁真《注》二卷;《释文·叙录》:袁真《注》二卷。字彦仁,陈郡人。东晋西中郎将,豫州刺史。

裴处恩《老子注》二卷

佚。见张君相《三十家老子注》。

张嗣《老子道德经注》二卷

佚。《隋志》注:《老子道德经》二卷,张嗣注;《释文·叙录》:张嗣《注》二卷。

巨生《张子道德经解》二卷

佚。《隋志》注:《老子道德经》二卷,巨生解;《释文·叙录》:巨生《内解》二卷。不详何人。

邯郸氏《老子注》二卷

佚。《隋志》注:《老子》二卷,邯郸氏注;《释文·叙录》:邯郸氏《注》二卷。不详何人。

常氏《老子注》二卷。

佚。《隋志》注:《老子》二卷,常氏传;《释文·叙录》:常氏《注》二卷。不详何人。

盈氏《老子注》二卷

佚。《隋志》注:《老子》二卷,盈氏注;《释文·叙录》:盈氏《注》二卷。

僧义盈《老子注》二卷

佚。《旧唐志》:《老子》二卷,释义盈注;《新唐志》:义盈《注》二卷。

僧肇《老子注》四卷

　　佚。见杜光庭《广圣义序》。

　　按：《广圣义序》："沙门僧肇晋时人，《注》四卷。"金赵秉文《道德真经集解》内，尚存其说。

刘遗民《老子玄谱》一卷

　　佚。《隋志》注：《老子玄谱》一卷，晋柴桑令刘遗民撰；《旧唐志》：《老子玄谱》一卷，刘道人撰；《新唐志》：刘遗民《玄谱》一卷，刘道人《老子玄谱》一卷；《释文·叙录》：刘遗民《玄谱》一卷。字遗民，彭城人。东晋柴桑令。

　　《陶渊明集》有《和刘柴桑诗》，陶注引《莲社高贤传》云："刘程之字仲思，彭城人，汉楚元王之后。少孤，事母以孝闻。谢安刘裕嘉其贤，相荐之，皆力辞。裕以其不屈，乃旌其门曰遗民。"

玄景先生《老子道德经简要义》五卷

　　佚。见《旧唐书·经籍志》。

释彗观《老子义疏》一卷

　　佚。见《隋志》注。

　　按：严可均《全宋文编》："彗观俗姓崔，清河人。初咨彗远，北访罗什。元嘉中，终京师道场寺。"

释惠琳《老子道德经注》二卷

　　佚。《隋志》注：《老子道德经》二卷，释慧琳注；《新唐志》：僧慧琳《注》二卷；《释文·叙录》：释慧琳《注》二卷。

　　按：严可均《全宋文编》："慧琳本姓刘，秦郡秦县人，出家住冶城寺。元嘉中，朝廷大事皆与之议。有《孝经注》一卷，《庄子·逍遥篇注》一卷，《集》九卷。"

释慧严《老子注》二卷

    佚。《隋志》注:《老子道德经》二卷,释惠严注;《旧唐志》:《老子》二卷,释惠严注;《新唐志》:释慧严《注》二卷;《释文·叙录》:释慧严《注》二卷。陈留人,本姓范,宋世沙门。

王玄载《老子道德经注》二卷

    佚。《隋志》注:《老子道德经》二卷,王玄载注;《释文·叙录》:王玄载《注》二卷。

顾欢《老子义纲》一卷 《老子义疏》一卷

    佚。《隋志》:《老子义纲》一卷,顾欢撰,《老子义疏》一卷,顾欢撰;《旧唐志》:《老子道德经义疏》四卷,顾欢撰;《新唐志》:顾欢《道德经义疏》四卷,又《义疏治纲》一卷;《释文·叙录》:顾欢《堂诰》四卷。一作《老子义疏》。

沈麟士《老子要略》

    佚。见《南齐书》沈麟士本传。

祖冲之《老庄义释》

    佚。见《南齐书》祖冲之本传。

梁武帝《老子讲疏》六卷 《老子义疏理纲》一卷

    佚。《隋志》:《老子讲疏》六卷,梁武帝撰;《旧唐志》:《老子义疏理纲》一卷,《老子讲疏》六卷,梁武帝撰;《新唐志》:梁武帝《讲疏》四卷,又《讲疏》六卷;《日本国见存书目》:《老子义疏》八卷,梁武帝撰。

贺玚《老子讲疏》

    佚。见《梁书·贺玚传》。

陶弘景《老子注》四卷

    佚。《旧唐志》:《老子注》四卷,陶弘景注;《新唐志》:陶弘景《注》四卷。

庾曼倩《庄老义疏》

  佚。见《梁书》庾诜附传。

梁简文帝《老子义》二十卷

  佚。见《梁书·简文帝本纪》。

梁简文帝《老子私记》十卷

  佚。《隋志》注:《老子私》十卷,梁简文帝撰;《旧唐志》:《老子私记》十卷,梁简文帝撰。按《释文·叙录》:"近世有梁武帝父子及周弘正讲疏",则简文帝似尚有讲疏。但所谓《老子义》《私讲疏》等,恐系一书而异名。

梁元帝《老子讲疏》四卷

  佚。见《玉海·艺术》。

张系天《老子注》

  佚。

陆先生《老子注》

  佚。并见敦煌新出《义疏》。

孟安排《老子注》二卷

  佚。《隋志》注:《老子注》二卷,孟氏注;《释文·叙录》:《孟子注》二卷。或云孟康,康字公休,安平广宗人。魏中书监,广陵亭侯。

孟智周《老子义疏》五卷

  残? 敦煌新出唐写本,古籍残丛本。

  《隋志》:《老子义疏》五卷,孟智周私记;《旧唐志》:《老子义疏》四卷,孟智周撰;《新唐志》:孟智周《义疏》五卷。

窦略《老子注》四卷

  佚。见杜光庭《道德经广圣义序》。

  按:《广圣义序》:"梁道士窦略《略注》四卷,与武帝罗什所宗无异。"

臧玄静《老子疏》四卷

　　佚。见杜光庭《道德经广圣义序》。

韩壮《老子玄示》一卷

　　佚。《隋志》注:《老子玄示》一卷,韩壮撰;《旧唐志》:《义子玄旨》八卷,韩庄撰;《新唐志》:韩庄《玄旨》八卷。

　　按:《文选》注引用书目有韩庄《解老子》。

宗塞《老子玄机》三卷

　　佚。见《隋书·经籍志》注。

山琮《老子幽义》五卷　《老子志》一卷

　　佚。见《隋书·经籍志》注。

卢光《道德经章句》

　　佚。见《北史》卢同附传。

刘仁会《老子注》二卷

　　佚。见杜光庭《道德经广圣义序》。

周文帝《老子注》二卷　《老子义疏》四卷

　　佚。见《日本国见存书目》。

卢景裕《老子道德经传》二卷

　　佚。见《隋书·经籍志》。

　　按:《魏书》本传:"卢景裕字仲孺,小字白头,范阳涿人也。注《周易》《尚书》《孝经》《论语》《礼记》《老子》,其《毛诗》《春秋左氏》未讫。"

梁旷《老子注》四卷　《道经品》四卷

　　佚。《隋志》:《老子》四卷,梁旷注,《老子道德经品》四卷,梁旷注;《新唐志》:梁旷《道德经品》四卷。

卢景裕、梁旷等《老子注》二卷

　　佚。见《新唐书·艺文志》。

杜弼《老子道德经注》二卷

> 佚。见《北齐书》杜弼本传。

周弘正《老子疏》五卷

> 佚。见《陈书》周弘正本传。

> 《陈书》本传：周弘正字思行，汝南安城人。十岁通《老子》《周易》。弘正特善玄言，兼明释典，虽硕学名僧，莫不请质疑滞。太建六年，卒于官，时年七十九，谥曰简子。所著《周易讲疏》十六卷，《论语疏》十一卷，《庄子疏》八卷，《老子疏》五卷，《孝经疏》两卷，《集》二十卷，行于世。

诸糅《老子玄览》六卷

> 佚。见杜光庭《道德经广圣义疏序》。

> 按：杜序："陈道士诸糅，作《玄览》六卷。"又张君相《集解》有褚糅，当是一人。疑作褚糅是。

张讥《老子义》十一卷

> 佚。见《陈书》张讥本传。

陈羡《老子庄子义》

> 佚。见《隋书》张照附传。

韦录《老子义疏》四卷

> 佚。见《隋书·经籍志》作韦处玄。

> 按：杜光庭《广圣义疏序》："法师韦录，字处玄，注兼义四卷。"

李播《老子注》二卷

> 佚。见《新唐书·艺文志》。

> 按：杜光庭《广圣义疏序》："隋道士李播，注上下二卷。"又《唐书·方技传》："李淳风，岐州雍人，父播，仕隋高唐尉。弃官为道士，号黄冠子，以论撰自见。"

刘仲融《老子道德经》二卷

    佚。《隋志》：《老子道德经》二卷，刘仲融注；《新唐志》：刘仲融《注》二卷。

戴诜《老子义疏》九卷

    佚。《隋志》：《老子义疏》九卷，戴诜撰；《新唐志》：戴诜《义疏》六卷。

无名氏《老子章门》一卷

    佚。《隋志》：《老子章门》一卷；《旧唐志》：《老子章门》一卷；《新唐志》：《章门》一卷。

无名氏《老子节解》二卷

    佚。《隋志》：《老子节解》二卷；《旧唐志》：《老子节解》二卷；《新唐志》：《节解》二卷；《释文·叙录》：《节解》二卷。不详作者。或云老子所作，一云河上公作。

刘进喜《老子通诸论》一卷

    佚。见《新唐书·艺文志》。

刘进喜《老子疏》六卷

    佚。见杜光庭《广圣义疏序》。

    按：《旧唐书·陆德明传》："时徐文远讲《孝经》，沙门惠乘讲《波若经》，道士刘进喜讲《老子》。"

陆德明《老子疏》十五卷

    佚。见《新唐书·艺文志》。

陆德明《老子音义》二卷

    佚。《经典释文》本。

    按：《释文·叙录》云："唯王辅嗣妙得虚无之旨。今依王本，博采众家，以明同异。"

颜师古《玄言新记明老部》五卷

    残。唐写本。

魏徵《老子要义》五卷

佚。见杜光庭《广圣义疏序》。

按：吕知常《进道德经讲义表》："魏徵相唐，作嵩山之《正义》"，当指此书。

傅奕《老子注》二卷

佚。《旧唐志》：《老子》二卷，傅奕注；《新唐志》：傅奕《注老子》二卷；焦竑《国史志》：傅奕《注老子》二卷。

傅奕《校定古本老子》二卷

存。道藏本。

按：晁以道跋《老子》王弼注本："常善救人，故无弃人；常善救物，故无弃物，独得诸河上公，而古本无有也，赖傅奕能辩之"；又谢守灏《老君实录》："《道德经》，唐傅奕考核众本，勘数其字"云云，盖均指此书。

傅奕《老子音义》二卷

佚。《新唐志》：傅奕《老子音义》；《宋志》：傅奕《道德经音义》二卷。

按：《新唐书》傅奕本传："傅奕，相州邺人。贞观十三年卒。注《老子》，并集魏晋以来与佛议驳者，为《高识篇》。"又《旧唐书》本传："注《老子》，并撰《音义》。"

成玄英《老子注》二卷　《道德经开题序诀义疏》七卷

佚。《旧唐志》：《老子》二卷，成玄英注；《新唐志》：道士成玄英《注老子道德经》二卷，又《开题序诀义疏》七卷；《宋志》：成玄英《道德经开题序诀义疏》七卷；焦竑《国史经籍志》：成玄英《注老子》二卷，《道德经开题序诀义疏》七卷，成玄英。

李荣《老子道德经注》二卷

佚。见《宋史·艺文志》。

333

贾大隐《老子述义》十卷

  佚。《旧唐志》：《老子述义》十卷，贾大隐撰；《新唐志》：贾大隐《老子述义》十卷；《日本国见存书目》：《老子述义》十卷，贾大隐撰。

辟间仁谞《老子注》二卷

  佚。《旧唐志》：《老子》二卷，辟间仁谞注；《新唐志》：辟间仁谞《注老子》二卷。圣历司博士。

  按：《唐书·张齐贤传》，辟间仁谞武后时为太常博士。

孙思邈《老子注》

  佚。见《新唐书·艺文志》。

杨上善《老子道德经注》二卷 《老子道德指略论》二卷

  佚。《旧唐志》：《老子道德经指略论》二卷，杨上善撰；《新唐志》：杨上善《注老子道德经》二卷，又《老子指略论》二卷。太子文学。

宋文明《老子义泉》五卷

  佚。

车惠弼《老子疏》七卷

  佚。并见张居相《集解》，杜光庭《广圣义疏序》。

张君相《三十家老子注》八卷

  存。道藏本，信上中下。嘉业堂丛书本。均误题顾欢著。《宋志》：《老子道德经三十家注》六卷。唐道士张君相集解；《日本国见存书目》：《老子疏》四卷，张君相撰；焦竑《国史经籍志》：《道德经三十家注》八十卷，张君相。

  晁公武《郡斋读书志》：《三十家注老子》八卷。右唐蜀郡岷山道士张君相，集河上公、严遵、王弼、郭象、钟会、孙登、羊祜、罗什、卢裕、刘仁会、顾欢、陶隐居、松灵仙人、裴处恩、杜弼、节解、张凭、张嗣、臧元静、大孟、小孟、窦略、宋文明、褚糅、刘进喜、蔡子晃、成玄英、车惠弼等注；君相称三十家而列其名止二十有九，盖君相自以为一家言，并数之尔。君相不知何时人，而谓成玄英为皇朝道士，则唐天宝后人也。以"绝学无忧"一句，附"绝圣弃知"章末，以"唯之与阿"，别为一章，与诸本不同。

卢藏用《老子注》二卷

佚。《新唐志》：卢藏用《注老子》二卷；《国史志》：卢藏用《注老子》二卷。

按：《唐书》本传："卢藏用字子潜，幽州范阳人。长安中召授左拾遗。能属文，善著龟九宫术，工草隶大小篆八分，善琴弈。"

尹知章《老子注》

佚。见《新唐书·艺文志》。

按：《唐书·儒学传》："尹知章绛州翼城人。于《易》《老》《庄》书尤悬解。所注传颇多行于时。"

冯朝隐《老子注》

佚。见《新唐书·艺文志》。

按：《唐书·儒学传》："长乐冯朝隐，能推索老庄秘义。终太子右谕德。"

陈廷玉《老子疏》

佚。见《新唐书·艺文志》。云："开元二十年上，授校书郎。"

邢南和《老子注》

佚。见《新唐书·艺文志》。云："开元二十一年上。"

唐明皇《道德经注》二卷

存。道藏本，男下。作四卷。开元二十六年易州龙兴观御注碑本，开元二十七年邢州龙兴观碑本。

《新唐志》：玄宗《注道德经》二卷；《宋志》：唐玄宗《注老子道德经》二卷。有序；《崇文总目》：《道德经》二卷，唐明皇注。

《自序》：昔在元圣，强著玄言，权舆真宗，启迪来裔。遗文炳在，精义颇乖，撮而指归，虽蜀严而犹病，摘其章句，自河公而或略，其余浸微，固不足数，则我玄元妙旨，岂其将坠！朕诚寡薄，常感斯文，猥承有后之庆，恐失无为之理，每因清宴，辄叩玄关，随所意得，遂为笺注。岂成一家之说，但备遗阙之文，今兹绝笔，是询于众：公卿臣庶，道释二门，有能起予类于卜商，箴疾同于左氏，渴于纳善，朕所虚怀，苟副斯言，必加厚赏。且如谀臣自圣，幸非此流，悬市相矜，亦云小道，既其不讳，咸可直言，勿为来者所嗤，以重朕之不德。

《墨林快事》：唐玄宗注《道德经》，诸文士共成之。又是时古注俱存，有古哲之源流，而无后人之穿凿，五千言中得者十九。即本文未经浊乱，其辞既简奥，而义反精深，其为老聃之家嗣也，无可疑矣！于是遍诸区夏，多有刻石，而兹易水，独传苏灵芝之笔，他书易中多有，而不及此石之善。

唐明皇《道德真经疏》十卷

存。道藏本。效上下。

《新唐志》：玄宗《道德经疏》八卷；《宋志》：唐玄宗《道德经音疏》六卷；《日本国见存书目》：《老子疏》六卷，玄宗御制；《崇文总目》：《道德经疏》六卷，唐玄宗撰；《结一庐书目》：《道德真经疏》十卷，唐玄宗明皇帝撰。

《白云霁道藏目录详注》：唐玄宗《御制道德真经疏》，卷一之十。内分章逐句解言，穷理尽性，闭缘息想，处实行权，坐忘遗照，捐事无为，理身国理之论。

唐明皇《道德真经疏》四卷

存。道藏本。男下。

按：此书不见《道藏目录》，诸史志亦未收；惟《天一阁见存书目》云："《道德真经疏》十卷，唐玄宗撰，又一部四卷，与十卷本迥异"，当即此书。

李含光《老子学记》一卷 《老子义略》一卷

佚。见《新唐书·艺文志》。

按：《新唐志》云："道士李含光《老子》《庄子》《周易》学记三卷，又《义略》三卷。含光扬州江都人，本姓弘，避孝敬皇帝讳改焉。天宝间人。"

尹愔《老子新义》十五卷

佚。见杜光庭《广圣义序》。

按：《唐书·儒学传》："尹愔秦州天水人。博学，尤通《老子》。初为道士，玄宗尚玄言，有荐愔者，诏对，喜甚，厚礼之。开元末卒，赠左散骑常侍。"

吴善经《道德经注》二卷

佚。见《新唐书·艺文志》。云"贞元中人"。

吴善经《道德经小解》二卷

佚。高似孙《子略》：吴善经《小解》二卷；《通志·艺文略》：吴善经《小解》二卷。

王真《道德经论兵要义》四卷

存。道藏本，下器。指海本。

阮元《四库未收书提要》：《道德经论兵要义》四卷，唐王真撰。案：真此书独取《道德经》所论兵战之要，摭拾元微。本上下二卷，后更分为四卷，与郑樵《通志》所载卷数合。元和间进之于朝，唐宪宗尝手诏褒美之，具载篇首。《老子道德经》五千言，备举大道至德修身理国之要，数十章后，乃言及于用兵,其旨微,其言博,自河上公为之训释后,若严氏指归,开元注释,固已发蕴指微,而真所著《要义》,独于论兵之法,经悉言之。夫真以朝议郎出领汉州军事,久列戎行,而考其谈兵意指,顾深求乎老子之说。唐人之书不多是宜录也存。莫存芝《邵亭知见传本书目》略同。

李约《老子道德经新注》四卷

道藏本。能上。

《宋志》:李约《老子道德经注》四卷;《国史志》:李约《道德经新注》四卷;《天一阁见存书目》:《道德真经新注》四卷,李约撰;秘书省续编《四库阙书目》:李约《注老子道德经》四卷。

彭耜《道德真经集注杂说》:唐兵部郎李约,勉之子也。注《道德经》四卷,其说谓世传此书为神仙虚无言,不知六经乃黄老之枝叶尔。

陆希声《道德经传》四卷

存。道藏本,必上。指海本。

《新唐志》:陆希声《道德经传》四卷;《宋志》:陆氏《道德经传》四卷;《崇文总目》:《道德经传》四卷,唐陆希声撰。

阮元《四库未收书提要》:《道德真经集传》四卷,唐陆希声撰。案:希声吴郡人,景融四世孙。《唐书》本传,称其善属文,通《春秋》《易》《老子》,论著甚多,此书见于《唐书·艺文志》,卷帙相符。赵希弁《读书附志》、陈振孙《书录解题》皆不著录,凡储藏家亦皆无之。唯见于《道藏》"必"字号。明白云霁《道藏目录详注》,称其"以事理元会通变机宜,探至精之迹,可谓神解",其称许如此。今考此书,发明老氏之旨,条达曲鬯,视宋人之援老入佛者大不侔矣。唐人遗书传世日少，今从《道藏》校录，卷帙完善，洵可宝也。

杨上器《太上玄元皇帝道德注》二卷

  佚。见《旧唐书·经籍志》。

陈嗣古《老子注》二卷

  佚。《旧唐志》：《老子》二卷，陈嗣古注；《新唐志》：陈嗣古《注》二卷。

树钟山《老子注》二卷

  佚。《旧唐志》：《老子》二卷，树钟山注；《新唐志》：树钟山《注》二卷。

李允愿《老子注》二卷

  佚。《旧唐志》：《老子》二卷，李允愿注；《新唐志》：李允愿《注》二卷。

冯廓《老子指归》十三卷

  佚。《旧唐志》：《老子指归》十三卷，冯廓撰；《新唐志》：冯廓《老子指归》十三卷。

谷神子《注诸家道德经疏》二卷

  佚。见《宋史·艺文志》。

白履忠《老子注》

  佚。见《新唐书·艺文志》。

符少明《道德经谱》二卷

  佚。杜光庭《广圣义序》：道士符少明作《道谱荣》二卷；《宋志》：符少明《道德经谱》二卷；《国史志》：《道德经谱》二卷，道士符少明。

刘应真《道德经解意》

  佚。见《浙江通志》。

  按：《浙江通志》云：见《括苍汇纪》。

  又按：杨上器以下九家，不详其年代。除谷神子、刘应真、符少明外,均见两《唐志》,故次于唐末。

胡超《老子义疏》十卷
　　佚。

安丘《老子指归》五卷
　　佚。

尹文操《老子简要义》五卷。
　　佚。

王玄辩《河上公释文》十卷
　　佚。

徐邈《老子注》四卷
　　佚。

何思远《老子指趣》二卷 《老子玄示》八卷
　　佚。

赵坚《老子讲疏》六卷
　　佚。

贾至《道德经述义》十一卷
　　佚。

黎元兴《老子注义》四卷
　　佚。

任太玄《老子注》二卷
　　佚。

申甫《道德经疏》五卷
　　佚。

龚法师《老子集解》四卷
　　佚。并见杜光庭《广圣义序》。

张慧超《老子志玄疏》四卷
　　佚。见杜光庭《广圣义序》。

按：《宋史·艺文志》有张惠超《道德经志玄疏》三卷，当即张慧超。

强思齐《道德真经玄德纂疏》二十卷

存。道藏本。使上至覆上。

白云霁《道藏目录详注》：《道德真经玄德纂疏》，卷一之二十。唐玄宗御注并疏，河上公、严君平、李荣注，西华法师、成玄英疏，蒙阳强思齐纂。言明道无为，显德有用，以道德二字为一部之关键也。

杜光庭《道德经广圣义疏》五十卷

存，道藏本。羔上至行下。

《宋志》：杜光庭《道德经广圣义疏》三十卷；《崇文总目》：《道德经广圣义》三十卷，唐杜光庭撰；《国史志》：《道德经广圣义》三十卷，唐杜光庭；《道藏目录》：《道德真经广圣义》卷一之五十，唐广成子杜光庭述；《万卷堂书目》：《道德真经广圣义》五十卷，杜光庭。

丁丙《善本书室藏书志》：《道德真经广圣义》五十卷，明钞道藏本。唐广成先生杜光庭述。前有天复元年九月十六日序，云：老君降迹行教，远近有四：历劫禀形，随方演化，即千二百号，百八十名，散在诸经，可得征验；其二，自五太之首，逮殷周之前，为帝王师，代代应见；其三，以商阳甲之代，降神寓胎，武丁之年，诞生于亳，周昭王癸丑年，以经授关尹，世得而闻；其四，将化流沙，与尹喜期会于西蜀青羊之肆，示现降生，即昭王丁巳年也。此经自函关所授累代诠疏笺注六十余家，均有详目。后学披卷，多蕾本源，采摭众书，研寻篇轴，随有比况，咸得备书，纂成《广圣义》五十卷。《道藏目录》云：内述太上事迹，氏族，降生年代，叙经大义，解疏序，引释御注序，释题明道德义。《天一阁书目》著录此书，白纸蓝格,或即其散出之遗。

乔讽《道德经疏义节解》二卷

　　佚。宋乔讽《道德经疏义节解》二卷;《国史志》:《道德经疏义节解》四卷,蜀,乔讽。

徐铉《三家老子音义》一卷

　　佚。见《玉海·艺文》。

僧文倪《道德经疏义》十卷

　　佚。见《宋史·艺文志》。

司马光《道德论述要》二卷

　　存。道藏本,得上。刊本。

　　晁公武《郡斋读书志》:温公《道德论述要》二卷,右皇朝司马光撰。谓道德连体,不可偏举,故废《道经》《德经》之名,而曰《道德论》。《墓志》载其目。"无,名天地之始;有,名万物之母。常无,欲以观其妙;常有,欲以观其徼。"皆于"无"与"有"下断句,不与先儒同。

张说《老子注》

　　佚。见王云《老子注》自序。

吕大临《老子注》二卷

　　佚。《文献通考·经籍考》:吕氏《老子注》二卷;《国史志》:吕大临《注老子》二卷。

邓御夫《老子注》

　　佚。见《鸡肋集》。

吕惠卿《老子注》二卷

　　存。道藏本。必下。

　　《文献通考·经籍考》:吕惠卿《注》二卷;《国史志》:吕惠卿《注老子》二卷;《道藏目录》:《道德真经传》卷一之四,吕惠卿撰。

王安石《老子注》二卷

佚。《通考·经籍考》：王介甫《注》二卷；《国史志》：王安石《注老子》二卷。

晁公武《郡斋读书志》：右皇朝王安石介甫注。介甫平生最喜《老子》，故解释最所致意。首章皆断"无""有"作一读，与温公同。后其子雱，及其徒吕惠卿、陆佃、刘仲平，皆有《老子注》。

王雱《老子注》二卷

佚？按道藏本《道德真经集注》梁迥后序云："参其四说，河上公、王弼、唐明皇、王雱。无复加损，刊集以行于时。"则王书固尚存也。

《通考·经籍考》：王雱《注》二卷；《国史志》：王雱《注老子》二卷。

陆佃《老子注》二卷

佚。《通考·经籍考》：陆佃《注》二卷；《国史志》：陆佃《注老子》二卷。

刘槩《老子注》二卷

佚。《通考·经籍考》：刘仲平《注》二卷；《国史志》：刘仲平《注老子》二卷。

刘泾《老子注》二卷

佚。见晁公武《郡斋读书志》。

晁公武《郡斋读书志》：刘巨济《注老子》二卷。右皇朝刘泾巨济注。泾蜀人，笃志于学，文辞奇伟，早登苏子瞻之门，晚受知于蔡京，除太学博士。

张氏《道德真经集注》十卷

存。道藏本。靡上至恃上。

白云霁《道藏目录详注》：《道德真经集注》卷一之十，唐明皇撰序，左仙公葛玄序；唐明皇、河上公、王弼、王雱四家集注。

蒋之奇《老子解》二卷 《老子系辞解》二卷

　　佚。见《宋史·艺文志》。

陈象古《道德真经解》二卷

　　存。道藏本。知下。

宋徽宗《老子注》二卷

　　存。道藏本。才下。作四卷。

　　《宋志》：徽宗《老子解》一卷；《通考·经籍考》：《御注老子》二卷；《国史志》：宋徽宗《注老子》二卷。

江澂《道德真经疏义》十四卷

　　存。道藏本。莫忘两号。

　　白云霁《道藏目录详注》：《道德真经疏义》卷一之七。宋徽宗注，太学生江澂疏。内逐句解，以庄易文理参证。

章安宋徽宗《道德真经解义》十卷

　　存。道藏本。良上中下。

贾青夷《老子义疏》四卷

　　佚。高似孙《子略》：贾青夷《义疏》四卷；《国史志》：《老子疏》四卷，贾青夷撰；秘书省续编《四库阙书目》：贾青夷《道德经手疏》四卷。

陈鼻《解老子》

　　佚。见刘惟永《道德真经集义》诸家姓氏。

　　按：高似孙《子略》有陈臬，当即陈鼻，疑作"皋"是。

李畋《老子音解》一卷《通志》作二卷。

　　佚。《遂初堂书目》：李畋《老子音解》；《通志·艺文略》：李畋《老子音解》二卷；焦竑《国史志》：《老子音解》一卷，李畋。

毛大可《解老子》

　　佚。见《遂初堂书目》。

按《中国人名大辞典》有毛友，字达可，不知即大可否？

王懋才《老子解》

佚。见《遂初堂书目》。

苏辙《老子注》二卷

存。四库本，道藏本，得下，作四卷。明刊本，宝颜堂秘笈本，两苏经解本，金陵刻经处刊本。

《宋志》：苏辙《老子道德经义》二卷；《通考·经籍考》：苏子由《注老子》二卷；《国史志》：苏子由《注道德经》四卷。

晁公武《郡斋读书志》：苏子由《注老子》二卷，右皇朝苏辙子由注。子由谪官筠州，颇与学浮屠者游，而有所得焉，于是解《老子》。尝曰："《中庸》云：喜怒哀乐未发谓之中，发而皆中节谓之和，致中和，天地位焉，万物育焉，此盖佛法也。六祖谓不思善，不思恶，则喜怒哀乐之未发也。盖中者，佛法之异名，而和者，六度万行之总目，致中极和，而天地万物生于其间，非佛法何以当之？天下无二道，而所以治人则异，古之圣人，中心行道，而不毁世法以此耳，故解老子，亦时有与佛法合者。"其自序云耳。其解，是谓袭明以为释氏《传灯》之类。

陈振孙《直斋书录解题》：《老子新解》二卷，苏辙撰。东坡跋曰："使战国有此书，则无商鞅韩非；使汉初有此书，则孔老为一，使晋宋间有此书，则佛老不为二。"

张耒《道德经义》

佚。见焦竑《老子翼》采摭书目。

詹秋圃《老子解》

佚。见刘惟永《道德真经集义》诸家姓氏，云："宋儒林，讳节，号漫叟，作解。"

廖粹然《老子解》

> 佚。见刘惟永《道德真经集义》诸家姓氏,云:"号希夷大师,作解。"

陈景元《道德经注》二卷

> 佚。见《宋史·艺文志》。

陈景元《道德真经藏室纂微篇》十卷

> 存。道藏本。欲上至难上。

邵若愚《道德真经直解》四卷

> 存。道藏本。改下。
>
> 《国史志》:本来子《道德经直解》四卷;《菉竹堂书目》:《老子》邵若愚直解一册;《天一阁现存书目》:《道德真经直解》四卷,宋邵若愚撰。

吴沆《老子解》四卷

> 佚。见《江西通志》。

叶梦得《老子解》二卷

> 佚。叶德辉辑本。宣统辛亥叶氏家刻本。

刘骥《老子通论语》二卷

> 佚。见《宋史·艺文志》。

赵实庵《老子解》

> 佚。见刘惟永《道德真经集义》诸家姓氏。
>
> 按:刘惟永《集义》诸家姓氏云:"赵实庵冲真宝元大师,浮山玉虚观住持,赐紫字明举,讳道升,绍兴壬申作解。"

王志然《老子解》

> 佚。见刘惟永《道德真经集义》诸家姓氏,云:"王志然,号见独大师,乾道己丑作解。"

程大昌《易老通言》十卷

> 佚。《宋志》:程大昌《易老通言》十卷;《国史志》:《易

老通言》十卷，程大昌。

员兴宗《老子解略》一卷

存。在《九华集》内。

晁公武《老子通述》二卷

佚。见《宋史·艺文志》。

按：《郡斋读书志》，《老子道德经》下，似即此书序文。谓"因以诸家本，参校其不同者近二百字，互有得失，乙者五字，注者五十五字，涂者三十八字，其间徽宗御注，最异诸本"云。

黄茂材《老子解》

佚。见刘惟永《道德真经集义》诸家姓氏云："黄茂材宋知荆州军事，淳熙甲午作解。"

吕知常《道德经讲义》十二卷

存。京师图书馆藏明刊本。

《宋志》：吕知常《老子讲义》十二卷；《也是园书目》：吕知常《道德经讲义》十二卷；《述古堂书目》：吕知常《道德讲义》十二卷，二本，抄；《天一阁见存书目》：《道德经讲义》十二卷，宋吕知常撰；《万卷堂书目》：《道德经讲义》十二卷，吕知常。

刘师立《老子节解》

佚。见焦竑《老子翼》采摭书目，云："真静子，绍熙间造。"

葛长庚《道德宝章》一卷

存。四库本，汇秘笈本，明刊本，光绪八年白云观影刊赵孟𫖯写本。

钱曾《读书敏求记》：白玉蟾《道德宝章》一卷。序称赵孟𫖯爱其言，不类诸家，手书以传。予观所注，皆修炼之言，存于道家可耳。

周中孚《郑堂读书记》:《道德宝章》一卷,汇秘笈本。宋葛长庚撰。长庚字白叟,别号白玉蟾,闽清人。为道士,居武夷山,嘉定间徵赴阙下,封紫清真人。《四库全书》著录,倪氏《宋志补》作《老子道德经宝章》。是书离章析句,稍加笺注,有类禅偈。盖佛老本同源而异派,白叟并为一解,欲读者于言外领取其旨耳。前有明陆树声跋,及万历癸未适园居士二跋,而不著名氏,或即与眉公同校此书之秀水陈诗教云。

葛长庚《道德经指玄篇》八卷

佚。见《千顷堂书目》。

曹道冲《老子注》二卷

佚。见焦竑《国史经籍志》。

按:彭耜《宋解经姓氏》云"道真仁静先生曹道冲,字希蕴,女道士。世号曹仙姑,赐号清虚文逸大师道真仁静先生。"

彭耜《道德真经集注》十八卷

存。道藏本,忄中至长上。道藏辑要本。

《国史志》:《道德经集注》十八卷,彭耜纂;《天一阁见存书目》:《道德真经集注》十八卷,宋彭耜纂。

彭耜《道德真经集注释文》一卷

存。道藏本,长下。真意堂丛书本,经学丛书本。

谢图南《道德经注》

佚。见刘惟永《道德真经集义》诸家姓氏。

李荣《道德真经义解》四卷

存。道藏本,丝上下。道宗六书本。

丁丙《善本书室藏书志》:《道德真经义解》四卷,明刊道藏本。息斋道人解。《道藏目录》入洞神部,作《义解》四卷,注云："九天观道士息斋李荣注。深达窍妙，出入无有。"荣字嘉谋，宋时人，行事无所考。《道藏》收其著述，亦潜心道笈之羽士也。其解顺文衍义，明白晓畅，为读王弼注之阶梯。

李荣《道德真经》四卷

存。道藏本，丝下。道宗六书本。

董思靖《道德经集解》四卷

存。道藏本，短中下。十万卷楼丛书本。作二卷。

《国史志》：董思靖《道德经集解》四卷；《万卷堂书目》：《道德真经解》四卷，董思靖。

白云霁《道藏目录详注》：《道德真经集解》卷一之四，董思靖。引诸家句解，并太上史略。

林希逸《老子口义》二卷

存。道藏本，彼上。作四卷。鬳斋三子口义本。

《国史志》：林希逸《老子口义》四卷；《述古堂藏书目》：《老子林鬳斋口义》二卷；《菉竹堂书目》：《老子林希逸口义》一册。

丁丙《善本书室藏书志》：《老子鬳斋口义》二卷，明刊本。鬳斋林希逸。前有鬳斋自撰《发题》一篇。希逸字肃翁，福清人，官至中书舍人。鬳斋者其居室也。书以"口义"者，谓其不为文，杂俚俗而直述之也。《四库》与列子同未著录。

张冲应《老子解》

佚。

张灵运《老子或问》

佚。并见刘惟永《道德真经集义》诸家姓氏云："张冲应玉清上相，讳明道，宝祐癸丑造解；张灵应讳亚宋，封神文圣武孝德忠仁王，造《或问》。"又按范应元《古本集注》引有张冲应说。

徐君约《道德经解事》

> 佚。见刘惟永《道德真经集义》诸家姓氏，云："宋鄂州诸军料院，讳权，景定壬戌解事一章。"

李若愚《道德真经注》一卷

> 佚。见《宋史·艺文志》

范应元《老子道德经古本集注》二卷

> 存。傅沅叔先生藏宋刊本，续古逸丛书影印本。

褚伯秀《老子解》

> 佚。见刘惟永《道德真经集义》诸家姓氏，云："古杭道士，作解。"

吕皓《老子支离解》

> 佚。见《敬乡录》。

> 按：余未见《敬乡录》；傅沅叔先生云："《老子支离解》，宋永康吕皓子旸撰，见《敬乡录》。"

赵至坚《道德真经疏义》六卷

> 残。道藏本。悲下。原缺卷一之三。

> 《宋志》：赵至坚《道德经疏》三卷；《国史志》：赵至坚《老子疏》四卷；《天一阁见存书目》：《道德真经疏义》六卷，赵至坚撰，存卷四、五、六。

陆修静《老子道德经杂说》一卷

> 未见。《宋志》：陆修静《老子道德经杂说》一卷；《国史志》：《道德经杂说》一卷，陆修静；秘书省续编《四库阙书目》：陆修静撰《道德经杂说》一卷。

陈焕《老子释言》

> 佚。见《江西通志》。

谢守灏《老子解》一卷

> 佚。见万历《温州府志》。

熊方《道德经注》二卷

  佚。见《江西通志》。

赵令穆《老子道德经解》二卷

  佚。

王顾《老子道德经疏》四卷

  佚。

尹先生《老子道德经内节解》二卷

  佚。并见《宋史·艺文志》。

龚士卨《老子句解》

  佚。见《菉竹堂书目》。

刘辰翁《老子道德经评点》

  存。刘须溪批点九种本。

雷思齐《老子本义》

  佚。见钱大昕《补元史艺文志》。

  按：思齐有《易图通变》《易筮通变》二书，《四库》著录。《提要》云：思齐字齐贤，临川人。宋亡之后，弃儒服，为道士，居乌石观，后终于广信。事迹具袁桷所撰《墓志铭》。是编前有揭系斯序，称所著有《老子本义》《庄子旨义》数十卷云云。

张庆之《老子注》

  佚。见钱大昕《补元史艺文志》。

  按：《苏州府志》："庆之字子善。出入经史百氏，绝意仕进，好为山水游。著《虎丘赋》，因号海峰野逸。仿五柳先生作《海峰遗民传》，以伯夷蒋诩陶潜司空图自况。"兹亦用提要之意，列于宋末。

时雍《道德经全解》二卷

  存。道藏本。罔中下。

白云霁《道藏目录详注》:《道德经全解》,二卷。亳社时雍逍遥解,言阴阳理焉。

李霖《道德经取善集》十二卷

存。道藏本。墨上至悲中。

寇才质《道德经四子古道集解》十卷

存。道藏本,过上中下。道藏辑要本。

白云霁《道藏目录详注》:《道德真经四子古道集解》,卷一之十。古襄寇才质集,其解多以《南华》《通玄》二经理会。

赵秉文《道德经真经集解》四卷

存。道藏本,罔上中。小万卷楼丛书本。

王守正《道德真经衍义手钞》二十卷

残。道藏本。量上至墨上,原阙卷一卷二。

白云霁《道藏目录详注》:五峰清安逸士王守正集;序称重阳宫主玄学师,盖守正号清安逸士,曾为重阳宫主玄学师也。

休休庵《老子解》

佚。见刘惟永《道德真经集义》诸家姓氏云:"休休庵号蒙山绝牧叟,名德异,至元戊寅作解。"

牛妙传《老子或问》

佚。见刘惟永《集义》诸家姓氏,云:"牛妙传通真大师,前成都万寿宫知官提学,号澄明子。至元庚辰作或问。"

喻清中《道德经集义》

佚。见刘惟永《集义》诸家姓氏,云:"至元乙酉作解。"

杨智仁《老子解》

佚。见刘惟永《集义》诸家姓氏,云:"杨智仁号无物子,至元丁亥作解。"

李纯甫《老子集解》

佚。见《金史》本传。

刘处玄《道德经注》

  佚。见《山东通志》。

  按：《山东通志》云："见《海上七真人传》。"又《四库提要》有"《阴符经注》一卷，金刘处元撰。处元即王重阳七弟子之一也。"

胥六虚《老子解》

  佚。见刘惟永《集义》诸家姓氏，云："胥六虚讳元一，号六虚散人。至元辛卯作解。"

李是从《老子解》

  佚。见刘惟永《集义》诸家姓氏，云："李是从特赐纯粹先生，号谷神子，造解。元贞乙未刻本。"

薛致玄《道德真经藏室纂微开题科文疏钞》五卷

  存。道藏本。难上下。

薛致玄《道德真经藏室纂微手钞》二卷

  存。道藏本。难下。上卷原阙。

  按：刘惟永《集义》诸家姓氏云："薛庸斋讳玄，大元河南路提学，作解。"当即薛致玄。

刘惟永《道德真经集义》十七卷

  存。道藏本。染中至赞下。

  白云霁《道藏目录详注》：《道德真经集义》，卷一之十七。刘惟永、丁易东编集各家解义。

  按：书首题"凝远大师常德路玄妙观提点观事刘惟永编集，前朝奉大夫太府寺主簿兼枢密院编修丁易东校正。"又按以上诸序，并见《道德真经集义》大旨卷三，当即此书序跋，故移置于此，并依旧题为大旨序跋云。

邓锜《道德经三解》四卷

  存。道藏本。改上中。

李道纯《道德会元》二卷

存。道藏本。谈上。

李道纯《道德经注解》三卷

佚。见《万卷堂书目》。

杜道坚《道德经原旨》四卷

存。道藏本。彼中。

白云霁《道藏目录详注》：《原旨》序详切而渊博也。《发挥》十二章。前六章述皇帝王伯道德功力之叙，后六章述太上降生西游之略，总之不外理炁象数。有大德十年道坚自序，及弟子句章任士林后序。此帙棉纸蓝格，尤属明钞，当是甬东范氏遗籍。

杜道坚《玄经原旨发挥》二卷

存。道藏本。彼下。

白云霁《道藏目录详注》：《玄经原旨发挥》，二卷。杜道坚述。《原旨发挥》十有二章：前六章述皇帝王伯道德功力之叙，后六章述太上降生西游之略，总之不外理炁象数。

刘庄孙《老子·发微》

佚。见《清容居士集》。

按：袁桷《刘隐君墓志铭》："天台刘君正仲，讳庄孙，喜著书，能以词藻达幽隐。为《论语章指》《老子·发微》《楚辞补注音释深衣考》。"

吴澄《道德经注》四卷

存。四库本，道藏本，短上中。道藏辑要本，嘉庆年刊本，粤雅堂丛书本，百子本。

按：澄字幼清，号草庐，临川人，宋咸淳末举进士，不第，入元以荐擢翰林，应奉文字，官至翰林学士，卒谥文正。是书《四库提要》已著录。考草庐为元代钜儒，众经皆有纂撰，事迹具《元史》本传。

赡思《老庄精诣》

  佚。见《元史》本传。

张嗣成《道德真经章句训颂》二卷

  存。道藏本，谈上。道藏辑要本。

吕与之《老子讲义》

  佚。见袁桷《清容居士集》。

李衎《老子解》二卷

  佚。见钱大昕《补元史艺文志》。

  按：衎字仲宾，号息斋，蓟邱人。皇庆元年为吏部尚书，拜集贤殿大学士。谥文简。见《中国人名大辞典》。

王珪《道德经注》《道德经还原奥旨》

  佚。见钱大昕《补元史艺文志》。

  按《苏州府志人物志》："王珪字君璋，号中阳老人。尝以材异辟同知辰州，不起；隐于虞山。澄心观道，善鼓琴，工画，意趣幽远。"

林志坚《道德真经注》二卷

  存。道藏本，丝上。元刊本。

  白云霁《道藏目录详注》：《道德真经注》，二卷。玄门开真弘教大真人广陵仁斋林志坚注，以本经解本经。

许剑道人《古老子》二卷

  未见。见《四库书目存目》。

  按：缪荃孙《艺风堂金石文字目》，有"古文道经，高翿篆书，末有翿自记，亦篆书；李道谦跋，分书。至元辛卯立。在陕西鳌屋楼观"。则此碑尚存，当即此书所本。

陈岳《老子注》

  佚。见钱大昕《补元史艺文志》，云："字甫申，天台人，自称委羽山人。"

高节诚《老子臆疏判言》

  佚。

杨翚《道德经注》

  佚。并见《江西通志》。

  按：陈岳以下三人，不详年代。

明太祖《道德经注》二卷

  存。道藏本，男上。作四卷。

  《明志》：太祖《注道德经》二卷；《万卷堂书目》：《道德经注解》二卷，御制；《佳趣堂书目》：大明太祖高皇帝《御注道德经》二卷。内府旧抄，携李曹侍郎藏本。

  白云霁《道藏目录详注》：大明太祖高皇帝《御制道德真经》，卷一之四。此解以修齐治平为法。首序云："惟知斯经，乃万物之至根，王者之上师，臣民之宝极，非金丹之术也"；盖太祖乃万世圣君，亦尊崇道德如此。

  《千顷堂书目》：帝以诸家之注，各有异见，因自为注，以发其义。洪武七年成。

朱升《老子旁注》

  佚。见《千顷堂书目》。

河心山《老子注》

  佚。见《道德真经集义序》。

  按：危大有《道德真经集义序》："于是将河上公及河心山等十余家注解，取其训释详明，理长义同而不牵强者，集成一部。"

危大有《道德真经集义》十卷

  存。道藏本。天一阁见存书目作六卷。

  白云霁《道藏目录详注》：《道德真经集义》，卷一之十。盱江危大有集。《集义》以无为自然为体，以和冲默契为用；内而葆炼存养，外而清靖临民。

黄润玉《道德集解》二卷

　　未见。见《明史·艺文志》。

　　按：《明史》本传："黄润玉字孟清，鄞人。永乐十八年举顺天乡试，授建昌府学训导。正统初，诏推举提学官。以杨士奇荐，擢广西佥事。母忧，归；起官湖广，论罢，谪含山知县。以年老归。学者称南山先生。"

郑瑾《道德经正确》

　　未见。见《千顷堂书目》，云："字温卿，兰溪人。成化庚戌进士，官通判。"

无名氏《道德真经解》二卷

　　存。道藏本。谈下。

无名氏《道德真经次解》二卷

　　存。道藏本。罔下。

黄省曾《老子玉略》

　　佚。见《千顷堂书目》。

万表《道德经赘言》一卷

　　佚。见《千顷堂书目》。

　　按：表字民望，鄞县人，正德末武进士，见《提要》。

王道《老子亿》二卷

　　存。明刊本。

李先芳《老子本义》一卷

　　佚。见《千顷堂书目》。

　　按：先芳字伯承，号北山，监利人。嘉靖丁未进士。见《提要》。

薛蕙《老子集解》二卷 《考异》一卷

　　存。惜阴轩丛书本。

《明志》：薛蕙《老子集解》二卷；《天一阁见存书目》：《老子集解》一卷，《考异》一卷，薛蕙撰；《述古堂书目》：薛蕙《老子集解》二卷；《万卷堂书目》：《老子集解》二卷，薛蕙。

玉樵《老子解》

　　佚。见《千顷堂书目》。

　　按：樵字明逸，号方麓，金坛人。嘉靖进士，卒谥恭简。见《明史》本传。

皇甫濂《道德经辑解》三卷

　　佚。见《明史·艺文志》。

　　按：《明史·文苑传》："濂字子约。初授工部主事，母丧除起故官，典惜薪厂。"

张时彻《老子解》一卷

　　佚。见《千顷堂书目》。

　　按：时彻字维静，号东沙，鄞人，嘉靖进士。见《明史》张邦奇附传。

陈嘉谟《老子疏述》一卷

　　佚。见《千顷堂书目》。

　　按：嘉谟字世显，号蒙山，庐陵人，嘉靖进士。与王时槐阐明良知之说，有《念初堂集》。

曾如春《道德经解》一卷

　　佚。见《千顷堂书目》。

　　按：如春字景默，抚州人，嘉靖进士。

贺泚《道德经集注》

　　佚。见《江西通志》。

　　按：泚字汝定，庐州人，隆庆庚午举人，官至苏州府同知，见《提要》。

黄洪宪《老子解》

佚。见《千顷堂书目》。

按：洪宪字懋中，秀水人，隆庆辛未进士，官至少詹事，掌翰林院事。尝奉使朝鲜，有《朝鲜国纪》一卷，见《提要》。

郭子章《老子解》一卷

佚。见《千顷堂书目》。

按：子章字相奎，号青螺，又自号曰蠙衣生，泰和人。隆庆辛未进士，官至兵部尚书，见《提要》。

陆长庚《老子玄览》二卷

存。方壶外史本。

按：《丛书举要·方壶外史》下注云："明淮南参学小臣陆西星长庚谨测。隆庆年刊，昆丘外史赵宷汉序。"

张位《道德经解》一卷

佚。见《千顷堂书目》。

按：《宋史》张位本传："字明成，新建人，隆庆进士。"

李贽《老子解》二卷

存。明刊本，李氏丛书本。

《自序》：尝读韩非《解老》，未始不为非惜也！以非之才，而卒见杀于秦，安在其为善解老也，是岂无为之谓哉？夫彼以柔弱，而此以坚强；此勇于敢，而彼勇于不敢，已方圆冰炭若矣，而谓道德申韩宗祖，可欤？苏子瞻求而不得，乃强为之说，曰："老子之学，重于无为，而轻于治天下国家，是以仁不足爱，而礼不足敬，韩非氏得其所以轻天下之术，遂至残忍刻薄而无疑"，呜呼！审若是，则不可以治天下国家者也！老子之学，果如是夫？老子者非能治之而不治，乃不治以治之者也。故善爱其身者不治身，善爱天下者不治天下，凡古圣王所谓仁义礼乐者，皆非所以治之也，而况一切刑名法术欤？故其著书专言道德，而不言仁义。以仁虽无为，而不免有为；义则为之而有以为又甚矣！是故其为道也：以虚为常，以因为纲，以善下不争为百谷之王，以好战为乐杀人，以用兵为不得已，以胜为不美，以退为进，以败为功，以福为祸，以得为失，以无知为知，以无欲为欲，以无名为名，孰谓无为不足以治天下乎？世固未知无为之有益也！然则韩氏曷为爱之？曰：顺而达者帝王之政也，逆而能忍者黄老之术也。顺而达，则以不忍之心行不忍之政，是故顺事恕施，而后四达不御，其效非可以旦夕责也；逆而能忍者，不见可欲是也。是故无政不达，而亦无心可推，无民不安，而亦无贤可尚，如是而已矣。此至易至简之道，而一切急功利者之所尚也。而一切功利者欲效之而不得，是故不忍于无欲，而忍于好杀；不以忍己，而以忍人，不忍于忍，而忍于不忍，学者不察遂其原，从而曰："道德之祸，其后为申韩也如此夫！"道德之后为申韩固矣，独不曰，仁义之后，其祸为篡弑乎？古今学术亦多矣，一再传而遂失之，其害不可胜言者岂少哉，独老子乎？由此观之：则谓申韩原道德之意，亦奚不可！予性刚使气，患在坚强而不能自克也，喜读韩非之书，又不敢再以道德之流生祸也。而非以道德故，故深有味于道德而为之解，并序其所以语道德者，以自省焉。见焦竑《老子翼》附录。

焦竑《老子翼》三卷 《考异》一卷

存。四库本，老庄翼合刻本，金陵丛书本，渐西村舍刻本，光绪三十一年。郭氏重刻本，改题《老子元翼》。万历刊本，成都铅印本，日本刊六卷本。

《四库书目提要》：《老子翼》三卷，《老子考异》一卷，浙江巡抚采进本。明焦竑撰。竑有《易筌》，已著录。是编辑韩非以下解《老子》者六十四家，而附以竑之笔乘，共成六十五家。各采其精语，裒为一书。其首尾完具自成章段者，仿李鼎祚《周易集解》之例，各标举姓名，列本章之后；其音义训诂，但取一字一句者，则仿裴骃《史记集解》之例，联贯其文，缀本章末句之下。上下篇各为一卷，《附录》及《考异》共为一卷。不立《道经》《德经》之名，亦不妄署篇名，体例特为近古。所采诸说，大抵取诸《道藏》，多非世所常行之本。竑之去取，亦特精审，大旨主于阐发元言，务明清净自然之理，如葛长庚等之参以道家炉火，禅学机锋者，虽列其名，率屏不录。于诸家注中，为博赡而有理致。盖竑于二氏之学，本深于儒学，故其说儒理者多涉悠谬，说二氏之理者，转具有别裁云。

释德清《道德经解》二卷

存。明刊本，金陵刻经处刊本，民国八年广州刻本。

《自序》：予少喜读《老》《庄》，苦不解义，惟所领会处，想见其精神命脉，故略得离言之旨。及搜诸家注释，则多以己意为文，若与之角，则义愈晦。及熟玩庄语，则于老恍有得焉。因谓注乃人人之老庄，非老庄之老庄也。以老文简古而旨幽玄，则庄实为之注疏。苟能悬解，则思过半矣。空山禅暇，细玩沉思，言有会心，即托之笔；必得义遗言，因言以见义，或经旬而得一语，或经年而得一章，始于东海，以至南粤，自壬辰以至丙午，周十五年乃能卒业。是知古人立言之不易也！以文太简，故不厌贯通，要非枝也。尝谓儒宗尧舜，以名为教，故宗于仁义；老宗轩黄，道重无为，如云失道德而后仁义，此立言之本也。故庄之诽薄，殊非大言，以超俗之论则骇俗，故为放而不收也，当仲尼问礼，则叹为犹龙。圣不自圣，岂无谓哉？故老以无用为大用，苟以之经世，则化理治平，如指诸掌。尤以无为为宗极，性命为真修，即远世遗荣，殆非矫矫，苟得其要，则真妄之途，云泥自别。所谓真以治身，绪余以为天下国家，信非诬矣！或曰：子之禅贵忘言，乃哓哓于世谛，何所取大耶？ 予曰：不然！鸦鸣鹊噪，咸自天机，蚁聚蜂游，都归神理，是则何语非禅？ 何法非道？况释智忘怀之谈，讵非入禅初地乎？ 且禅以我蔽，故破我以达禅，老则先登矣。若夫玩世蜉蝣，尤当以此为乐土矣。注成，始刻于岭南，重刻于五云南岳与金陵，今则再刻于吴门。以尚之者众，故施不厌普矣。

丁丙《善本书室藏书志》：《老子道德经解》二卷，明刊本。明建邺憨山道者释德清著。前有《老子传》及《发明宗旨》《发明趣向》《发明工夫》《发明体用》《发明归趣》五篇，以佛证道，俱得元解。末有版存玉溪菩提寺本记。

王一清《太上道德经释辞》二卷

　　存。道藏辑要本。

程以宁《太上道德宝章翼》二卷

　　存。道藏辑要本。

张正学《道德经测言》

　　未见。见《千顷堂书目》。

沈一贯《老子通》二卷《千顷堂书目》云，一作《道德经解》。

　　存。明万历刊本。

林兆恩《道德经释略》六卷

　　存。明刊本。

田艺衡《老子指玄》二卷

　　佚。见《明史·艺文志》。

马应龙《道德经注解》二卷

　　佚。见《千顷堂书目》，云："字伯光，安丘人，万历壬辰进士，礼部主事。"

潘基庆《老庄解》

  佚。见《千顷堂书目》。

吴伯与《老庄因然》八卷

  佚。见《千顷堂书目》。

陶望龄《老子解》二卷

  存。江南图书馆藏明刊本。

李登《老子约筌》二卷

  佚。见《千顷堂书目》。

李登《篆文道德经》二卷

  存。明刊本。见《八千卷楼书目》。

郑圭《老子》一卷

  佚。见《千顷堂书目》。

徐学谟《老子解》二卷

  存。明刊本。

董懋策《老子翼评点》

  存。董氏丛书本

归起先《老庄略》二卷

  佚。见《千顷堂书目》。

归有光、文震孟《道德经评注》二卷

  存。汉魏丛书本。十子全书本。

  《自序》：五味辛甘不同，期于适口；麻丝凉燠不同，期适于体；学术见闻不同，要于适治。今夫天下所以不治者，贪残奢傲，吏不能皆良，民不能皆让，以及于乱；诚使不贪矣，不残矣，慈俭而让矣，天下岂有不贪不残，慈俭而让，乃有不治者乎？今夫儒者高仁义，老氏不言仁义而未尝不用仁义；儒者蹈礼法，老氏不言礼法而未尝不用礼法，以懦弱谦下为表，以虚空不毁万物为实。见素抱朴，少私寡欲，而民自化焉。故其言曰：

"我有三宝：持而行之，曰慈，曰俭，曰不敢为天下先。"慈非仁乎，俭非义乎，不敢为天下先，非礼乎。故用世之学，莫深于老氏。今儒者不务自治，而虚名之幻，内贪残而外仁义，处奢傲而治礼文，此乃忠信之薄，而乱之首也，而老氏之所下也。

周如砥《道德经集义》二卷

存。明刊本。

《山东通志·艺文略》：是书《县志》作《道德经注》，《墓志》作《集义》。《采访册》云：《县志》误。《册》又载傅冠序云："孔孟善存其文，老聃善存其质，先生善转法轮。"

朱得之《老子通义》二卷

存。三子通义本。

朱孟尝《道德经说奥》二卷

未见。见《四库书目存目》。

龚锡爵《老子疏略》一卷

佚。见《明史·艺文志》。

疏光岳《老子解说》

佚。见《江西通志》。

按：光岳字山仲，号三谷，江西新城人。进士，官兵部职方司员外郎，推升吏部，卒。光岳善草书，有《石波馆集》《老子解说》。

傅占衡《老子私笺》

佚。见《江西通志》。

按：占衡字平叔，临川人。明诸生。性淡泊，耻事徵逐，明亡，奉父山中，谢绝一切。有《汉书撼言》《编年国策》《临川记》《湘帆堂集》。

印散玄《老子尺木会旨》二卷

存。京师图书馆善本书室藏钞本。

邵弁《老子汇注》

　　佚，见《千顷堂书目》。

吴伯敬《老子台悬》一卷

　　佚。

吴德明《老子真诠》一卷

　　佚。

诸万里《解老悟道编》二卷

　　佚。

吴汝纪《老子疏略》二卷

　　佚。

钟纪元《道德要览》

　　佚。并见《千顷堂书目》。

袁一轧《老庄辑注》

　　佚。见《苏州府志·艺文志》。

周士窦《道德经注疏》

　　佚。见《江西通志》。

袁崇友《老子注》

　　未见。见《广东通志》。

　　按：朱得之以下诸家，并不详年代。

王夫之《老子衍》二卷

　　存。船山遗书本。

　　《自序》：昔之注《老子》者，代有殊宗，家传异说。逮王辅嗣、何平叔合之于乾坤易简，鸠摩罗什、梁武帝滥之于事理因果，则支补牵会，其诬久矣。迄陆希声、苏子繇、董思靖，及近代焦竑、李贽之流，益引禅宗，互为缀合，取彼所谓教外别传者以相糅杂，是犹闽人见霜而疑雨，洛人闻食蟹而剥蟛蜞也。老子之言曰："载营魄抱一无离，大道汜兮，其可左右,冲气以为和",是既老之自释矣;庄子曰:"为善无近名,为恶无近刑,缘督以为经",是又庄之为老释矣。舍其显释,而强儒以合道则诬儒,强道以合释则诬道,彼将驱世教以殉其背尘合识之旨,而为蠹来兹,岂有既与? 夫之察其悖者久之,乃废诸家,以衍其意。盖入其垒,袭其辎,暴其恃,而见其瑕矣;见其瑕而后道可使复也,夫其所谓瑕者何也? 天下之言道者,激俗而故反之则不公,偶见而乐持之则不经,凿慧而数扬之则不祥,三者之失,老子兼之矣。故于圣道所谓文之礼乐,以建中和之极者,未足以与其深也。虽然世移道丧,覆败接武,守文而流伪窃,昧几而为祸先,治天下者生事扰民以自敝,取天下者力竭智尽而敝其民,使测老子之几,以俟其自复,则有瘳也。文景踵起,而迄升平,张子房、孙仲和,异尚而远危殆,用是物也。较之释氏之荒远苛酷,究于离披缠棘,轻物理于一掷,而仅取欢于光怪者,岂不贤乎? 司马迁曰:"老聃无为自化,清净自正",近之矣! 若"犹龙"之叹,云出仲尼之徒者,吾何取焉! 岁在旃蒙协洽壮月乙未,南岳王夫之序。

清世祖《御注道德经》二卷

存。四库全书本,刊本。

《四库书目提要》:《御注道德经》二卷,顺治十三年世祖章皇帝御撰。《老子》载《汉书·艺文志》,而不载其有注,《隋书·经籍志》以下,注其书者著录日繁。焦竑《老子翼》,作于明万历中,所采尚六十四家,竑所未见者,不知凡几;竑以后之所注,又不知凡几也。盖儒书如培补荣卫之药,其性中和,可以常饵;《老子》如清解烦热之剂,其性偏胜,当其对证,亦复有功,与他子书之偏驳悠谬者异,故论述者不绝焉。然诸家旧注,多各以私见揣摩,或参以神怪之谈,或傅以虚无之理，或歧而解以丹法，或引而参诸兵谋，群言淆乱，转无所折衷；惟我世祖章皇帝此注，皆即寻常日用，亲切阐明。使读者销争竞而还淳朴，为独超于诸解之上。盖圣人之道大，兼收并蓄，凡一家之书，皆不没所长；圣人之化神，因事制宜，凡一言之善，必旁资其用，固非拘墟之士，所能仰窥涯涘矣。

张尔岐《老子说略》二卷

存。四库全书本，刊本。

《四库书目提要》：《老子说略》二卷，编修周永年家藏本。国朝张尔岐撰。尔岐有《仪礼郑注句读》，已著录。《道德经》解者甚多，往往缴绕穿凿，自生障碍。尔岐是编，独屏除一切，略为疏通大意。

汪缙《读道德经私记》二卷

未见。见《四库书目存目》。

黄元御《道德经悬解》二卷

未见。见《四库书目存目》。

唐琯《老子注》二卷

存。雍正五年刊本。见省立第二图书馆书目续编。

胡与高《道德经编注》二卷

存。乾隆戊辰云水楼刊本。

徐大椿《道德经注》二卷

存。四库全书本，乾隆廿五年刻本。

金道果《道德宝章翼》

存。江南图书馆藏钞本。

未斋《老子新解》

未见。序见钱大昕《潜研堂文集》。

牟庭绎《老子道德经释文》

未刊。雪泥屋遗书本。

《山东通志》府志载是书云:"其书以《老子章句》文字多舛错,据他书引用者证明之。大抵谓本书皆韵语,即其合韵者断以为章,而博考古文音韵以为依据,虽不尽合,亦多证佐。至道可道之可,宜读为何,却走马为粪句,宜连下读,亦有义意。"

花尚《道德经眼》二卷

存。刊本

见《八千卷楼书目》。按:《培林堂书目》亦收是书,惟不著卷数。

王定柱《道德经臆注》二卷

存。刊本。见《八千卷楼书目》。

黄文运《道德经订注》

未见。序见王昶《湖海文传》。

吴鼐《老子解》二卷

存。昭代丛书本。

严可均《老子唐本考异》一卷

存。在《续语堂碑录》内。

毕沅《老子道德经考异》二卷

存。经训堂丛书本。

姚鼐《老子章义》二卷

存。惜抱轩全集本,吕氏刊本。

吴启昌序:《老子》分章,世率依河上公注本。河上公注,实流俗妄书,托于神仙之作,唐刘知几已辨之矣。世俗不察,猥守其本,于章句误合误分者,皆缴绕穿凿,迁其辞以曲就之,虽高识如苏子由、王介甫者,皆不免焉,是可怪矣。若夫老子之说,故间与儒通,及释氏入中国,遂窃取焉。而世之异学杂家,多附之矣。要之老子之书,自有本义,彼偶同窃附者,卒不可以为老子。世不察,而专以儒释解其书,甚者附以言兵、言刑、仙解形化之术，是见其一而忘其全，睹其末流而反遗其根本也，可乎哉？吾师桐城姚姬传先生，尝读而病之，遂取旧本，断续离合，分为数十章，正河上公之失。其或本义未明，旧解舛误，则别注数言数十言于下方。盖自六朝至今，解老者甚众，自有此本，然后分章当而析义精，老子著书之意，大略可知矣。启昌曩尝假其书，钞录而伏诵之，叹其美而不敢私也，遂刊以公同好者。先生旧有《章义序》一篇，又尝杂书数条于简首；其"杂书首"一条，与序后意略相同，盖即为序而未成者耳。今并载之。至于老子本之同异，旧凡十余家，陆德明《释文》及彭耜《集注》释文，具有专书，先生为书时，未尝备载，而间列数字于下方，今亦姑仍之，不欲改其旧云，嘉庆二十三年春二月门人吴启昌谨序。

纪大奎《老子约说》上中下续四篇

    存。纪慎斋全集本。

朱敦毅《老子道德经参互》二卷

    存。见浙江公立图书馆保存类续目，云："稿本有红勘藕华庄，朱玉泉印，泉玉富贵寿康诸印。"

倪元坦《道德经参注》二卷

    存。读易楼全刻本，醒吾书全本。

魏源《老子本义》二卷

    存。避舍盖公堂刊本，渐西村舍丛刊本。

潘静观《道德经妙门约》

    存。见马叙伦《老子核诂》引用书目。

俞樾《老子平议》一卷

    存。春在堂全集本，诸子平议单行本。

高延第《老子证义》二卷

    存。光绪十二年刊本，老庄正义合刻本。

陆心源《道德真经指归校补》三卷

　　存。潜园群书校补本。

易顺鼎《读老札记》二卷 《补遗》一卷

　　存。清光绪甲申宝瓠斋刊本。

王闿运《老子注》二卷

　　未见。序见《国朝文汇》。

陈澧《老子注》

　　存。闻陈援庵先生云："同乡某氏，藏陈氏手稿本。"

易佩绅《老子解》二卷

　　存。光绪壬辰湖北臬署大字铅印本。

杨文会《道德经发隐》一卷

　　存。清光绪癸卯金陵刻经处刻本。

　　《自序》：憨山清禅师解《道德经》，历十五年方成，虽与焦弱侯同时，而弱侯未之见也。故其辑《老子翼》，阙憨山解，诚为憾事。弱侯所采凡六十四家。后之解者，更有多种，故经中奥义，发挥殆尽矣。予阅《道德经》，至"出生入死"一章，见各家注解，无一合者，遂以佛教义释之，似觉出人意表。复益二章，继《阴符》发隐梓之，或问孔子既称老子为"犹龙"，何以其书不入塾课耶？答曰：汉唐以来，人皆以道家目之，不知其真俗圆融，实有裨于世道人心；若与《论语》并行，家传户诵，则士民之风，当为之一变也。光绪癸卯，季春之月，石埭杨文会识于白下深柳堂。

严复《老子道德经评点》二卷

　　存。光绪三十一年日本东京朱墨印本。

刘师培《老子斠补》二卷

　　未刊。序见《国学丛刊》。

刘师培《老子韵表》一卷

　　　　未刊。序见《国学丛刊》。

马其昶《老子故》二卷

　　　　存。秋浦周氏刊本。

李蠡《读老浅疏》二卷

　　　　存。春晖丛书本。

杨树达《老子古义》二卷

　　　　存。中华书局仿宋聚珍印本。

罗振玉《老子考异》二卷

　　　　存。永丰乡人杂著本。

罗运贤《老子集解》

　　　　未刊。序见《华国月刊》。

顾实《道德经解诂》

　　　　未刊。见《国学丛刊》。

马夷初《老子覈诂》四卷

　　　　存。天马山房丛著本。

马夷初《老子佚文》一卷

　　　　存。附见《老子覈诂》。

南怀瑾先生著述目录

1. 禅海蠡测　（一九五五）
2. 楞严大义今释　（一九六〇）
3. 楞伽大义今释　（一九六五）
4. 禅与道概论　（一九六八）
5. 维摩精舍丛书　（一九七〇）
6. 静坐修道与长生不老　（一九七三）
7. 禅话　（一九七三）
8. 习禅录影　（一九七六）
9. 论语别裁（上）　（一九七六）
10. 论语别裁（下）　（一九七六）
11. 新旧的一代　（一九七七）
12. 定慧初修　（一九八三）
13. 金粟轩诗词楹联诗话合编　（一九八四）
14. 孟子旁通　（一九八四）
15. 历史的经验　（一九八五）
16. 道家密宗与东方神秘学　（一九八五）
17. 习禅散记　（一九八六）
18. 中国文化泛言（原名"序集"）　（一九八六）
19. 一个学佛者的基本信念　（一九八六）
20. 禅观正脉研究　（一九八六）
21. 老子他说　（一九八七）

22. 易经杂说　（一九八七）
23. 中国佛教发展史略述　（一九八七）
24. 中国道教发展史略述　（一九八七）
25. 金粟轩纪年诗初集　（一九八七）
26. 如何修证佛法　（一九八九）
27. 易经系传别讲（上传）　（一九九一）
28. 易经系传别讲（下传）　（一九九一）
29. 圆觉经略说　（一九九二）
30. 金刚经说什么　（一九九二）
31. 药师经的济世观　（一九九五）
32. 原本大学微言（上）　（一九九八）
33. 原本大学微言（下）　（一九九八）
34. 现代学佛者修证对话（上）　（二〇〇三）
35. 现代学佛者修证对话（下）　（二〇〇四）
36. 花雨满天　维摩说法（上下册）　（二〇〇五）
37. 庄子諵譁（上下册）　（二〇〇六）
38. 南怀瑾与彼得·圣吉　（二〇〇六）
39. 南怀瑾讲演录二〇〇四—二〇〇六　（二〇〇七）
40. 与国际跨领域领导人谈话　（二〇〇七）
41. 人生的起点和终站　（二〇〇七）
42. 答问青壮年参禅者　（二〇〇七）
43. 小言黄帝内经与生命科学　（二〇〇八）
44. 禅与生命的认知初讲　（二〇〇八）
45. 漫谈中国文化　（二〇〇八）
46. 我说参同契（上册）　（二〇〇九）
47. 我说参同契（中册）　（二〇〇九）
48. 我说参同契（下册）　（二〇〇九）

49. 老子他说续集　　（二〇〇九）

50. 列子臆说（上册）　　（二〇一〇）

51. 列子臆说（中册）　　（二〇一〇）

52. 列子臆说（下册）　　（二〇一〇）

53. 孟子与公孙丑　　（二〇一一）

54. 瑜伽师地论　声闻地讲录（上册）　　（二〇一二）

55. 瑜伽师地论　声闻地讲录（下册）　　（二〇一二）

56. 廿一世纪初的前言后语（上册）　　（二〇一二）

57. 廿一世纪初的前言后语（下册）　　（二〇一二）

58. 孟子与离娄　　（二〇一二）

59. 孟子与万章　　（二〇一二）

60. 宗镜录略讲（卷一至五）　　（二〇一三至二〇一五）

61. 南怀瑾禅学讲座（上）　　（二〇一七）

打开微信,扫码听南怀瑾著作有声书

《论语别裁》有声书

《易经杂说》有声书

打开微信,扫码看南怀瑾著作电子书

《老子他说》电子书

《金刚经说什么》电子书

购买南怀瑾先生纸质图书,请打开淘宝,扫码登陆复旦大学出版社天猫旗舰店

图书在版编目(CIP)数据

老子他说/南怀瑾著述. —上海:复旦大学出版社,2017.8(2021.12 重印)
ISBN 978-7-309-13126-0

Ⅰ.老… Ⅱ.南… Ⅲ.①道家②《道德经》-研究 Ⅳ.B223.15

中国版本图书馆 CIP 数据核字(2017)第 180440 号

老子他说
南怀瑾 著述
责任编辑/邵 丹

复旦大学出版社有限公司出版发行
上海市国权路 579 号 邮编:200433
网址:fupnet@fudanpress.com http://www.fudanpress.com
门市零售:86-21-65102580 团体订购:86-21-65104505
出版部电话:86-21-65642845
上海盛通时代印刷有限公司

开本 787×960 1/16 印张 24 字数 275 千
2021 年 12 月第 1 版第 4 次印刷

ISBN 978-7-309-13126-0/B·620
定价:50.00 元

如有印装质量问题,请向复旦大学出版社有限公司出版部调换。
版权所有 侵权必究